南通民营经济发展报告
(2022—2023)

南通市工业和信息化局 编
南通市工商业联合会(总商会)

中华工商联合出版社

《南通民营经济发展报告(2022—2023)》编委会

主　　任　刘　洪　凌　屹
主　　审　吴亚军　曹海锋
主　　编　陆建新
副 主 任　邵　伟　罗加宏　张伟其　陆志祥
　　　　　黄卫星
副 主 编　陆志祥
成　　员　范志军　范亚林　欧海东　龚庆庆
　　　　　陶　霞　张晓伟　陆　健　李仁祥
　　　　　袁　婧

序

2022年是党和国家历史上极为重要的一年。党的二十大胜利召开，擘画了全面建设社会主义现代化国家的宏伟蓝图。面对风高浪急的国际环境和艰巨繁重的国内改革发展稳定任务，南通市全市上下坚持以习近平新时代中国特色社会主义思想为指导，以迎接党的二十大、学习宣传贯彻党的二十大精神为主线，以推进高质量发展为主题，加快建设"一枢纽五城市"，奋力打造全省高质量发展重要增长极，让中国式现代化充分展现可观可感、生动精彩的现实图景。

2022年，南通市委、市政府坚决扛起"发挥长三角一体化发展重要支点作用、打造全省高质量发展重要增长极"的重大使命，高效统筹疫情防控和经济社会发展，全面落实疫情要防住、经济要稳住、发展要安全的要求，统筹发展和安全，加大宏观调控力度，实现了经济平稳运行、发展质量稳步提升、社会大局保持稳定，各项工作取得新成效。全市完成地区生产总值1.14万亿元、增长2.1%；同口径一般公共预算收入761亿元、增长3.2%；全社会研发投入占地区生产总值比重2.7%；完成固定资产投资超4000亿元，社会消费品零售总额保持正增长，进出口总额增长8.1%；城镇居民人均可支配收入为59605元，增长4.0%，农村居民人均可支配收入为30819元，增长5.8%；居民消费价格涨幅2.1%；城镇登记失业率4%以内；完成省下达节能减排任务。

2022年，面对复杂严峻的外部环境和多重超预期的困难挑战，全市民营经济战线深入贯彻落实总书记重要讲话精神，增强信心、轻装上阵、大胆发展，践行新发展理念、转变发展方式、调整产业结构、转换增长动力，坚守主业、做强实业，奋力书写南通民营经济健康发展、高质量发展新篇章。

2022年，全年新登记私营企业3.5万家，年末累计27.9万家；新登记私营企业注册资本1710.8亿元，年末累计注册资本18819.7亿元。全年新登记个体工商户8.3万户，年末累计85.6万户；新登记个体工商户资金数额114.1亿元，年末累计资金数额863.8亿元。全年规模以上工业中，民营企业增长4.4%；全年固定资产民间投资占全部投资比重75.7%。全年民营经济增加值7862.8亿元，占GDP比重达69.1%，对GDP增长的贡献率达52.4%；民营企业研发投入达245亿元，占全社会研发投入的80%以上；民营经济入库税金533.29亿元，占全部税收的比重为62.89%；新增民营企业贷款856.07亿元，增速达19.06%；新增境内外上市公司4家，年末全市境内外上市公司55家，全市拥有优势产业链16条；2022年跻身全省200强民营企业和全国500强民营企业分别为30家和10家，新增制造业单项冠军企业8家，累计达27家；新增国家级专精特新"小巨人"企业34家，累计达61家；拥有民营科技企业16641家，有效专利11.02万件；截至2022年年底，民营经济共吸纳从业人员375万人，同比增长5万人。

为全面、准确地反映南通市民营经济的总体态势，研究民营经济发展中存在的问题，进一步促进民营经济高质量发展，南通市工信局、市工商联从2009年开始组织编写南通民营经济年度发展报告，主要收录全市及各县（市）区民营经济发展的总体情况、市有关职能部门、行业商会的专项报告，希望能够为各级党委、政府制定政策和工商企业界人士进行经营决策提供参考，也为相关部门、机构及社会各界了解和掌握南通民营经济发展情况提供基础资料。南通市委、市政府领导十分关注和支持南通民营经济年度发展报告的编辑出版工作，各县（市）区党委、政府和市有关职能部门、行业商会也给予了大力支持与帮助，这为我们进一步做好南通民营经济年度发展报告奠定了坚实的基础。希望通过本书的出版，进一步提高南通民营经济研究水平，也使民营经济得到社会各界的更多关注。

2023年是全面贯彻党的二十大精神的开局之年，也是实施"十四五"规划承上启下的关键一年，做好各项工作事关全局、影响长远。随着长三角一体化发展等重大战略更大力度推进，省内区域协调发展布局更高水平实施，全国性综合交通枢纽更快节奏建设，一批大项目、好项目更富成效突破，南通正处于新一轮黄金机遇期。全市民营企业要把握发展大势，抢抓历史机遇，坚定创业决心，加强自主创新，激发投资活力，涵养家国情怀，为全面推进中国式现代化南通新实践而团结奋斗，再掀南通民营经济发展新高潮！

刘 洪

2023年6月

目　　录

综合篇

南通市民营经济发展报告 …………………………………… (1)
南通市资本市场发展报告 …………………………………… (9)
南通市民营企业外经贸发展报告 …………………………… (21)
南通市民营科技企业发展报告 ……………………………… (25)
南通市民营经济纳税报告 …………………………………… (30)
南通市民营企业吸纳就业报告 ……………………………… (36)
南通市民营企业质量发展报告 ……………………………… (41)
南通市民营经济信贷和融资报告 …………………………… (46)
南通市商会发展报告 ………………………………………… (51)

行业篇

南通市高端纺织业发展报告 ………………………………… (55)
南通市生物医药业发展报告 ………………………………… (62)
南通市光伏业发展报告 ……………………………………… (72)
海安市建筑业发展报告 ……………………………………… (79)
海安市新材料业发展报告 …………………………………… (86)
如皋市花木盆景业发展报告 ………………………………… (95)
如东县半导体业发展报告 …………………………………… (105)

如东县新能源业发展报告 …………………………………… (110)

启东市电动工具业发展报告 …………………………………… (115)

启东市建筑业发展报告 ………………………………………… (121)

通州区建筑业发展报告 ………………………………………… (126)

海门区电碳业发展报告 ………………………………………… (134)

海门区汽车业发展报告 ………………………………………… (138)

南通高新区"一主一新一智"产业发展报告 ………………… (143)

沪通重点产业链供应链发展报告 ……………………………… (151)

县(市)区篇

海安市民营经济发展报告 ……………………………………… (160)

如皋市民营经济发展报告 ……………………………………… (166)

如东县民营经济发展报告 ……………………………………… (172)

启东市民营经济发展报告 ……………………………………… (176)

崇川区民营经济发展报告 ……………………………………… (183)

通州区民营经济发展报告 ……………………………………… (187)

海门区民营经济发展报告 ……………………………………… (192)

南通经济技术开发区民营经济发展报告 ……………………… (198)

专题篇

推行包容审慎行政执法　优化民营经济营商环境 ………… (204)

培育"张謇式"企业家群体　激活民营经济发展"一池春水"
……………………………………………………………………… (212)

南通市上规模民营企业调研分析报告 ………………………… (217)

南通市乡镇工业集聚区高质量发展的调研报告 ……………… (222)

加快建设产业创新高地情况报告 ……………………………… (230)

民营企业推进数字经济建设情况分析报告 …………………… (240)

问需于企零距离　实处发力解难题 …………………… (246)
携手公检法司联动　优化法治营商环境 ……………… (251)
年轻一代民营企业家培育情况调研报告 ………………… (257)
南通民营企业国际合作高质量发展浅析 ………………… (263)

附录：

2022年南通市民营经济发展大事记 ……………………… (268)
2022年南通市入围中国民营企业500强名录 …………… (284)
2022年南通市入围中国制造业民营企业500强名录 …… (285)
2022年南通市入围中国服务业民营企业100强名录 …… (285)
2022年南通市入围中国民营企业发明专利500家名录 … (286)
2022年南通市入围中国民营企业研发投入500家名录 … (286)
2022年南通市入围江苏省民营企业200强名录 ………… (287)
2022年南通市入围江苏省民营企业制造业100强名录 … (289)
2022年南通市入围江苏省民营企业创新100强名录 …… (289)
2022年南通市入围江苏省绿色发展领军企业名录 ……… (290)
2022年南通市获得江苏省省长质量奖名录 ……………… (291)
2022年南通市获得江苏省省长质量奖提名奖名录 ……… (291)
2022年南通市市长质量奖获奖名录 ……………………… (292)
2022年南通市市长质量奖提名奖获奖名录 ……………… (292)
2022年南通市市长质量奖个人类奖项获奖名录 ………… (293)
2022年南通市市长质量奖个人类奖项提名奖获奖名录 …… (293)

综合篇

南通市民营经济发展报告

南通市工业和信息化局　南通市工商业联合会

2022年,在南通市委、市政府的正确领导下,全市民营经济战线坚持以习近平新时代中国特色社会主义思想为指引,深入贯彻党的二十大精神,持续贯彻国家及江苏省促进民营经济发展相关部署要求,积极应对错综复杂的经济形势和疫情反复的不利影响,爬坡过坎、闯关突围,全力推动全市民营经济实现平稳健康发展。

一、南通市民营经济发展基本情况

(一)主要指标占比稳定

2022年,全市民营经济增加值7862.8亿元,占GDP比重达69.1%,对GDP增长的贡献率达52.4%,民间投资占全部固定资产投资比重为75.7%。2022年1—12月,规模以上民营工业实现增加值同比增长4.4%,完成产值同比增长7.8%。民营经济成为拉动经济和投资增长的主要力量。

(二)市场主体持续增长

2022年,新增个体工商79937户;新增私营企业35331家。全市累计个体工商户达85.59万户,比年初增加6.59%,私营企业达27.93万家,比年初增加1.81%,私营企业注册资本达18820.95亿元,比年初增加5.93%。

(三)企业发展动能稳健

2022年,全市民营企业研发投入达245亿元,占全社会研发投入80%以上;全市2889家高新技术企业中,民营企业占比超95%;426家省级以上研发机构中,以民营企业为主导的达94%。2022年,全市新增制造业单项冠军企业8家(全省第2)、国家级专精特新"小巨人"企业34家;新增中天钢铁、瑞翔新材料、当升科技3家百亿级民营企业,10家企业入列"2022中国民营企业500强"名单。

(四)税收贡献阶段调整

因疫情持续以及减税降负政策推进,2022年1—12月,民营经济入库税金533.29亿元,占全部税收比重62.89%;吸纳就业140.6万人,占全市比重约80%。2022年全市民营企业新增减税降费52.5亿元、增值税留抵退税227.5亿元。虽然民营经济税收比重及贡献份额阶段性减少,但"放水养鱼"更利于激发各类市场主体活力。

二、推进民营经济发展的主要举措

(一)坚持厚基强韧,推进链群打造

以《南通市"十四五"制造业高质量发展规划》为引领,加快构建特色优势产业和战略性新兴产业相结合的现代制造业产业体系,深入实施产业壮群强链工程,扎实推进"制造业倍增""产业倍增""纺织产业高质量发展"等三年行动计划,为民营经济夯实高质量发展基础,提供有力产业空间支撑。聚力打造船舶海工、高端纺织等五大重点产业集群,积极促进上下游、大中小企业集聚发展。不断深化市领导挂钩联系优势产业链制度、全市产业倍增工作联席会议制度,发挥部门合力,强化培育工作机制。成立8条产业链党建联盟,形成产业链企业+属地部门+智囊机构的协同推进模式。着力建设沪通产业链供应链配套,发布实施长三角产业链供应链配套协同发展行动计划。2022年,南通市船舶海工、高端纺织、新材料、新一代信息技术、高端装备、新能源等六大重点产业集群实现产值近9200亿元,同比增长10.2%,南通市入选全国首批"产业链供应链生态体系建设试点"城市,船舶海工产业链入选全国首批"产业链供应链生态建设试点",牵头的"通泰扬海工装备和高技术船舶集群"、参与的"苏锡通高端纺织集群"入围制造业集群"国家队"。

(二)目标提质增效,推动梯度培育

大力实施"1521"大企业培育工程、省"百企引航"工程,扎实推动产业链主导企业做大做强。锚定"专精特新",加快构建创业型、科技型到专精特新、单项冠军梯次培育推进体系。对新认定的"小巨人"企业、省级专精特新企业分别给予50万元、20万元资金奖励,动态调整"千企升级""创新型中小企业"等培育库,完善专精特新服务专员制度,出台《金融支持加快培育"专精特新"企业专项方案》,积极构建金融支持专精特新发展长效体系。目前,南通市拥有单项冠军企业27家、国家级专精特新"小巨人"企业61家,省级专精特新中小企业累计达461家。10家"小巨人"企业获2022年国家中小企业发展专项资金奖补,总数全省第一。推进"智转数改",在全省率先印发智能化改造数字化转型三年行动计划,累计实施技改项目2420个。推进实施小微企业列规增收三年行动,引导小微企业提档升规。持续营造创业创新氛围,不断提升"双创"标杆。组织开展第七届"创客中国"暨2022年江苏省中小企业创新创业大赛南通市区域赛,并选送优秀项目参加省级大赛,选送项目获省二等奖和三等奖各1个,优胜奖2个,同时蝉联优秀组织奖。

(三)聚焦培根铸魂,强化素质提升

深入学习贯彻党的二十大精神,组织商会、企业家围绕二十大精神开展学习交流,依托张謇企业家学院举办13期企业家培训班,出刊《南通日报》企业家学习二十大精神专版,举办南通市民营企业家宣讲团成立仪式暨全市民营经济人士理想信念报告会。以弘扬张謇企业家精神为主线,举办2022年度"5·23南通企业家日"系列活动,召开"传承·创新——弘扬张謇企业家精神座谈会",举办"市外通商云牵手,共克时艰谋发展"线上会议,助力通商企业应对疫情、纾难解困。南通市领导、优秀企业家代表同场对话,行业专家视频连线,交流"智改数转"和"专精特新"心得。组织召开全国制造业单项冠军企业高质量发展经验交流会,会议邀请近400位全国制造业单项冠军企业负责人以及各行业协会专家、赛迪研究院、中国社科院等国家智库约100人参会,旨在进一步发挥单项冠军企业标杆示范作用,强化单项冠军引领辐射功能,促进全社会"专精特新"发展氛围持续升温。依托落户南通的全国首家国家级制造业单项冠军赋能基地,成功举办"2022数字化环境下的精益制造研讨会""2022单项冠军申报辅导会""2022年双碳发展研讨会"等活动,进一步强化优质企业培育机制和合作交流机制。继续牵头组织全市规上工业企业主要负责人培训活动,2022年成功开展了一轮"智改数转"专题培训。

(四)促进政企互动,优化营商环境

高效运行市县两级民营企业服务中心、"政企通"APP,充分发挥全市及各地政企直通微信、QQ群等平台作用,强化政企交流,及时为企业排忧解难。成立稳定重点产业链供应链工作专班,全力保障产业链、供应链平稳运行,累计协调跨市跨省产业链供应链受阻事项185件、南通市(含县市区)受阻事项226件。积极推进"万事好通·惠企通"平台建设,推进政策精准分类和精准推送,为企业提供"一站式"互动咨询、政策查阅等服务。积极推动惠企政策"免申即享""即审即兑",工信条线认定类资金项目"免申即享"率已达100%。2022年累计兑现国家级资金4974.6万元、省级资金项目14163.5万元、市级资金14879.5万元。牵头全市加强市场主体服务工作,深入开展"万家民企大走访""两送一防"行动,进一步完善信息收集、会办、跟踪、督查、反馈闭环机制,确保高效解决企业关切,2022年累计服务企业超万家。大力开展"个体工商户服务月""企业服务月""一起益企"服务等活动,密切关注疫情下企业运行情况,组织专家为企业提供"面对面"指导和服务,切实帮助企业解决要素、市场、技术等方面的难题。

三、民营经济发展面临的挑战

(一)经济下行压力加大

受多重不利因素影响,2022年民营经济部分指标增幅较上年回落明显,个体工商户、私营企业新增数同比减少;规模以上民营工业增加值、产值实现同比增长,但均低于全市规模工业增幅;固定资产民间投资同比减少,且增幅低于全市固定资产投资,负增长在一定程度上限制了民营经济后续增长潜力。当前宏观环境依然复杂多变,俄乌冲突延宕发酵,全球贸易形势不容乐观,大宗商品价格高位波动。国内需求收缩、供给冲击、预期转弱三重压力仍然较大,民营经济平稳增长仍面临较多不确定性。

(二)转型发展仍待提速

目前,全市规上民营工业亩均产值、亩均税收等绩效指标均不及苏南。全市高新技术产业产值占规上工业比重48.1%,苏州已达52.4%。南通市拥有自主核心技术的制造企业不足10%,2.2万多家符合高新技术领域方向的企业中拥有知识产权的只有1万家左右,创新人才匮乏、科技研

发投入不足、自主创新和引进消化吸收再创新能力弱等导致"高端产业、低端环节""重制造、轻研发"等现象依然不同程度地存在。推动企业"专精特新"发展的政策配套和资源要素供给仍有待加强。

(三)企业经营困难较多

2022上半年,受疫情形势影响,货物运输受阻、人员流动不畅等问题给企业生产经营带来一定影响;下半年,随着疫情形势有所好转,防疫政策不断优化,前期受疫情影响出现的问题得到有效缓解,但原材料价格上涨、企业生产成本上升、市场需求回落、订单减少等问题使得企业盈利空间不断收窄。例如,部分大宗商品价格持续上涨。2022下半年南通市重点监测的18种大宗原材料商品价格中,有8个同比上涨,6个涨幅超20%。油价高企使得企业运输成本提高约15%。企业用地、用工、融资"三难"持续存在。

四、2023年民营经济发展思路及主要举措

2023年是全面贯彻党的二十大精神的开局之年,是实施"十四五"规划承上启下的关键一年,保持民营经济平稳健康运行意义重大。2023年全市民营经济发展的总体要求是:坚持以习近平新时代中国特色社会主义思想为指引,全面贯彻党的二十大精神,认真贯彻落实国家、省、市促进民营经济发展各项决策部署,坚持稳中求进工作总基调,全力推动民营经济整体好转,以促进产业集群提档、民间投资提速、科技创新提效、主体量质提升、营商环境提优等为着力点,更大力度推动民营经济健康发展、高质量发展,为南通打造全省高质量发展重要增长极,勇当全省"争当表率、争做示范、走在前列"排头兵提供有力支撑。

重点从以下几个方面加以推进。

(一)坚持项目为王,进一步强化民资招引

把民资招商作为推进民营经济发展永恒主题,秉持"项目为王"理念,指导各地更新招商理念、创新方式方法、发扬拼抢精神,紧抓投资新机遇、产业新风口,紧扣既定产业方向和补链强链延链需求,筛选一批科技含量高、产业带动力强、市场前景广的优质项目,大力招引百强企业、央企国企、上市公司,并积极引导在外通商回乡投资,以优质增量的持续引入,增强民营经济可持续发展动能。持续深耕上海、苏南等民资发达地区，强化区域协同，积极探索园区合作共建，加快引进一批体现区域特色、带动性强的优质项目。以"等不起"的紧迫感、"慢不得"的危机感、"坐不住"的责任感，强化沟通对接和要素保障，跑出重点项目建设加速度。用好"一个平台"，落实"两大清单"，切实加强重大项目服务保障，推动省重大工业项目加速投产达效。进一步简化化工技改项目审批手续，加强投资领域政策组合拳宣传，持续营造支持企业加大投资、加快发展浓厚氛围。按照分级负责、条块结合、协调联动的原则，持续完善市领导挂钩联系服务企业工作机制，推动专班常态化运行，及时协调解决项目推进中的重点、难点问题，确保重大项目按计划实施。

（二）坚持产业为基，进一步推动链群建设

深入实施"十四五"制造业高质量发展规划、产业倍增三年行动计划，持续推动链群做大做优。聚焦六大重点产业集群，巩固提升海工装备和高技术船舶集群和高端纺织集群2个国家级制造业集群核心竞争力，全力支持新一代信息技术、新材料、高端装备等主导产业集群提质增量，大力推动新能源、生物医药、节能环保等新兴产业集群扩规模，积极布局5G、物联网、第三代半导体等未来产业，力争战略性新兴产业产值增长12%以上。全面对接《上海大都市圈空间协同规划》，深化落实长三角产业链供应链配套协同发展南通行动方案，共建要素自由流动、创新协同合作、产业链上下游协同发展新模式，打造自主可控、安全高效、服务全国的长三角区域产业生态。优化空间布局，盘活空间存量，推动工业用地提质增效，深入落实乡镇工业集聚区高质量发展实施意见，促进集聚集约集中发展。持续深化市领导服务优势产业链制度，结合船舶海工、新一代信息技术、高端装备、新材料、新能源、生物医药等6条重点产业链的短板目录，引导各地做好产业规划引导，夯实特色、保持定力，形成整体协作、互补发展的良好格局。

（三）坚持创新为魂，进一步推进企业培育

深入实施"1521"大企业培育工程和百企领航计划，重点支持细分领域核心技术、品牌以及延链、补链等并购项目，加快培育一批具有重要品牌影响力和综合竞争力的领航型龙头企业。进一步完善市领导挂钩联系优势产业链和重点企业工作机制，一企一目标、一企一方案，进一步提升企业的行业引领力、产业链控制力和生态主导力，力争一批企业达1000亿、500亿、200亿级规模。贯彻落实江苏省专精特新企业培育三年行动计划，加快研究制定具有南通市特色的企业培育行动指南。深入实施单项冠军和专精特新"小巨人"企业培育工程，强化调研摸底，优化入库标准，加快完善梯级培育推进体系。进一步发挥全国首个国家级制造业单项冠军赋能基地和服务专员制度作用，强化资源要素引进和示范服务指导，2023年，力争新增全国制造业单项冠军企业和专精特新"小巨人"企业40家。突出质量品牌建设，开展标准领航行动，推动各类主体积极参与国际、国家和行业新标准研制。实施知识产权强链行动，推进专利导航工程，提升企业知识产权综合实力。加快培育制造业精品认证企业梯队，打造更多"江苏精品"和国家级、省级"质量标杆"。

(四)坚持智造为径，进一步加快智改数转

加快数字产业化和产业数字化，深入实施智转数改三年行动计划，推动规模以上工业企业、重点产业集群全面提升智能制造水平。加快推进分类改造。鼓励16条优势产业链内龙头骨干企业早改造、快转型，争创"灯塔工厂"、国家智能制造示范工厂等标杆示范，带动上下游企业加快转型。持续推进全市1000家企业免费诊断服务，精准匹配企业需求，提供个性化解决方案，切实提高诊断转化率。全面增强基础能力。进一步加大5G网络建设统筹保障力度。加快推动建筑行业工业互联网二级节点建设，新增一批接入二级节点的企业，力争新培育市级以上工业互联网标杆工厂5家。强化两化融合贯标升级版推广，实现贯标数量和质量双提升。持续提升自主水平。依托阿里、华为等头部企业云计算中心，建立智能制造服务资源池，招引集聚一批方案服务商。支持中天互联、大生集团等本地龙头企业输出方案和服务，打造一批省、市级重点工业互联网平台，带动广大中小企业整链式改造。推动工业标识数据管理和跨企业、跨行业、跨地区数据流通，打造工业互联网标识应用南通品牌。积极对接国内软件和信息技术服务业产教融合领军服务企业，加快壮大本地软信产业规模。

(五)坚持服务为先,进一步促进环境优化

全力打造"万事好通"营商环境,以市场主体需求为导向,加快推动出台《南通市优化营商环境条例》。加快研究制定激发民间投资活力工作意见,进一步鼓励促进民间资本在制造业、科技创新、交通等领域投资。强化南通市民营企业服务中心、"万事好通·惠企通"等平台功能提升,推进商会综合服务中心建设,加大"线上+线下"多种渠道政策宣传力度和解读深度,更加优化政策服务供给,全面推广免申即享、即享即兑等政策落地模式,变"企业找政策"为"政策找企业"。大力服务市场主体,组织开展"万家民企大走访",用好"民企诉求直通车"等渠道收集企业诉求,发挥好纳税人之家、环保服务站、中小微企业委员会等平台作用,着力打通企业发展"堵点""痛点"、惠企政策"最后一公里",通过完善快速协调机制处置,确保"政策直达、回应及时、服务精准"。持续开展清欠工作,切实维护好民营企业合法权益。充分发挥张謇精神发祥地优势,大力弘扬张謇企业家精神,凝聚通商力量,营造浓郁氛围。发挥张謇企业家学院和"1+3"特色展示区等作用,办好张謇论坛、南通企业家日等活动,依托张謇企业家学院开展培训班 10 期以上,建设高素质民营经济代表人士队伍。开展"张謇杯"杰出企业家评选、千企寻访等活动,大力宣传企业家先进典型,召开全市民营经济发展大会,进一步营造全社会关注实体、支持实业以及尊重、理解、支持企业家的良好氛围。

朱晓霞

2023 年 4 月

南通市资本市场发展报告

南通市地方金融监管局

近年来,南通市委、市政府始终坚持将企业上市作为中心工作予以推进,不断完善政策扶持体系,持续创新工作举措,推动经济金融协同发展。2022年,南通市进一步强化工作推进力度、优化体制机制,将企业上市月度联席会作为市政府"四项工作机制"中唯一一项每月召开例会的工作机制;企业上市培育工作在全省金融工作会议作唯一经验交流;"三个一"闭环工作机制经验在全省推广。全市新增上市公司4家,新增过会企业4家、报会企业13家、辅导备案企业17家;新增新三板挂牌企业7家,居全省第二;新增江苏股权交易中心挂牌展示企业466家,新增数居全省第三,其中,科技创新板164家,居全省第一。各类市场主体发挥积极作用,当年累计直接融资额达1273.75亿元,省高质量发展考核指标——亿元地区生产总值企业股权融资额在全省排名前进四个位次。

一、基本情况

(一)上市主体方面

2022年,南通新增境内上市公司4家,共有境内上市公司48家(另有境外上市公司7家),主板上市公司数量及市值占比较高;上市公司主要集中在机械设备、电力设备等行业,通信、国防军工等企业在行业市值排名中靠前,重点布局高端装备、新材料等战略性新兴产业。(见表1)

表1 截至2022年年底江苏省各市境内上市公司总体情况

省会和地级市	上市公司数量(家)	全省排名	总市值(亿元)	全省排名	平均市值(亿元)	全省排名
苏州	198	1	16201	1	82	10
南京	119	2	13928	2	117	4

续表

省会和地级市	上市公司数量(家)	全省排名	总市值(亿元)	全省排名	平均市值(亿元)	全省排名
无锡	113	3	12385	3	110	5
常州	63	4	5947	4	94	6
南通	48	5	3902	5	81	11
镇江	22	6	1974	8	90	8
泰州	17	7	744	12	44	12
扬州	16	8	1310	9	82	9
徐州	13	9	1181	10	91	7
连云港	10	10	3709	6	371	1
宿迁	9	11	3030	7	337	2
盐城	7	12	298	13	43	13
淮安	5	13	837	11	167	3
合计	640		65446		102	

从全省位次来看，截至2022年年底，南通境内上市公司合计总市值为3902亿元，平均市值为81亿元，省内市值占比较2021年下降0.59个百分点；在江苏省范围内，南通境内上市公司数量占比为7.5%，同比下降0.38个百分点，上市公司整体情况位列苏州、南京、无锡、常州之后，省内综合排名第五(详见表1)。

从上市地及板块来看，48家境内上市公司在深交所上市的共26家，市值2059.8亿元；在上交所上市的共18家，市值1807.55亿元；在北交所上市的共4家，市值35.24亿元。板块方面，主板上市公司最多，28家，市值3030.59亿元；创业板上市公司11家，市值617.61亿元；科创板上市公司5家，市值219.14亿元；北证上市公司4家，市值35.24亿元。

从行业分布来看，南通境内上市公司约70%集中在机械设备、电力设备、纺织服饰、电子、医药生物、基础化工和汽车等行业，其中，通信、国防军工、电子、医药生物、电气设备等行业上市公司的平均市值较大(详见表2)。南通暂无第一产业上市公司，大多数上市公司为第二产业，占比为89%。上市公司通过控股公司或自身产业布局等方式在南通市16条优势产业链中11条都有所布局。48家境内上市公司中有36家公司归属于市委、市政府打造的五大千亿级重点产业集群(详见表3)。

表2 2022年年底南通境内上市公司市值及排名

证券代码	证券简称	市值(亿元)	所属申万一级行业	所属申万二级行业	市值排名
600522.SH	中天科技	551.2	通信	通信设备	1
600862.SH	中航高科	310.5	国防军工	航空装备Ⅱ	2
002156.SZ	通富微电	249.4	电子	半导体	3
002044.SZ	美年健康	240	医药生物	医疗服务	4
301155.SZ	海力风电	190	电气设备	风电设备	5
002484.SZ	江海股份	187.3	电子	元件	6
601222.SH	林洋能源	177	公用事业	电力	7
300623.SZ	捷捷微电	151.9	电子	半导体	8
600389.SH	江山股份	134.6	基础化工	农化制品	9
000035.SZ	中国天楹	127.9	公用事业	环保工程及服务Ⅱ	10
688381.SH	帝奥微	100.2	电子	半导体	11
002349.SZ	精华制药	98.3	医药生物	中药Ⅱ	12
002293.SZ	罗莱生活	94.2	纺织服饰	服装家纺	13
600770.SH	综艺股份	90.5	综合	综合Ⅱ	14
002201.SZ	正威新材	84.1	建筑材料	玻璃玻纤	15
000961.SZ	中南建设	83.8	房地产	房地产开发	16
002239.SZ	奥特佳	81.1	汽车	汽车零部件	17
603530.SH	神马电力	64.9	电气设备	电网设备	18
002438.SZ	江苏神通	55.5	机械设备	通用机械	19
601010.SH	文峰股份	53.4	商贸零售	一般零售	20
300091.SZ	金通灵	52.9	机械设备	通用设备	21
603313.SH	梦百合	51.4	轻工制造	家居用品	22
301179.SZ	泽宇智能	50.4	电力设备	电网设备	23
002483.SZ	润邦股份	47.4	机械设备	专用设备	24
688558.SH	国盛智科	46.3	机械设备	通用设备	25
603968.SH	醋化股份	44.4	基础化工	化学制品	26
603339.SH	四方科技	37.8	机械设备	通用设备	27

续表

证券代码	证券简称	市值（亿元）	所属申万一级行业	所属申万二级行业	市值排名
603115.SH	海星股份	37.5	有色金属	工业金属	28
688633.SH	星球石墨	33.1	机械设备	专用设备	29
300265.SZ	通光线缆	29.3	电力设备	电网设备	30
300421.SZ	力星股份	28.6	机械设备	通用设备	31
300952.SZ	恒辉安防	26.9	纺织服饰	服装家纺	32
688113.SH	联测科技	26.6	机械设备	专用设备	33
002394.SZ	联发股份	26.2	纺织服饰	纺织制造	34
001234.SZ	泰慕士	24.6	纺织服饰	纺织制造	35
300927.SZ	江天化学	23.8	基础化工	化学原料	36
002722.SZ	物产金轮	23	纺织服饰	纺织制造	37
300753.SZ	爱朋医疗	22.8	医药生物	医疗器械	38
603036.SH	如通股份	21.5	机械设备	专用设备	39
301163.SZ	宏德股份	21.4	电力设备	风电设备	40
301186.SZ	超达装备	19.7	汽车	汽车零部件	41
002576.SZ	通达动力	19.4	电力设备	电机Ⅱ	42
603389.SH	亚振家居	13.7	轻工制造	家居用品	43
688096.SH	京源环保	13	环保	环境治理	44
873339.BJ	恒太照明	11	家用电器	照明设备Ⅱ	45
832278.BJ	鹿得医疗	10	医药生物	医疗器械	46
871642.BJ	通易航天	7.8	国防军工	航空装备Ⅱ	47
870436.BJ	大地电气	6.4	汽车	汽车零部件	48

表3 南通重点产业集群相关上市公司

五大千亿级重点产业集群	相关上市公司
船舶海工	润邦股份
高端纺织	罗莱生活、联发股份、物产金轮、恒辉安防、泰慕士
新一代信息技术	通富微电、江海股份、捷捷微电、帝奥微
高端装备	中航高科、奥特佳、江苏神通、金通灵、通达动力、林洋能源、通光线缆、力星股份、四方科技、如通股份、神马电力、爱朋医疗、国盛智科、海力风电、泽宇智能、星球石墨、宏德股份、联测科技、超达装备
新材料	中天科技、正威新材、醋化股份、梦百合、海星股份、江天化学、通易航天

（二）上市后资本运作方面

南通上市公司再融资方式多元，但募资投向南通项目的规模、上市公司并购规模有所下降。再融资方面，2022年南通共有3家上市公司通过定增、发行债券等形式开展了3笔再融资，合计融资规模为33.96亿元，在全省排名第6，较2021年下降22.26亿元，同比减少39.6%。其中，定增融资的规模占到再融资规模的90.2%。项目投入方面，南通上市公司在南通投资项目的规模总体情况较好，近五年，南通上市公司计划使用511.9亿元募集资金投资141个项目，实际已投入资金203.2亿元。其中2022年计划投资19个项目，计划投入募集资金51.4亿元，实际已投入资金4.2亿元。并购重组方面，2022年南通有5家上市公司合计发起10起并购案例，涉及技术硬件与设备、半导体与半导体生产设备、材料、医疗保健设备与服务、零售业等几个行业，并购总规模为9.5亿元，较2021年增长5.42亿元。

（三）新三板挂牌企业方面

2022年，南通新增新三板挂牌企业7家，累计挂牌数达111家，正常挂牌55家，虽正常挂牌总数低于苏州、无锡、南京和常州，但盈利能力显著优于上述对标城市，企业资产规模与净利润正向关联度较强（详见表4）。南通新三板挂牌企业分布于工业、材料、可选消费、信息技术、金融、能源、日常消费这7个行业，在五大千亿级重点产业集群中高端装备和新材料领域的企业数量较多。

表4 截至2022年年底江苏省各市新三板挂牌公司总体情况

序号	省会和地级市	挂牌家数	资产合计（亿元）	资产均值（亿元）	资产均值排名	净利润均值（万元）
1	苏州	260	870.8	3.3	6	1138.3
2	无锡	133	281.4	2.1	12	1402.5
3	南京	117	303.1	2.6	10	1324.1
4	常州	98	747.2	7.6	2	1463.9
5	南通	55	731.6	13.3	1	2168.6
6	扬州	33	106.7	3.2	7	920.5
7	镇江	27	123.4	4.6	3	510.1

续表

序号	省会和地级市	挂牌家数	资产合计（亿元）	资产均值（亿元）	资产均值排名	净利润均值（万元）
8	徐州	23	51.1	2.2	11	595.5
9	盐城	21	56.2	2.7	8	848.8
10	泰州	17	45.1	2.6	9	2031.30
11	宿迁	15	56.5	3.8	4	1580.7
12	连云港	11	40.8	3.7	5	-1654.2
13	淮安	10	18.4	1.8	13	530.0

二、主要做法

（一）健全完善工作推进体系

一是强化组织领导。完善企业上市及新三板挂牌联席会议制度，建立企业上市月度联席会制度，明确由市长、常务副市长为召集人，每月召开会议跟踪任务进度，破解堵点难点，高位部署推动，2022年召开六次月度工作推进会。二是构建工作闭环。落实"三个一"闭环工作机制，每月一次"专题辅导"、每月一次"对接交易所"、每月一次"集中会办"，构建了从入围到上市，涵盖资本市场对接、上市业务指导、难点问题解决等多方面的全流程、专业化、精准化服务体系。三是强化分类考核。根据企业上市进程，按照上市入围、入轨股改、辅导备案、报会和上市五个阶段，分别明确目标、赋分考核，每月公布工作进展情况，充分调动工作的积极性和主动性。四是创新服务举措。全省首创在市、县两级设立"一窗式"企业上市政务服务专窗，出台政务服务企业上市"8项举措"；创新上线"好通"企业上市一站式服务平台，实现上市政策资讯"一站共享"、入库培育"一网联通"、服务诉求"一键响应"。

（二）全力培育上市后备企业

一是夯实产业根基。出台《南通市产业倍增三年行动计划》和《南通市现代服务业繁荣发展三年行动计划》，进一步优化产业结构，提升产业链水平，助推更多的优质企业做大、做优、做强。二是深度挖掘资源。高效利用政府和市场多维信息，常态化推动企业排摸工作，加强与私募股权投资机构和证券机构沟通交流，定期了解资本热点，及时将符合条件和市场认可度高成长性好的企业纳入上市入围企业资源库,重点跟踪服务。三是加强分类指导。对上市入围企业,加强宣传引导,增强企业对资本市场的感性认识,激发上市热情;对入轨股改企业,搭建交易所、金融机构、企业三方沟通交流平台,为企业问诊把脉,推动快速发展;对辅导备案受理企业,实行周视频会商,定期了解推进进度、协调难点问题。同时,常态化开展股权投融资对接、路演活动,为全生命周期市场主体畅通股权融资渠道。

(三)努力营造良好生态环境

一是营造良好氛围。设立"南通企业家日",每年对"张謇杯"杰出企业家、杰出通商以及南通优秀民营企业进行宣传表彰,形成尊重、理解、支持企业家发展成长和崇尚创业、鼓励创造、尊重创新的良好社会环境。二是优化营商环境。发布"万事好通"南通营商环境政策举措66条,推动政务服务提速增效,让企业享受到实实在在的便利和优惠。三是强化制度保障。创新出台了拟上市企业"白名单"管理制度,对纳入企业,政府开辟上市"绿色通道",快速响应诉求,截至2022年年底已动态推送七批次拟上市"白名单"企业共119家,累计解决市级层面问题近70项,大大缩减企业审批时间。四是深化外部合作。持续深化与"一局三所一司"战略合作,线上线下开展各类资本市场活动近30场,推动市政府与东吴证券等中介机构合作签约,举办全市金融干部研修班暨资本市场专题培训,江苏证监局党委书记、局长凌峰以及上交所党委委员、副总经理董国群来南通出席并授课,邀请深交所党委委员、副总经理李辉来南通专题调研,召开企业家座谈会等。

三、存在问题

(一)上市公司总量较少

截至2022年年底,南通境内上市公司48家,全省排名第五,比第一名苏州少150家、比第四名常州少15家,与苏南先进地市的差距仍然较大。近几年,南通在省内上市公司数量占比、市值占比呈缓慢下降趋势,2022年分别为7.5%和5.96%(详见图1)。

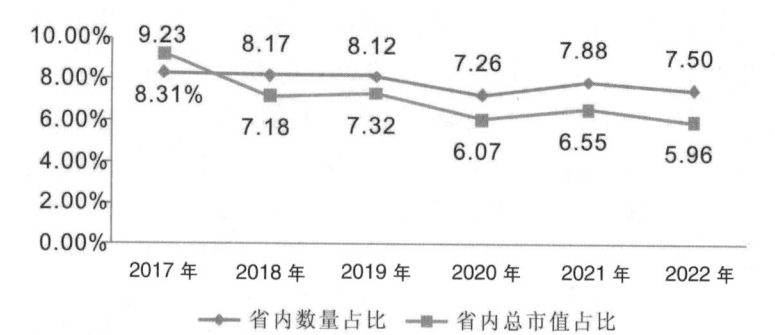

图 1　2017—2022 年南通上市公司省内数量、市值占比变化情况

2022 年,南通有 4 家企业在境内成功 IPO,数量位列全省第 5(详见表 5)。IPO 辅导备案企业数量为 27 家,在全省排名第 5 位,比第 1 位的苏州少 62 家。

表 5　2022 年度江苏各市募集资金金额及境内 IPO 统计

地区	募集家数(家)	募集资金(亿元)	募资额排名	首发家数(家)	首发募集资金(亿元)	首发数排名
苏州	48	734.4	1	25	352.7	1
南京	24	205.0	4	14	125.7	2
无锡	26	293.9	3	10	101.8	3
常州	11	133.8	5	6	76.2	4
南通	7	71.4	6	4	37.4	5
泰州	3	41.6	7	2	36.7	6
镇江	5	34.7	8	2	8.4	6
淮安	2	5.0	13	2	5.0	6
徐州	3	391.4	2	2	4.6	6
连云港	1	29.3	9	1	29.3	10
盐城	2	17.6	10	1	12.6	10
宿迁	2	10.1	11	1	5.1	10
扬州	2	9.9	12	0	0	13
合计	136	1978.1		70	795.5	

(二)上市公司市值偏小

从行业龙头企业来看,最为明显的是上市公司市值分布。截至2022年年底,全省有8家市值千亿以上的上市公司,但南通还没有该级别的上市公司。南通市上市公司市值超过200亿元的企业仅有中天科技(551亿元)、中航高科(311亿元)、通富微电(249亿元)、美年健康(240亿元)等4家企业,诸多企业都不具备龙头属性,企业的整体竞争力有待进一步加强。2022年,南通上市公司市值不足100亿元的企业有37家,平均市值比省内平均市值少21亿元,鹿得医疗、通易航天、大地电气3家北交所上市公司市值在10亿元及以下。近几年,南通上市公司的市值占比总体呈下降趋势,从2017年的9.23%下降到2022年的5.96%,降幅为3.27%。

(三)资本市场利用率不够充分

截至2022年年底,南通上市公司总市值约为3902亿元,位列江苏省第5;同期GDP为11379.6亿元,位列江苏省第4;证券化率(上市公司总市值/GDP)为34.3%,排名全省第8,比江苏省平均水平低18.7个百分点。近几年,南通市证券化率呈现先降后升趋势,2018年大幅下跌至27.2%,此后逐年回升,但2022年度又大幅下降。(详见图2)

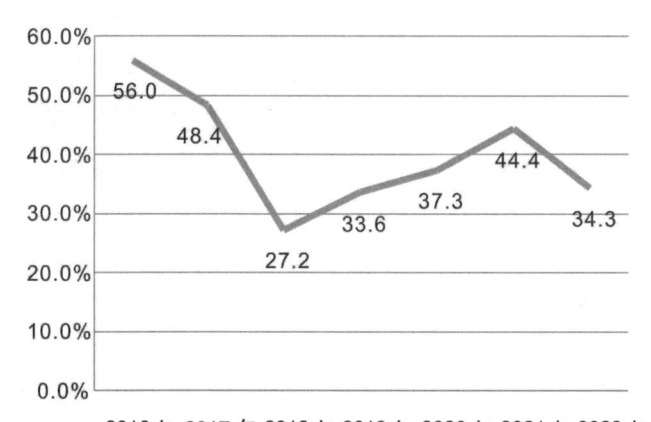

图2 2016—2022年历年南通市证券化率变化情况

(四)缺乏金融类上市公司

根据上市公司公告,2022年三季度末,江苏省共有15家金融类境内上市公司,总市值5347.2亿元,实现归属母公司股东净利润总计588.9亿元,市值占同期江苏上市公司总市值的8.5%,但净利润占全部上市公司净利润高达28.2%。金融行业上市公司一直是A股的"吸金兽",但南通金融类上市公司还未破零,目前仅海安农商行1家企业在上交所审核。导致目前状况的原因主要是南通市地方法人金融机构缺乏,仅有地方法人银行12家(农商行和村镇银行),缺少证券、保险、期货、信托等本地法人机构。

四、2023年工作计划

2023年,南通将立足资本市场服务实体经济高质量发展,充分发挥资本市场赋能制造业、产业链、创新链功能,促进资本、科技与实体经济的高水平循环,2023年力争实现新增上市公司10家,新增新三板挂牌企业10家以上,新增直接融资达1300亿元。

(一)持续强化组织领导,高位统筹,确保各方协同发力

研究出台"南通资本市场三年行动计划"。围绕"后备梯队实现储备跃升、上市公司实现量质齐升、直接融资实现比重提升、发展环境实现全面优升"的工作目标,通过今后3年(2023—2025年)时间努力,力争上市公司实现翻番,形成更具竞争力的资本市场"南通板块"。开展企业上市品牌建设。依托"三年行动计划",提出建立企业上市品牌,打造具有影响力、传播力和价值感的资本市场南通品牌。以一个品牌为统领,系统谋划资本市场服务活动,打造南通资本市场精品课堂。充分发挥制度作用。坚持以解决实际问题为导向,提升上市联席会议制度执行力,办好月度工作推进会,进一步创新形式"走出去、沉下去",组织赴先进地区考察、赴交易所学习、赴板块现场观摩交流。优化"三个一"机制。在月度工作推进会基础上,进一步抓好会议精神的传达落实,以片区为单位,召开企业上市工作交流会;根据企业所处节点,排出2023年走访计划,联合交易所定期开展专题指导。充分发挥好推进落实组效能,通过专题会商,提升在难点问题、个性化问题上的协调效果。

(二)落细落实培育工作,分类施策,夯实上市后备梯队

一是前延化招引。加强优质后备资源的招引,以资本、股权作为突破口和切入点,深入开展"江海创投行"股权投融资对接活动,充分发挥资金的引导作用,以基金导入项目、以项目吸引资本、以资本助推产业,从源头上招引一批产业契合度高、互补性强的创新型、科技型"种子"企业,通过前延化招引,形成"招引—储备—培育—上市"的更优路径。二是多渠道培育。联合产业部门、行业协会、金融机构各方面力量,加强市县联动,进行多维筛选,深度挖掘、不断丰富上市后备资源,依托交易所等专业资源,通过走访调研、上门辅导、专题培训、联合服务,把一批具有潜力的优质企业推向资本市场。三是节点化推进。抓好入围、入轨股改、辅导备案、报会、上市等关键节点,根据企业阶段性特点和个性化需求实行梯队管理、节点化推进,通过全流程跟踪、精准化服务和专业化指导,帮助企业扫清上市障碍,加快推动一批入围企业入轨转化、辅导企业尽快报会、过会企业早日上市。

(三)全面优化上市生态环境,多措并举,不断提升发展氛围

成立上市公司协会。广泛动员上市挂牌公司,汇聚各方合力组建南通市上市公司协会及联合党委,召开南通市上市公司协会成立大会。深化外部资源合作。联合开展一揽子活动,邀请市领导赴交易所拜访。加快推进市政府与北京证券交易所签约,举办北交所资本市场服务周启动仪式,推动北交所南通基地揭牌,举办南通新三板企业集中挂牌仪式。加强中介机构评价。研究出台中介机构评价办法,对南通市企业合作中介机构开展定期评价通报,引导中介机构为南通市企业股改挂牌上市、利用资本市场融资提供更优质的服务。服务重点产业链和制造业企业。聚焦南通市16条优势产业链和五大千亿级重点产业集群,加快推动一批优势产业链企业对接资本市场。依托东吴研究院等券商投研机构,拟选取新能源、高端装备、生物医药、新一代信息技术等产业,开展"资本赋能产业"系列调研活动。

(四)提升上市公司质量,培优培强,支持上市公司持续健康发展

促进市场化并购重组。组建专家团队,举办并购重组研究分析会,支持上市公司依托资本市场实现产业协同联合,形成联动发展格局。加大资本引进力度,推动上市公司通过再融资或设立基金等方式,开展境内外投

资并购和产业整合,围绕"锻长板""补短板"强链补链延链,打造产业创新龙头。同时,鼓励一些尚未符合上市标准的中小企业、处于传统行业的上市公司与龙头企业深度结合寻求并购机会,为企业发展注入新活力,激发新动能。进一步加大政策支持。探索出台相关政策,鼓励上市公司募投项目落地参照招商引资项目待遇,加强协调项目立项、用地、环评等具体环节,保障资金顺利落地。

叶礼彬

2023 年 4 月

南通市民营企业外经贸发展报告

南通市商务局

2022年,南通市商务局在南通市委、市政府正确领导下,全力扩大高水平开放,充分激发民营企业国际化发展的活力。

一、助力"一带一路"建设高质量发展

深入落实"一带一路"倡议,完善综合服务体系,搭建信息、金融、风险防控等服务平台,帮助更多民营企业"走出去"。2022年全市新增境外投资项目37个,中方协议投资额30185万美元,同比增长63.01%;完成对外承包工程营业额166868万美元,居全省第二,同比下降8.54%。其中在"一带一路"沿线国家新增境外投资项目19个,中方协议投资额19049万美元,占全市总额的63.11%,同比增长72.43%;完成对外承包工程营业额126079万美元,同比增长14.01%,占全市对外承包工程营业额总额的75.56%。

加快海外战略布局。引导部分制造能力强、技术优势明显的企业加快海外布局设点、拓展业务,沿着"一带一路"开拓新蓝海。中国天楹印尼垃圾焚烧发电项目投资总额13935万美元;梦百合家居分别对美国亚利桑那州生产基地、恒康欧洲增资7036万美元、2563万美元;里高家居对泰国子公司增资1980万美元。

延伸国际产业链条。引导部分制造业企业向"微笑曲线"的两端上行,实现本土企业产业链的国际延伸。创斯达以3000万美元并购德国Format公司,从事保险柜、枪柜等生产销售;全市20多家上市公司开展跨国经营业务,其中10家企业通过并购海外高价值项目,获取国际市场营销网络,加快向价值链中高端攀升。

建设海外直营基地。引导部分企业赴"一带一路"沿线国家开展投资合作,建立生产基地、研发中心、营销网络。梦百合家居先后投资美国和欧盟,打出"世界制造+全球销售"组合拳。

房建产业扩量提质。发挥南通建筑产业突出优势,积极培育工程承包经营主体。华新建工、通州建总等11家企业获得对外援助项目实施资格,实现援外项目带动工程承包业务发展。4家企业入选江苏建筑外经十强和ENR全球最大国际承包商250强,六建、三建承建的两个项目荣获国家境外工程鲁班奖。完善以色列房建市场工程建设与外派劳务协调机制,促进以色列工程建设及外派劳务规范有序发展,2022年龙信建设、南通二建等6家企业深耕以色列市场,新签对外承包工程合同额40608万美元,占全市总额的41.28%,同比增长24.26%;完成营业额43717万美元,占全市总额的26.20%,同比增长26.00%。以色列房建市场工程建设成为南通外经高端承包劳务的一张亮丽名片。

二、发挥民企稳外贸保增长主力军作用

加强对全市46家商务部外贸直报企业监测,及时了解企业运行和订单情况。加强板块联动和部门协同,会同海关、税务、财政、中信保等建立稳外贸专班,全力推进外贸稳增长。2022年,全市民营企业进出口1753.9亿元,增长6.2%,占比47.9%。2022年南通有进出口实绩的外贸企业7748家,较上年增加104家,同比增长1.4%。其中,民营企业6617家,增加155家,占外贸企业总数的85.4%。

开拓国际市场。建立重点外贸企业挂钩联系机制,开展全市重点外贸企业大走访。分行业分国别组织召开船舶海工、纺织服装、越南等重点外贸企业座谈会,帮助企业解决疫情防控、物流畅通等实际困难,助推企业复工复产。联合市外汇管理部门,共同开展扶持中小微外贸企业有效规避汇率风险专项行动,增强企业应对汇率风险能力。举办5场"江苏优品·畅行全球"和2场"南通名品海外行"线上对接会项目,组织企业通过线上线下参加广交会、南通跨境电商选品会等各类重点展会,助力企业开拓国际市场,2022年累计服务企业参展超500家(次)。

稳定市场主体。贯彻落实上级政策文件,研究制订省、市外贸发展专项资金实施细则，累计兑现外贸资金超1.2亿元，涵盖稳外贸总量、出口信保、加工贸易、进口贴息、公平贸易等18类项目，支持1309家企业。联合中信保出台稳外贸增长10条措施，制订新一轮中小微外贸企业出口信保统保平台实施方案，提高赔偿额度（40万美元），增加赔付比例，实现3000万美元以下企业出口信保全覆盖，预计出口信保2022年支持出口将超100亿美元。

发展外贸新业态。国家、省级外贸新业态试点数量和质态全省领先。加快推进跨境电商综试区建设，稳定发展市场采购贸易方式，外贸集聚区建设取得新进展。国际贸易"单一窗口"、通关便利化水平提升，口岸环境竞争力持续增强。加强外贸转型升级基地建设和品牌培育，评选出5个市级重点培育外贸转型升级基地和89个市级重点培育和发展的国际知名品牌。

三、鼓励民营企业开展外资嫁接改造

2022年，南通市民营企业加快国际化发展步伐，通过与国外同行业大公司大集团、世界500强企业和知名跨国公司合资合作，以及嫁接改造、境外上市等渠道和方式，在资金、技术、人才、品牌和市场等方面实现跨越发展。2022年，全市完成实际外资29.5亿美元，同比增长7.46%。为推动民营企业嫁接利用外资工作，我们深入开展重点招商活动，不断健全招商引资季度分析会机制，通过张榜公布项目，AB表比拼项目，板块汇报项目，市领导点评项目等方式，营造了"你追我赶，比学赶超"的浓厚氛围；积极探索"云招商"、境外驻点招商等新路径，上线运营"万事好通投资合作热力图"，累计发布投资资讯近500条，公布投资考察路线近100条，组建南通首个驻外经贸代表处。全市新签约并注册重点项目502个，其中总投资超10亿元内资项目145个，超亿美元外资项目38个，分别较2021年增长35%、52%。另外，我们秉承做外资企业"娘家人"服务理念，为民营企业外资嫁接提供"店小二"式的服务，切实解决民营企业外资嫁接在许可经营、政策咨询、外汇业务等方面问题。建立100家重点外资企业"白名单""点对点"服务重点外资项目。

2023年，我们将继续大力优化民营企业发展环境，持续推动民营企

业国际化发展。

一是推动民营企业高质量"走出去"。全面摸排民营企业对外投资合作情况，加强重点企业、重大项目调研，鼓励上市公司、大型企业集团开展绿地投资、跨国并购业务，推动企业通过境外投资实现"购并、引进、吸收、消化、再创新"，高质量参与"一带一路"建设。以援外项目为切入点，以总包项目为突破口，以重点市场为着力点，鼓励民营企业参与国家援外项目招投标，承揽大型总包工程，深耕以色列建筑市场。

二是打造一流外贸交易环境。加快跨境电商综试区建设，集聚一批跨境电子商务头部企业，壮大一批本土跨境电子商务企业，培育一批跨境电子商务服务企业。结合南通产业特色，大力推动家纺服装、电动工具、体育用品等优势产业带发展跨境电子商务。完善贸易促进计划，发挥展会的主渠道作用，精心组织企业参加"江苏优品畅行全球"系列展、广交会、华交会等境内重点展会，鼓励企业抢抓境外线下展会恢复契机，出海抢订单，更大力度支持企业参加境外展会，打响"南通名品海外行"品牌，帮助企业更有效拓展市场。抓住RCEP签署和中欧投资协定完成谈判的机遇，引导企业充分利用FTA优惠政策，大力开拓亚洲市场，稳住欧美市场，积极拓展"一带一路"新兴市场。支持公共海外仓、国际营销网络建设。进一步放大中国国际进口博览会的平台促进效应，充分发挥南通开放口岸功能、南通综保区等海关特殊监管区功能，大力培育进口贸易集散地，做大进口总量。

三是进一步扩大利用外资规模。精心组织招商活动，瞄准产业链关键环节上的龙头项目、核心项目和功能性项目，主动出击、精准招商。拓展利用外资领域，引导外资投向先进制造业，鼓励现有外资企业以利润、外债等方式进行增资扩股，对符合条件的企业实施奖励。贯彻落实外商投资法及配套法规，健全和强化对重点外资项目的精准化、特色化和全周期服务工作机制。建立外企投诉和纠纷调解工作机构，妥善处理外商投诉纠纷。

张　明

2023年4月

南通市民营科技企业发展报告

南通市科学技术局

民营经济是市场经济最富活力、最具潜力、最有创造力的组成部分，随着更高水平国家创新型城市建设的不断深入，沿江科创带的系统打造，南通市已经初步形成了"如鱼得水、如鸟归林"的一流创新生态，全市民营经济创新主体融通共进，企业创新能力不断增强、创新浓度持续提升，迸发出万马奔腾的创新力量，为南通经济高质量发展提供了有力支撑。

一、南通市民营科技企业基本情况

2022年，南通市国家创新型城市排名实现两连进，提升至全国第23位，全社会研发投入占GDP比重达到2.7%，技术合同成交额、科学研究和技术服务业从业人员及工资总额增幅、营业收入增幅等重点指标均居全省第一方阵。截至2022年年底，南通市拥有民营科技企业16641家，从业人员152.63万，研发人员11.83万，拥有有效专利11.02万件，民营科技企业在南通市经济运行中占据着举足轻重的地位，为南通市创新发展提供着强大的发展动能。

（一）民营企业创新活力不断迸发

创新生态不断优化。强化"科技创新+生态环境"融合理念，以沿江沿海生态景观带为支撑，将园区、板块分散科创资源串珠成链，构建"一核、四区、多园"可拓展的发展布局。加强科技统筹顶层设计，积极发挥科创委办公室统筹协调作用，成功推动市科创委改革获省级试点，实施创新生态"萤光涌现"计划，"南通市知识产权公证服务中心"等部分首批试点项目已落地开花。出台《南通市建设更高水平国家创新型城市三年行动方案》，修订完善"创新30条"实施细则，全市科技创新政策体系的四梁八柱进一步健全。

创新主体不断壮大。持续优化"泛科技型企业—科技型中小企业—'小升高'培育企业—高新技术企业—重点科创企业"五级梯次培育体系。2022年南通市4900多家民营企业入列全国科技型中小企业信息库;"小升高"培育企业库入库548家,累计超过2600家;高新技术企业总数达到2889家;14家民营企业列入省新一轮创新型领军企业,数量创新高;2家民营企业成为省独角兽企业,实现零的突破;484家企业通过省民营科技企业备案,总数达到1486家;22家民营企业获省科学技术奖。

创新合作不断深化。积极推动沿江科创带建设,沿江科创带成功纳入《江苏省"十四五"科技创新规划》等多项省级工作规划。创新联合体高质量运行,由通富微电等民营龙头企业牵头,上下游几十家民营企业和科研院所共同参与的创新联合体入选2022年度省创新联合体建设试点名单,生物医药、低碳环保、高端家纺、新型储能等产业创新联合体正陆续组建,为实现产业企业抱团取暖、共同发展奠定了基础。以民营科技企业为主导的高新区电子元器件创新型产业集群成为全省首批8个创新型产业集群之一,苏中唯一。

(二)民营企业创新要素保障强化

打造全链条创新载体。通过搭建好创新载体,从根本上解决制约民营企业创新发展的各类问题。围绕打造全链条的创新创业载体,印发《南通市科技创业孵化链条建设工作指引》,全面启动省级以上开发园区建设支撑主导产业发展的科技创业孵化链条,全力推进众创空间、科技企业孵化器、加速器等科创载体建设,2022年新建国家级、省级科技企业孵化器各4家、5家,新建国家级、省级众创空间各8家、29家,新增数量位列全省前三。

建立高起点创新平台。与省产研院签约共建江苏省船舶与海洋工程装备技术创新中心,完成事业单位注册,首批合作项目正加快办理入驻。积极打造一批起点高、实力强、机制活的新型研发机构和公共服务平台,新增省新型研发机构28家、市新型研发机构10家,新立4家市级临床医学研究中心。

集聚高层次创新人才。扎实做好省科技类"双创"团队项目申报,10个团队入围省科技类"双创团队",中天科技沈一春等3人获推荐"国家万人计划",新增外籍专家323人,种种举措正为民营企业的高速成长提供源源不断的人才动能。

提供高质量科技服务。出台《科技服务业繁荣发展三年行动计划》,建设南通科技大市场。在全省率先启动成果转化项目库建设,有序推动省市重大成果转化项目梯次培育。

保障高科技金融支持。积极拓宽"苏科贷""通科贷"等金融产品融资范围,引导金融机构为民营企业提供全生命周期的科技金融服务,2022年通科贷放贷1046笔,服务706家企业,贷款45.2亿元;担保37笔,服务27家企业,担保1.445亿元,为近千家民营企业解决"融资难、融资贵"难题,减轻了企业发展资金压力。

(三)民营企业创新取得斐然成果

核心技术攻关成效显现。在全省率先出台"揭榜挂帅"攻坚计划实施办法,通过"企业出题、政府立题、人才破题"方式,鼓励民营企业大力突破"卡脖子"难题。两批发榜的20个项目均在稳步推进,部分发榜项目已经通过中期评审,江苏政田、联发纺织等攻关项目的部分成果已在企业运用,这些项目一旦攻关成功,将大大提升南通市民营龙头企业的引领作用,提升整体产业核心竞争力。

产学研合作量质提升。围绕最新产业发展需求,以生物医药、新一代半导体等重点方向的战略产品为主攻方向,全面摸排梳理民营企业的成果项目,147个项目进入市项目库管理,获省项目立项共11个。2022年组织大型产学研对接活动28场次,签订项目1627项,同比增长12.7%,合同金额5.53亿元,其中合同额超100万元的重大产学研项目数量占比超10%。

科创项目引培排名前列。以打造高新技术企业蓄水池为目标,实施科创项目考核,围绕"有高科技含量、有高层次人才、有高成长潜力、有社会资本关注"的"四有型"项目,2022年招引科创项目704个,都是民营项目,充盈了民营科技企业源头供给。

二、南通市民营科技企业存在问题

南通市民营科技企业整体发展态势良好,其中不少优秀的企业注重核心技术突破,加强知识产权取得,成长为高新技术企业,获评为创新型领军企业,为南通"拥抱创新向未来"打下了良好基础。但由于民营企业自身的局限性和国内外经济下行压力增大等因素,南通市民营科技企业发展还是存在一些问题。

(一)企业规模不足

南通民营科技企业91%为中小微企业,规模较小,抵御市场风险能力较弱。龙头企业数量还不多,在"2022江苏省民营制造企业100强"中,前50强南通仅有中天科技一家上榜,严重缺乏产值上千亿的重点企业。

(二)高端人才缺乏

南通民营科技企业区域人才竞争压力大,面对上海、苏南等发达地区的人才"虹吸现象",面临招不到、留不住高层次人才的现象,制约了企业的发展。

(三)研发能力不强

南通民营科技企业开展产学研合作大多停留在技术转让、合作开发、委托开发等较低层次的合作上,与高校、科研院所共建研发机构,保持技术持续研发、升级的高层次合作还比较少。受制于民营企业自身特点,产学研合作深度不够,许多企业到大学、科研院所寻求合作,仅对一些短平快的项目感兴趣,却对投入多、见效慢的行业发展关键技术和共性技术缺乏兴趣。

三、下一步推进工作举措

贯彻落实党的二十大精神和全国两会精神,按照省、市一号文件要求,以"科技创新提效"为主线,聚焦"科技招商突破"和"产业集群创新"两大主攻方向,力推民营经济创新发展,不断增强企业核心竞争力。

(一)聚力科创主体扩容提质,壮大强劲企业梯队

大力开展科技招商,聚焦新一代信息技术、高端装备、新材料、生物医药等重点产业及其细分赛道,力争招引更多的科创项目,壮大"铺天盖地"的集群规模。深入实施高企培育三年行动,做好国家科技型中小企业评

价,充盈科技型企业蓄水池;健全完善科技企业梯次培育路径,,瞄准"雏鹰""瞪羚""独角兽"科技型上市企业持续打造一批高成长性民营科技企业,积极塑造"顶天立地"的竞争优势。

(二)聚力企业研发能力提升,提高创新整体效能

强化企业创新主体地位,发挥高校院所技术研发优势,支持企业牵头组建产学研协同创新联合体,推动创新要素向企业集聚。实施第三批"揭榜挂帅"科技攻关,加速突破关键核心技术,提升产业自主可控水平和核心竞争力。积极在优势产业布局技术创新中心、新型研发机构等创新平台,不断提升服务民营企业创新效能。优化产学研合作机制,支持民营企业与高校、科研院所进行联合创新,主动承接和转化最新科技成果,引导企业注重原创技术和前沿技术储备。

(三)聚力区域科技创新协同,打造优质创新高地

高标准建设沿江科创带,放大"一核引领、四区联动、多园集聚、全域协同"的联动作用,推动产业链、创新链融合发展,不断提升创新要素承载能力、产业集群创新能力。强化高新区科技创新主阵地作用,按照"一区一战略产业"定位,加快打造高度集聚创新要素的核心区,为承载民营企业提供更为优质的空间平台。全方位开展跨江科技合作,积极融入长三角区域创新共同体建设,全力打造引领性区域科技创新高地。

(四)聚力创新发展生态培优,完善高效服务体系

积极推动市级科技创新促进条例立法,为民营企业创新提供法治保障。建设科技大市场,加强技术转移、科技咨询、成果评估等专业化服务,健全创新发展服务链条。积极打造"众创空间—孵化器—加速器—产业园区"的一体化科创孵化链条,探索"研究院+孵化器"的建设模式,推动科技成果快速高效转移转化。实施科技金融"组合拳",促进科创要素加速集聚,加快形成"如鱼得水、如鸟归林"的一流创新生态。

顾 毅

2023年4月

南通市民营经济纳税报告

南通市税务局

民营经济是推动南通市经济社会发展的重要力量,是推动高质量发展的重要主体。税收大数据显示,2022年南通市民营经济克服国内外需求波动、疫情反复、贸易摩擦、地缘冲突等因素影响,在助推经济运行率先复苏、稳住经济基本盘等方面发挥了不可替代的作用。税务部门着力优化税收营商环境,高效落实税费优惠政策,精准助力民营经济发展壮大。

一、稳增长、激活力、促创新支撑有力

(一)民营制造业发展韧性较强

2022年南通市民营经济实现销售额2.6万亿元,同比下降2.5%,占南通市销售总额的比重达86.4%。其中,民营制造业实现销售1.0万亿元,同比增长3.5%,高于南通市民营经济平均增速6个百分点,民营制造业销售总额占南通市制造业销售总额比重近八成,达78.5%,与上年基本持平。南通市民营经济2022年实现入库税收(还原留抵退税后)816.0亿元,较2021年同期下降5.2%,占南通市税收总额的78.2%,销售增长速度高于税收增速2.7个百分点。其中,民营制造业实现税收(还原留抵退税后)294.1亿元,增幅为11.3%,高于民营经济税收总体增幅16.5个百分点。

(二)新兴产业市场主体数保持增长

2022年民营市场主体开票户数、有税申报户数同比增长各6.7%、8.1%,南通市新增民营经济纳税人6.7万户,同比下降12.8%,虽然新办主体数量有所下降,但民营企业新增主体存活率(当年新办非注销户/当年全部新办户)为96.5%,仍保持较为健康的发展态势。软件和信息技术服务业、科技推广和应用、专业技术服务业等新兴产业新增企业合计

7055户,同比增长19.9%,其中互联网和相关服务、科技推广和应用服务业分别增长23.1%和26.4%。受疫情反复等影响,部分传统行业、住宿餐饮等服务业吸引力不断减弱,如纺织和服装业、住宿和餐饮业等行业分别新增2779户、3123户,同比分别下降42.3%、9.9%。

(三)税费优惠助力创新动能释放

民营企业是南通市科技创新的主力军,退税减税降费"红包"落袋有效促进了民营企业进一步加大科研投入和提升创新质量。2022年南通市税务部门共为民营企业办理退减免缓税金额超过294亿元,占南通市退减免缓税总规模的76.0%,其中新增减税降费52.5亿元,留抵退税227.6亿元,缓缴税费14.0亿元,近八成的个体工商户在2022年无需缴纳税款。2022年南通市民营企业申报享受研发费用加计扣除126.0亿元,增幅为76.4%,占南通市申报研发费用加计扣除总额的79.7%,比重较上年提升1.6个百分点。民营高技术服务业销售额同比增长23.3%,高技术制造业增幅高达33.3%。

二、分区域、分行业、分结构存在差异

(一)分地区看:启东、海安民营经济分列税收总量及本地贡献度首位,如东、启东两地实现正增长

总量上,市区民营经济贡献税收248.5亿元(还原留抵后,下同),占南通市民营经济总额的30.5%。六个县(市、区)中,启东2022年税收收入103.4亿元,总量排名第一,其次为海门和通州,分别入库99.7亿元及96.3亿元。增速上,南通市下降5.2%,其中如东、启东均实现正增长,如东民营经济税收增幅达10.1%,增幅最高,高于南通市民营经济平均增幅15.3个百分点。本地税收贡献度上,海安市民营经济税收占本地税收的88.7%,贡献度居南通市第一,市区占比较低,本地税收贡献度仅为65.4%。(见表1)

表1 2022年民营经济分地区税收情况

地区	入库税收(亿元)	增幅	占民营经济总额比例	本地税收贡献度
南通市	816	−5.2%	100.0%	78.2%
市区	248.5	−8.6%	30.5%	65.4%
启东	103.4	3.2%	12.7%	86.0%

续表

地区	入库税收(亿元)	增幅	占民营经济总额比例	当地税收贡献度
海门	99.7	-6.9%	12.2%	87.0%
通州	96.3	-4.5%	11.8%	85.9%
如东	92.6	10.1%	11.4%	81.5%
如皋	90.7	-10.8%	11.1%	83.8%
海安	84.8	-10.5%	10.4%	88.7%

（二）分行业看：制造业税收贡献最高，建筑、房地产业下滑明显

总量上，2022年制造业仍是南通市民营经济税收最大来源，入库税收（还原留抵税退后，下同）294.1亿元，占民营经济整体税收的36.0%，超过三分之一。其次为房地产业、建筑业、批发零售，贡献度分别为20.9%、13.1%、8.1%。增幅上，制造业、租赁和商务服务、水电气燃、软件信息增幅较大，同比分别增长11.3%、15.3%、45.4%、103.6%。受房地产、建筑市场低迷、疫情反复等叠加影响，南通市民营各大行业中房地产业、建筑等行业税收出现较大幅度下滑，同比分别下降27.7%、11.4%。

（三）分注册类型看：各注册类型纳税人税收占比基本稳定，股份有限公司增速最快

结构上，2022年民营经济各注册类型税收占比基本保持稳定，各类公司制纳税人2022年实现税收收入（还原留抵退税后）750.7亿元，占民营经济税收总量的92.0%，占比较2021年同期上升1.8个百分点。其中，有限责任公司入库税收（还原留抵退税后，下同）364.6亿元，税收贡献度最高，达44.7%，而户数占比过半的个体经营纳税人2022年贡献税收65.3亿元，占民营税收比重仅为8.0%。增速上，各类型民营经济均出现不同程度的下降，股份有限公司和私营企业的降幅低于民营经济整体降幅，分别低3.8个、4.5个百分点。（见表2）

表2　2022年民营经济税收的经济类型结构情况

项目	税额(亿元)	增幅	占民营税收比重
合计	816.0	-5.2%	100.0%
股份合作企业	1.1	-35.7%	0.1%
股份有限公司	98.3	-1.4%	12.0%
私营企业	286.7	-0.7%	35.1%

续表

项目	税额(亿元)	增幅	占民营税收比重
有限责任公司	364.6	−5.5%	44.7%
个体经营	65.3	−22.8%	8.0%

三、抗风险、谋创新、壮规模仍有空间

(一)建筑房地产民营企业受市场影响较大

近年来,南通市民营经济总量大、发展快,但建筑房地产领域企业呈现出受市场冲击影响大、抗风险能力较低、龙头企业少规模小、纾困复苏较慢等特点。受市场持续低迷影响,2022年南通市民营企业中建筑业和房地产业入库税收(还原留抵退税后)277.7亿元,同比下降22.1%。2022年,民营企业建筑业申报销售额4350.3亿元,同比下降18.7%。从纳税百强看,2022年,南通市纳税百强企业中建筑、房地产业民营企业共上榜29户,比2021年减少10户;入库税收则减少了22.7亿元,下降了28.3%。2022年南通市新增建筑、房地产业民营经济市场主体9044户,较上年同期下降25.7%。部分民营建筑和房地产龙头企业面临资金周转困难、到期负债无法偿还、法律纠纷和诉讼增多等诸多困难,企业经营规模萎缩,抗风险能力有待进一步提高。

(二)高附加值民营制造业支撑仍然有限

2022年,南通市民营制造业入库税收294.1亿元(还原留抵退税后,下同),占民营税收总量的36.0%,低于制造业整体税收贡献度(38.7%)2.7个百分点。民营制造业中税收贡献度位于前列的行业是化学原料和化学制品制造(14.3%)、通用设备制造(11.4%),纺织业和纺织服装、服饰业(10.9%)。而具有高附加值的医药制造、计算机通信和其他电子设备制造等行业入库税收分别仅占民营制造的2.5%、4.4%,其中医药制造业较同期下降了1.1个百分点。民营企业在技术创新方面仍面临创新人才缺乏、研发能力有限、融资难等诸多困难,产品附加值有待进一步提升。

(三)民营企业进出口贸易增速放缓

2022年,南通市民营企业进出口总值1753.9亿元,比上年增长6.2%,比南通市外贸进出口平均增速(8.1%)低了1.9个百分点,南通市民

营企业出口销售额为1100.1亿元，占民营企业销售总额比重仅为4.2%，较上年虽略提升了0.9个百分点，但出口销售比重仍然较低，外贸规模有待提升。主要受国内外疫情反复、国际贸易摩擦、俄乌冲突等不利因素叠加影响，企业拓展海外贸易市场面临的风险不断加大，出口企业承受着较大的外部压力，导致企业对海外市场订单需求预期不断降低。当前面临海外需求波动、贸易摩擦、地缘冲突等诸多影响，外贸形势严峻复杂，民营企业出口依然面临较大的下行压力。

四、促进南通市民营经济发展的目标举措

习近平总书记在党的二十大报告中指出，"优化民营企业发展环境""促进民营经济发展壮大"，并在2022年两会期间就民营经济健康发展、高质量发展作了深刻阐述。税务部门将认真贯彻落实党中央、国务院"促进民营经济发展壮大"的重要决策和部署，优化税收服务，落实税费政策，全力支持民营经济发展，助推民营主体激发市场活力、促进科技创新、提振发展信心，继续在高质量发展的道路上奋发作为。

(一)认真落实优惠政策，促进民营企业轻装上阵

深入实施发展赋能工程，激发市场主体活力。一是全力落实组合优惠政策。持续落实好税费支持政策、稳经济"一揽子"政策及接续优惠政策，推动市政府1号文中50条政策中9项税收措施落实落细，确保民营企业应享尽享。二是加大税收政策扶持力度。对民营上市公司、科创企业、专精特新企业的税收扶持政策进行专题宣传辅导，帮助企业及时用足用好相关优惠政策。落实好大宗物流、孵化器、保交楼等各类优惠政策，为跨境电商、海外仓等新业态发展提供税收政策支持。三是优化重大项目服务。落实服务重大项目全生命周期"两项机制"(重大项目局领导领办制、税收服务重特大项目协调联动机制)，持续开展"便民办税春风行动""春雨润苗专项行动""护航走出去行动"，稳步推进"银税互动"扩围增量，更好更快地响应企业的涉税诉求。

(二)持续优化营商环境，增进民营企业办税便利

深入实施非常满意工程，提升纳税人满意度。一是提升优化营商环境税务举措。深入贯彻落实南通市"营商环境提升年"工作要求，精简压缩办

税时间,推行申报表预填报方式和"承诺制"容缺办理等降低市场主体制度性交易成本措施,加快构建市场主体全生命周期服务体系。打造升级版"零跑动"服务,积极探索"智能+"掌上办税咨询模式,提升纳税人满意度,全面落实"万事好通"营商优化环境新66条中的税务举措。二是推动纳税服务体系迭代升级。加强12366职能建设,持续提升"问办协同"能力水平,推广应用"语音小慧"智能咨询、"远程帮办"智能导税、"画面机器人"智能外联、"税意达"智能助手,促使线上"问办一体"成为常态。三是加快税费服务运营中心建设。推动试点探索线下"无柜台"智慧办税模式,推进主城区办税服务一体化整合,推行"融合办""容缺办""简事极速办"等便民举措,抓好基层分局延伸点办税智能化标准化建设,优化办税服务场所布局,打造一批"五星级"标杆办税服务厅(点)。

(三)调研走访精准帮扶,助力民营企业纾困解难

加大民营企业精准帮扶和减负纾困力度,激发市场主体活力。一是开展调研走访活动。落实市委办、市政府关于持续深入做好服务市场主体大走访活动的工作要求,完善服务机制,加强政策宣贯,深入民营企业广泛收集涉税诉求,贴近民营企业需求和关切,听取意见建议并认真梳理分析,对反映较多的问题,着力研究相应解决措施,推动税收管理和服务不断优化升级。二是推动诉求响应机制优化升级。充分发挥"好差评"结果导向作用,定期组织南通市办税堵点难点座谈会、税企恳谈会,开展"走流程、送政策、问需求、优服务"和"税务开放日"等活动,实现税费诉求响应与解决闭环管理。三是健全民营企业常态化帮扶机制。加强与工商联、协会商会等部门联系,进一步扩展税企双方沟通渠道和平台。严格规范税收执法,保障民营企业合法权益,对生产经营困难、纳税信用良好的民营企业,进一步研究针对性、操作性强的税务帮扶措施。对需要多部门合力解决的问题,积极与相关部门协商沟通、加强协作,助力民营企业提振信心、发展壮大。

顾露露

2023年4月

南通市民营企业吸纳就业报告

南通市人力资源和社会保障局

民营企业是经济发展的主力军,在稳增长、促创新、增就业等方面发挥了重要作用。2022年,在南通市委、市政府的坚强领导下,市人社局立足部门职责,大力实施稳岗减负、招工引才、技能培训等一系列政策举措,为民营企业健康稳健发展提供了有力支撑。

一、基本情况

(一)总体情况

2022年,全市民营经济体累计登记总量113.5万户,同比增长5.4%;累计注册资本总额19683.5亿元,同比增长6.2%。2022年,南通市支持城乡劳动者成功创业23309人,其中新增大学生创业3815人,新增农民创业11768人,完成开展创业培训11171人。截至2022年年底,民营经济共吸纳从业人员375万人,较2021年增长5万人,占全市从业人口比重近八成。其中,私营企业27.9万家,吸纳从业人员277万人,户均吸纳人员10人;个体工商户85.6万户,吸纳从业人员98万人,户均吸纳人员1人。2022年城镇新增就业11.3万人,其中8.3万人被民营经济所吸纳,占比达73.5%。从就业结构看,三次产业的就业结构依然为"二、三、一"的格局,三次产业从业人员比约为18:47:35,与2021年基本持平,二、三产业依然成为吸纳劳动力就业的主体。

(二)岗位及用工需求情况

近年来,民营企业已成为拉动经济的新增长点以及缓解就业压力保持社会稳定的基础力量,为市场带来了大量的就业岗位。2022年,全市共提供就业岗位34.17万个,其中民营企业提供就业岗位30.85万个,占比达90.3%。在对11259家企业的春季用工需求调查显示,民营企业有招工需求的比例为45.4%。从企业分布来看,民营企业10362家,占92.03%;职工人数56.31万,占79.6%;从用工需求特点来看,用工紧缺的企业中,制造业占比73.26%,服务业占比18.83%,建筑业占比4.82%,与2021年相比,制造业和建筑业占比分别下降了2.55个、0.24个百分比,服务业占比上升了1.58个百分比。5月中旬,对参与春季用工调查的企业再次开展了年中跟踪调查,用工紧缺情况均有所缓解。

(三)吸纳重点群体就业情况

因民营经济发展快、用工需求大,"在家门口就业"已成南通市农村劳动力就业的第一选项。近年来,随着南通市农民工文化水平提高,且受过工业化生产训练和市场熏陶,越来越多的农民工选择返乡创业,他们涉足的领域广泛,主要涵盖特色种养业、农产品加工和物流、信息服务、电子商务等一、二、三产业,实现从传统一产向二产、三产融合发展。2022年,在新增转移的农村劳动力中, 就地转移人员占比达64.4%。民营企业在薪资、职业生涯规划及后勤保障方面越来越具有竞争力,高校毕业生对到民营企业就业的认可度不断增强。根据对南通籍2022届高校毕业生就业状况及返通就业情况调查显示,民营经济仍是吸纳大学毕业生就业的主力军,占比为77%。吸纳比例持续增长。制造业、信息传输及软件信息技术业、建筑房地产业依然占据毕业生就业领域的前三名。

二、助力工作举措

(一)政策对冲抗疫情,扩岗助企稳就业

开展助企纾困调研,采取视频调研、电话沟通等不见面方式,选取具有代表性的企业、创业孵化基地、培训机构等市场主体,深度调研其发展面临的难点、堵点,为调整政策"工具箱"摸清底数。针对企业反映的"招工难度加大"的问题,出台了《南通市积极应对疫情深化落实保企业稳就业惠民生十条举措》《南通市区企业用工服务奖励补贴办法(修订版)》《南通市区贯彻落实失业保险稳岗扩围政策的实施意见》,强化用工奖补政策供给。2022年共为450家用人单位5538人次发放社保补贴1084.8万元;为268家企业提供"苏岗贷"资金支持11.94亿元。为2892家企业发放一次性扩岗补助1708.65万元,鼓励企业吸纳11391名2022届高校毕业生。成立市、县两级稳就业服务专班,形成稳就业服务工作机制,常态化地为市场主体提供上门走访、需求调研、就业创业政策宣传、用工指导等服务,为有用工需求的企业,制定"一企一策"招聘方案,做好预定招聘会、匹配符合条件的求职者、引荐合作伙伴等精准服务。

(二)多举施策求精细,内招外引保就业

构建"线上+线下"联动发力、"本地+外地"双向挖掘的引才留工格局,线上密集举办直播带岗、短视频招聘等网络招聘会,线下分行业、分群体举办专场招聘,靶向推送岗位信息。深化劳务协作,做好老基地回访和新基地开发,2022年,全市劳务基地签(续)约14家,其中新签约7家,目前在全国共有115家;开展劳务协作招聘会55场次,参与招聘企业475家,提供就业岗位55983个。打造劳务品牌,按照"一县一品"建设原则,调研征集了7个劳务品牌,鼓励劳务品牌与合作机构洽谈签约,扩大其吸纳就业能力。促成培训合作签约6.5万人次,人力资源对接签约7780人次,投资签约1400万元,择优推荐3个劳务品牌参加全国劳务品牌大会省级选拔,其中"海安茧丝绸巧工匠"最具示范引领作用,累计培训蚕农22万人次,直接帮助1.3万名蚕农就业增收。落实"点对点、一站式"直达服务,组织专列1趟、包机1班次、包车45辆次"点对点"输送农民工返岗就业。

(三)就业服务不断线,创业扶持扩就业

优化创业制度"生态",出台《关于进一步加大对市区重点群体创业扶持力度的通知》《关于印发〈南通市市级创业示范基地分类管理办法(试行)〉的通知》,加大创业扶持就业力度。推广"互联网+"培训模式,结合在线直播、视频录播、线上互动等方式,实现"技能培训在线化、学习时间自由化",举办无人机、通式糕点等工种90个班期的"线上+线下"培训课程,约1587名培训学员参培,共支出培训补贴资金5136.1万元。

三、存在的问题

(一)企业薪酬待遇竞争力还不强

南通市民营企业多数还是处在产业链中低端、产品附加值较低,企业效益、员工薪酬相比发达地区有差距,与苏南相同工种工资相差约1000~1500元。部分民营企业特别是劳动密集型企业管理不够科学,以降低劳动成本来控制生产成本,所提供岗位工资待遇水平缺乏吸引力。

(二)员工生活配套保障力度还不够

南通市一些大企业和在建大项目相对远离城区,如中天钢铁、金光纸业、桐昆 PTA、恒科新材料等重大项目,交通不够便利,周边生活配套较难以满足员工需求,加之对外来人员的住房和子女教育供给还不够足,从而在一定程度上出现"招得来、留不住"的问题。

(三)新生代对工作环境要求提高

新生代劳动者如 90 后、00 后在工作中更加重视个体感受、工作环境和发展前景,更加看重自我成长以及企业潜力,择业时更多关注工作自由度、环境舒适度和企业归属感。部分民营企业提供的岗位工作时间长、劳动强度大、生产环境差,比较难以让新生代劳动者满意。

(四)结构性供需矛盾仍然存在

随着产业结构调整优化,一些民营企业对从业人员的素质提出了更高的要求,简单型的技术工人需求在减少,具有一定技术技能的人才需求持续上升。而从人力资源市场状况看,技术技能群体尤其是高技能人才还比较紧俏,部分企业只能退一步选择招收普工进行培养。

四、下一步工作建议

(一)进一步优化企业用工服务机制

强化重大项目和重点企业用工保障,突出对服务业、小微企业、个体工商户支持,健全市、县(区)、镇(街道)、村(社区)四级联动人社服务专员制度,全方位、全过程、全周期开展岗位对接、用工指导等服务。积极探索共享用工模式,组建行业用工联盟,搭建共享用工信息平台,据劳动力闲置企业和缺工企业信息调剂匹配,平衡企业用工峰谷瓶颈,并减少用工外流。

(二)切实提高技能人才培引质效

采取内培+外引双向发力,依托本地技工院校资源,加大校企合作力度,根据企业类型和用工特点,重点推行"招工即招生、入企即入校、企校双师联合培养"的新型学徒制培训,为企业培养好、储备足技术技能人才。积极对接外地院校,建立人力资源合作关系,宣传人才政策,推介岗位信息,鼓励企业采取"实习(见习)+就业"模式,促进技术技能人才引得来、留得住。

(三)加大公共就业服务平台建设

在常态化开展线上线下招聘活动、促进供需有效对接的基础上,统筹现有的公共就业服务市场资源,用好市本级零工市场,推进县(市、区)零工市场建设,打造规范有序、高效便捷的用人单位和零工人员双向选择平台,配套职业指导、技能培训、权益保障等一系列公共服务。推动建设标准化"家门口"就业服务站,扩大招聘求职资源覆盖面,帮助求职者实现充分、高质量就业。

(四)做优做实拴心留人配套保障

引导企业从"招工"向"留人"转变,提高人力资源管理水平,合理确定薪酬待遇,改善生产生活条件,增强人文关怀,提高引人留人的竞争力。各级职能部门应着力解决好外来人员的"关键小事",改善产业园区生活配套,加大人才安居供给,注重新市民子女教育,持续简化入学条件,大力发展社区托育教育,切实解决企业和外来人员的后顾之忧,增强人才的归属感。

洪忆雯

2023 年 4 月

南通市民营企业质量发展报告

南通市市场监督管理局

质量是民营企业的生命。2022年,南通市深入贯彻落实国家、省、市关于开展质量提升和支持民营企业发展的决策部署,将企业作为提升质量的主体,将质量视为企业效益的保障和源泉,围绕增强民营企业质量竞争力,深入实施质量强市战略,大力开展质量提升行动,推行全员、全过程、全方位质量管理,强化质量技术服务,有效激发民营企业提质增效内生动力。

一、总体情况

截至2022年12月31日,南通市实有市场主体总数117.81万户(其中企业31.81万户,个体户85.59万户,其他0.41万户),较上年末增长5.20%,比全省平均增速(3.94%)高1.26个百分点。私营企业总数27.93万户,同比增长1.64%。资金总额18819.62亿元,同比增长6.52%。

一年来,全市上下抓改革、谋创新、求发展,着力推进质量、品牌、标准、计量、认证认可、检验检测等要素协同服务、综合运用,民营企业质量工作成效显著,南通市连续8年在省质量工作专项考核中获评A级。

(一)质量发展体系更加完善

南通市质委会坚持"双主任"领导制度,成员单位由26家增至29家。南通首届质量大会成功召开。坚持规划为纲,推动《南通市"十四五"质量强市发展规划》《南通市产业倍增三年行动计划(2022—2024年)》《南通市纺织产业高质量发展三年行动计划(2022—2024年)》等编制印发。坚持激励驱动,市政府出台《关于支持制造业倍增和服务业繁荣的若干政策意见》,对获评各级政府质量奖、主导制修订标准等企业予以奖励。坚持考核约束,将质量强市纳入对各县(市、区)高质量发展考核和省级以上开发区绩效考核体系,首次将成员单位纳入市级机关督查检查考核。"政府主导、企业主责、部门联动、社会参与"的质量工作格局持续健全。坚持宣传造势,利用城市质量节、质量月、中国品牌日等时间节点,广泛开展群众性质量活动,营造浓厚质量氛围。

(二)质量安全防线有效筑牢

强化产品质量安全监管。聚焦安全、环保、防疫、农资、消费品等重点领域以及"一老一小"重点群体,靶向实施产品监督抽查 2005 批次。全市产品质量抽检合格率连续 7 年稳定在 90%以上,未发生产品质量安全事故。创优质量安全监管举措。率先出台首违不罚、不予强制措施等"四张清单",推动免罚轻罚事项由 11 个领域 85 个事项拓宽至 15 个领域 132 个事项,为 3734 家市场主体免罚轻罚。创设"四诊式"产品质量安全监管机制,利用"综合体检"找准企业个性、行业共性质量问题,以质量"问诊、会诊、复诊、巡诊"方式推动质量监管和技术帮扶有机结合。严厉打击质量违法行为。组织开展民生领域"铁拳"行动、"零号"行动、家纺行业"抓规范、促提升、树品牌"专项行动,全市市场监管系统共查处产品质量类案件 920 件,罚没合计 1624.81 万元。持续开展食用农产品"治违禁、控药残、促提升"三年行动,查处农产品质量安全案件 67 件。

(三)质量品牌成果不断显现

质量品牌建设成绩斐然。2 家企业获评 2022 年省长质量奖(提名奖)。31 个企业产品通过 2022 年第一批、第二批"江苏精品"认证。4 家企业获评省质量信用 AAA 级企业,全省第二。14 个农产品品牌入选江苏农业品牌目录。质量标准领跑成果丰硕。省政务服务标准化技术委员会正式成立,省电容器技术标准创新基地获批建设。南通市企业主导、参与起草的 7 项国际标准正式发布,取得历史性突破。4 家企业获评首届江苏省标准创新贡献奖,9 家企业 11 项企业标准被认定为全国企业标准领跑者。行业标杆创建成效显著。2 个制造业集群入选第三轮国家级先进制造业集群决赛优胜者名单(全国共 20 个)。全市累计获鲁班奖 126 个,建筑业产值规模和获奖数稳居全国地级市首位。海启高速被交通运输部等三部门联合冠名"平安工程"。"数字孪生水网(南通城区)建设"纳入水利部先行先试工作。3家企业典型经验被确定为江苏省"质量标杆"。

(四)质量创新能力有效提升

知识产权创造阔步发展。中天科技等12家企业荣获第二十三届中国专利奖,6家企业获评国家知识产权示范企业。2022年新增发明专利授权量6209件,有效发明专利达37963件,万人发明专利拥有量49.09件,增长17.11%。南通市获批建设国家知识产权强市建设试点城市。知识产权保护严实推进。为拟上市企业和"走出去"企业开展风险评价8次,办理专利商标案件1276件,入选全省典型案例3件。新增省级知识产权保护示范区1个。知识产权运用增效升级。437家小微企业知识产权质押融资60.92亿元,创历史新高。通州区、崇川区专利转化运营中心正式成立,通州区知识产权转化运营平台项目获中央服务业发展资金支持。

二、民营企业质量提升特色举措

(一)"旗舰领航"助力重点企业做大做强

对接制造业龙头骨干企业,综合运用质量"工具箱",通过"全面体检、精准把脉、目标导航、专班服务、序时推进",为重点企业提供专业质量全链条服务。创新开发"旗舰领航"信息化系统,推动实现市场监管部门与重点企业"数据开放共享、服务诉求直达、培育过程管控"。已完成两批210家企业质量体检,比对出落后技术指标501项,淘汰已作废标准1059个,预警诊断计量问题50项、知识产权问题103项,形成导航报告811份。目前,首批70家企业完成共建目标693个,完成率84.06%;质量管理体系认证、量传溯源体系实现全覆盖,新增发明专利授权量393个,新增注册商标768个,通过CNAS实验室能力认可13个。

(二)"质量合作社"推动小微企业质量达标

针对南通市传统产业区域特色明显、发展层次偏低、产品质量不高"多小散弱"问题,首创质量合作社"一站式"服务模式,为社员提供企业标准制定、品牌建设指导、信用信息支持、质量人才培养、公共检验检测等服务。新成立质量合作社4家,总量达15家,覆盖小微企业3650家,已指导制定各类产品企业标准1.8万个,提供产品免费检测6200批次、培训质量专员1284人,引导商标注册921个、专利申请4976个,1525家小微企业通过ISO9001质量管理体系认证。经验做法获市委、市政府主要领导批示肯定,该模式入选全国20个质量基础设施"一站式"服务典型案例。

（三）基础设施协同实现质量服务高效便捷

持续推进"通通检"云平台提效扩容,对国内外标准、认证和检验检测机构信息、国际技术贸易壁垒通报全面归集,实现"一站式"搜索。江苏省药监局审评核查南通分中心获批建设,南京专利代办处南通工作站获批设立。省级功能性床上用品质检中心、省海洋工程装备质检中心、省船舶智能制造产业计量中心先后建成投用。国家床上用品质量监督检验中心（江苏）、国家电动机产品质检中心建设加速推进。深化"首席质量官"制度,培育首席质量官2118人,总数达7328人,实现规上企业全覆盖。

三、当前存在的问题

在充分肯定成绩的同时,我们也要清醒地看到,与高质量发展要求和群众期盼相比,南通市民营企业质量工作还存在一些突出短板和薄弱环节。

（一）民营企业质量观念尚未牢固树立

部分民营企业重速度、重数量而轻效率、轻质量的理念依然存在,对质量工作的认识还停留在产品生产质量管理层面。在质量发展中只重视高层管理人员观念更新和责任落实,忽视企业全员的全面参与,质量决策与执行存在偏差。

（二）民营企业质量核心竞争能力不足

很多民营企业轻视先进管理工具和方法对实践的指导作用,质量管理表现出经验论的倾向,造成管理粗放、决策主观,标准、计量、检验检测等质量要素支撑下的核心竞争力不够强。

（三）质量协同服务能力还待有效提升

当前,南通市质量基础建设还存在短板,与民营企业发展需求和主导产业发展方向契合度还不高。新型质量服务、质量治理手段还待破题,部分领域质量安全监管还有待进一步加强。

四、下一步工作方向

（一）做强质量发展支撑

出台《关于深化质量强市建设的实施方案》《南通市质量提升三年行

动计划(2023—2025)》《南通市贯彻落实国家标准化发展纲要三年行动计划(2023—2025年)》《南通市计量发展三年行动计划(2023—2025年)》。完善考核体系,加强对县(市、区)质量工作专项考核,试点实施市、县、乡三级党委质量督查机制。开展监测评价,实施制造业产品和消费品质量合格率调查。依托首席质量官学院,培育中小微企业首席质量官。

(二)加快质量品牌培育

落实市政府《关于支持制造业倍增和服务业繁荣的若干政策意见》,对获评各级政府质量奖、主导修制订标准的企业进行奖励。加快修订《市长质量奖管理办法》,调整申报条件,加强梯队建设。2022年新增省长质量奖组织1个,市长质量奖组织6个,省质量信用AA级以上企业10家。获批承担标准化技术组织秘书处1家、标准化试点示范项目6个以上,获评"企业标准领跑者"6项以上,主导(参与)修制订各类标准150项以上。

加强质量服务供给。接续推进"旗舰领航"行动,开展第三批150家企业质量体检,将企业信用纳入导航报告,分类推送产业技术贸易壁垒信息。开展标准托管服务,实现标准自动比对、实时更新,指导企业及时淘汰落后标准。精选50家企业开展"一对一"标准化工作培训,对8家标准化试点单位进行重点跟踪辅导。依托质量合作社,推动小微企业新增注册商标1000个、修制订标准1000个以上,新增质量管理体系200个,产品质量抽检整体合格率稳定在90%以上。推进"苏质贷"落地,完成100家以上小微企业质量授信20亿元。对年耗标煤万吨以上单位,按20%比例开展能源计量审查。

加速支撑平台建设。筹建药品进口口岸、国家精品钢质检中心、国家船舶智能制造产业计量测试中心、省级碳计量实验室、南通计量科学数据中心。加快国家床上用品质检中心、国家电动机产品质检中心、城市水资源计量应用技术重点实验室建设。建成省药监局审评核查南通分中心,指导全市生物医药重点园区建设药械综合服务站。"通通检"平台用户数超2万个,访问量超80万次。

包一坤

2023年4月

南通市民营经济信贷和融资报告

中国人民银行南通市中心支行

作为民营经济大市,南通市民营经济[①]占到经济总量的70%、税收的75%、就业的90%,民营经济是南通经济发展的生力军、创新转型的强引擎。2022年,中国人民银行南通市中心支行紧紧围绕促进民营经济发展目标要求,充分发挥主观能动性,通过加强和完善窗口指导,推进金融改革创新,维护区域金融稳定,努力构建和谐金融生态环境,促进南通市民营经济又好又快发展。

一、南通市金融支持民营经济发展的主要情况

近年来,南通市银行业金融机构注重加大对以民营企业为主体的民营经济的信贷支持力度,民营企业贷款始终保持中高速增长。截至2022年年末,南通市民营企业贷款(含个人经营性贷款,下同)余额5346.65亿元,比年初增加856.07亿元,增长19.06%。①从资金供给看,国有大行和农村法人机构是支持民营企业的主力。2022年末,南通市民营企业贷款余额5346.65亿元,国有大行和农村法人机构分别为1296.47亿元和1930.62亿元,两者合计占南通市的60.36%;南通市国有和农村法人机构民营企业贷款分别新增329.67亿元和207.18亿元,两者合计新增占南通市新增的62.71%。②从融资成本看,民营企业贷款利率逐步下行。自2018年LPR改革以来,南通市金融机构利用改革契机,优化贷款利率定价、加大让利力度,南通市民营企业贷款利率水平逐步下行。2022年末,南通市民营企业加权平均利率4.29%,同比下降了46BP。

[①] 此处指小型、微型私人控股企业贷款、个体工商户经营性贷款和小微企业主经营性贷款的合计,下同。

二、金融支持民营经济的主要做法及成效

(一)充分发挥货币信贷政策对金融资源配置的引导作用

2022年以来,中国人民银行南通市中心支行持续优化货币政策工具运用,突出投向、价格引导,鼓励更多金融资源向民营经济领域倾斜。一是对贴现利率较低的票据、实体企业票据优先办理再贴现,对民营经济支持力度大的银行机构优先办理再贴现;二是向法人农商行、村镇银行发放支小再贷款,鼓励以低成本政策资金优先用于民营企业的贷款投放。2022年累计发放支农、支小再贷款173亿元,累计办理再贴现123.94亿元。据测算,办理再贴现的票据的贴现利率较其他票据平均低1~2个百分点;运用再贷款资金发放的贷款利率较其他贷款平均低1个百分点。

(二)引导银行机构坚持推动金融创新,优化产品和服务

一是推动抵质押物创新,减轻对传统抵押担保方式的依赖。如各银行机构依托人民银行"中征应收账款融资服务平台",发展应收账款质押贷款业务。二是创新民营企业转续贷方式,南通市多家银行机构通过循环贷款、年审制贷款等新型业务品种,以及无还本续贷、预授信、整贷零还等新型贷款周转模式。三是发展投贷联动,拓宽民营经济融资渠道。四是推出"出口退税贷"。如南通农商行与南通市国税局联合推出了提供政策支持和出口退税数据的技术保障,通过技术分析等方法进行风险把控。五是加强业务宣传,中国人民银行南通市中心支行联合国税、商务部门多次组织了南通市出口企业产品推介会,通过宣传册发放、现场路演、企业答疑等形式推广产品。

(三)以两权抵押贷款试点为契机,充分满足农村民营经济融资需求

中国人民银行南通市中心支行全面推进的"两权"抵押贷款业务加快发展。一是进一步加强沟通协作。中国人民银行南通市中心支行与南通市农工办、农委、财政等部门建立常态化沟通协作机制,形成工作合力。二是进一步加强调查研究。多次组织深入基层调研,了解"两权"抵押贷款发放过程中的难点、困难,帮助协调解决。注重对业务经验的收集和整理。三是将"两权"抵押贷款业务推进工作纳入全行重点目标任务,从支行、金融机构双线督办。2022年12月末,南通市"两权"抵押贷款余额7.15亿元,其

中农村承包土地经营权抵押贷款余额6.99亿元,同比增加3.45亿元,增量列全省第一。

(四)积极开展中小企业信贷政策导向评估实施效果评价

中国人民银行南通市中心支行先后开展了中小企业金融服务年效果评估、中小企业信贷政策导向评估,从各银行业金融机构中小企业贷款增长情况、内部机制建设情况、金融产品创新情况、社会外界评价情况等方面,综合考察中小企业的金融服务水平,进一步引导金融机构提高支持中小企业发展的自觉性。

三、金融支持民营经济发展中存在的问题

(一)部分民营企业融资需求不旺盛

在当前经济新常态深入发展,钢铁煤炭、造船纺织等行业出现了产能过剩。这些领域不乏数量众多的民营企业,这部分企业的融资需求主要是为维持生产经营,渡过当前经济难关,少有扩张性、技术革新性的融资需求;有些甚至出于成本的考虑会尽量减少融资,融资需求并不旺盛。即使是非产能过剩行业,比如传统种养殖业中也有一部分种养殖户鉴于规模小、观念陈旧、不习惯融资等原因,融资需求也十分有限。

(二)金融机构营销中小微企业积极性不高

从机构而言,目前各银行业金融机构作为企业,其盈利性目标仍然决定了其追逐大企业、高利润的倾向。与大企业相比,中小企业贷款笔数多、金额小,金融机构需要花费更多的人力、物力,却只能够获得较小的利润。从银行从业人员个人而言,为银行创造的效益与个人的收入直接相关,作为一个经济人,每个人都希望单位投入内的回报更大,因此也更乐于营销大企业客户。

(三)非银行业金融机构服务民营企业尚处起步阶段

小贷公司、典当行、投资公司、创投基金、信托、融资租赁、集团财务公司等非银行业金融机构,一定程度上为民营企业拓展了融资渠道。但是总体看,真正市场化的供求对接机制尚未形成,以P2P为代表的金融创新也良莠不齐,民营企业融资难问题仍然受制于金融机构的发展和金融改革的推进。

(四)民营和民营企业融资成本总体较高

尽管民营企业整体利率水平呈下降趋势,但整体贷款成本仍要高于大中型企业。客观上分析,与国有、大中型企业相比,民营和民营企业综合实力弱、经营风险偏高。2022年12月末,南通市小型企业贷款加权平均利率为4.29%,微型企业为4.30%,分别比企业贷款加权平均利率高0.11个和0.12个百分点。

(五)信贷政策与财政政策的配合度有待提高,需要进一步加强银政合作

虽然在经营的整体导向上,银行业金融机构都要求加大对小微企业支持力度,但在信贷政策推进落实过程中,着力点还是有所侧重,而财政政策在其中所发挥的撬动作用十分明显。如南通的科技金融、低利率贷款等,由于财政存款、奖励补贴等形式的激励,银行业金融机构执行的积极性都较高,但其他方面则积极性相对较弱。一直以来,地方政府在小微企业发展方面也是持积极扶持的态度,因此财政政策和信贷政策在这一点上的根本目标是一致的,亟须进一步加强金融部门与政府部门的合作,有助于两项政策形成一加一大于二的效果。

四、相关建议

(一)引导南通市金融机构加大支持民营企业的力度

一是引导金融机构优化内部管理制度,特别是优化民营企业金融服务考核制度,优化利率定价机制,进一步提高民营企业不良贷款容忍度;二是积极争取系统内资源,向民营企业倾斜更多的信贷资源;三是进一步加大金融产品和服务的创新力度,积极参与供应链金融、应收账款融资等业务,借助应收账款融资平台,拓宽民营企业融资渠道,帮助企业盘活应收账款存量,提高资金周转效率。

(二)大力发展中小金融机构

积极培育和发展中小金融机构体系,大力发展民营企业服务中心、贷款担保组织、贷款担保基金、民营企业同业协会、村镇银行、小额贷款公司和农村资金互助社等新型金融机构以支持民营企业融资。

(三)商业银行要加强内部减本增效,不断优化企业融资环境

各行要从有利于企业长期发展角度出发,能不上浮的尽量不上浮,能少上浮的尽量少上浮,减轻企业融资成本,增强企业发展后劲。要优化贷款流程。建立专门服务中小企业的团队,通过集约化经营,减少中小企业贷款的劳务投入,节约经营成本,降低利率上浮幅度,让利于企。

(四)引导鼓励发展新型融资业务

首先,继续推动保证保险贷款业务开展,通过拉动银保合作,分散银行风险从而降低对收益的要求。其次,继续推进直接债务融资工具的发行工作,尤其是中小企业集合票据、区域集优等适合中小微企业的债券品种,通过非信贷融资降低中小微企业资金成本。

(五)健全担保业发展

健全担保风险的分散、补偿和激励机制,完善多层次的信用担保体系建设,满足众多民营企业的融资担保需求。建立民营企业之间的联合担保体系和市场化的商业担保机构,有效应对民营企业融资过程中因信息不对称引发的逆向选择和道德风险问题。

胡晓亮

2023 年 4 月

南通市商会发展报告

南通市工商业联合会

商会是市场经济条件下实现资源优化配置不可或缺的重要环节，是实现政府与企业、企业与企业、企业与社会之间相互联系的重要纽带，是政府管理民营经济的有效助手。随着经济全球化的深入发展和社会主义市场经济体制的日益完善，商会组织民间性、社会性、经济性的特性和功能更加凸现，在推动地方经济发展方面具有得天独厚的优势。2022年，南通市各级工商联组织在市委、市政府的正确领导下，团结带领南通市各级各类商会以习近平新时代中国特色社会主义思想为指导，深入贯彻党的十九大、十九届历次全会和党的二十大精神，按照南通市委、市政府工作部署，紧紧围绕"两个健康"总目标，创新服务方式、提升工作质效，为推动南通市民营经济高质量发展作出了积极贡献。

一、南通市商会组织建设的基本情况

2022年，南通市新组建商会7家，推进7家商会完成换届。至2022年年底，南通市共有商会组织345家，会员总数超3.6万家。南通市商会组织中乡镇（街道）商会89家，行业商会135家，异地商会61家，市场、园区商会8家，其他类别52家。市直商会共67家，其中行业商会42家，异地商会21家。南通市135家行业商会共涉及纺织、服装、机械、电子、建材等近60个行业。一、二、三产业占比分别约为7%、66%、27%，一产主要集中在养殖业和加工业；二产主要集中在纺织、服装、化工、机械、电子等主要行业；三产主要集中在贸易流通、餐饮服务等行业，基本已经覆盖到南通市各个主要行业。这其中，尤其以支柱产业、特色行业为主，其中行业商会数超过总数65%以上，形成了与地方特色产业、重点行业发展相适应，布局合理、覆盖广泛的行业商会体系。

通商总会作为海内外通商代表自愿组成的、非营利性的社会组织，致力于汇聚通商力量，弘扬通商精神，打造全球通商的"精神总部"和"温暖家园"。2022年9月14日，通商总会二届一次会员代表大会召开，选举产生第二届理事会领导班子，成立通商总会海外商会。江苏省工商联副主席、江苏综艺集团董事长昝圣达当选新一任通商总会会长。自2017年5月成立以来，通商总会已发展成为南通市覆盖区域最广、联系通商最多、综合性最强、体量最大的商会组织，目前已成立在外南通商会71家，其中省级商会8家、市级商会27家。

二、推进商会组织建设的主要做法

（一）强化党建引领

充分发挥"领头雁"作用，组织商会党组织书记及商会负责人专题学习党的二十大精神，相关工作在省联会议上作先进经验介绍，建立商会党建工作联盟，南通被列为全省"商会党组织发挥政治引领作用"试点，2022年，新建市直商会党组织9个，新发展党员21名，党员数312名，南通市商会党的组织和党的工作实现全覆盖。南通市总商会党委"落实'一扎口、两靠前、三同步'实现'两个全覆盖'量质并提"成果获评全省党建制度创新"最佳案例"。

（二）完善基层建设

加大在新兴产业、新兴业态、新经济领域中组建和培育商会力度，扩大商会在重点行业和领域的覆盖率。2022年共推动医药健康产业发展商会、新能源产业商会等7家商（协）会成立，南通市商会组织达345家。指导家居、电脑、盐城、福州、饭店餐饮、智能装备、泉州等7家商会换届，进一步激发商会组织建设活力。

（三）放大品牌效应

提升商会工作水平，召开南通市商会工作会议、举办南通市商会负责人培训班、南通市异地商会会长迎七一进盐城活动等，表彰十家现代商会示范点，开展"十佳商会工作者"认定工作，充分调动商会工作的干事创业热情和工作积极性。开展新一轮"四好"商会申报和认定工作，南通市共

11家商会获评全国"四好"商会、33家商会获评江苏省"四好"商会,南通市温州商会等13家工商联所属商会获评全省工商联商会组织先进集体称号。

(四)助力招商引资

开展服务招商引资"十百千"行动,组织开展"故乡情·故乡行"百名通商南通行、在外通商大走访、跨江融合和商会进园区四大系列活动,广泛动员各县(市、区)工商联、商会等积极参与招商引资。深入推进"百家商会进园区"活动,先后组织300多家企业赴相关园区和乡镇开展项目对接活动,推动项目落地落实,获评2022年度全省工商联创新工作突出贡献奖。助力推动跨江融合,举办南通市苏州商会成立暨跨江融合项目集中签约仪式,集中签约20个项目,总投资达118.11亿元,进一步促进产业跨江协同发展。

三、加强商会组织建设的意见建议

(一)聚焦"两个健康",为助推民营经济发展凝心聚力

一是拓宽商会覆盖范围。科学制定商会发展规划,加大在新兴产业、新兴业态和前沿领域中组建和培育商会力度,扩大商会组织在重点行业领域的覆盖率。加强园区、镇街商会建设,广泛吸纳中小微企业加入商会,做到广泛涵盖、应入尽入。二是服务中心大局工作。发挥商会桥梁纽带作用和资源优势,在聚焦主业谋发展、主动合作求突破、招才引智培沃土、搭建平台聚合力上发挥作用,实施"以会招商""以商引商",力争三年内重点城市在外南通商会与省级以上开发园区实现全面对接,引导广大乡贤支持参与家乡建设发展。三是推动创新驱动发展。鼓励引导商会企业抱团发展,走"专精特新"发展道路。围绕行业的产业结构、经济结构和资源要素特点,推动建立以企业为主体、市场为导向、产学研深度融合的技术创新体系,支持有条件的商会和企业向产业链、供应链中高端领域进军,传统行业由低端加工向高端制造发展。

(二)着力提质增效,为民营企业家健康成长铸魂补钙

一是加强思想政治引领。发挥总商会党委和各商会党组织的战斗堡垒作用,组织企业家深入学习贯彻党的二十大精神,用好全国、全省民营

经济人士理想信念教育实践基地和民营企业家宣讲团、通商大讲堂等平台载体，深入开展理想信念教育活动，引领广大通商听党话、感党恩、跟党走。二是实施专业精准培训。根据不同行业商会的发展需求，建立专家资源库，围绕企业发展和创新驱动的堵点痛点，开展企业转型与战略管理、公司治理与风险管控等专题培训，培育一批具有全球战略眼光、市场开拓精神、管理创新能力的优秀企业家和先进商会组织。三是塑造通商群体形象。发挥党委、政府的统筹能力和通商群体的人脉优势，整合各类张謇研究机构和专家资源，深入开展通商品牌和张謇企业家精神的研究，形成一批有影响、能借鉴的研究成果，力争在国家级主流媒体进行宣传报道。持续开展"南通企业家日"系列活动，表彰先进典型，激发企业家创新创业热情，营造全社会关注民营经济、支持企业家的良好氛围。

(三) 完善顶层设计，为民营企业健康发展保驾护航

一是健全制度保障体系。进一步提高对商会的认知和重视程度，建议由党委政府出台商会改革发展相关意见方案，探索建立南通市委、市政府领导、部门挂钩联系商会制度，主动对接商会和企业需求，以商会助推产业发展、以产业培育带动商会建设。发挥好民营经济统战工作协调机制作用，形成明确分工、高效协同的工作格局，研究解决行业协会商会的重大问题，保障商会持续健康发展。二是打造商会服务载体。学习借鉴温州、鹤壁等地关于商会建设的先进经验，建立商会综合服务中心，为商会和民营企业提供党建引领、政策咨询、诉求响应、要素保障全方位服务，同时承担整合异地商会、海外商会、行业商会资源，搭建合作交流平台的功能，力争将其打造成为服务南通市民营经济高质量发展的形象窗口和全体通商的情感地标、精神家园。三是强化政企双向互动。积极搭建高层次、常态化的政企沟通平台，全方位构建亲清政商关系，打造"万事好通"营商环境，鼓励支持引导商会企业围绕党委政府中心工作积极建言献策，在政策执行和重大行业项目建设过程中及时听取协会商会意见，支持商会参与民主政治协商，形成双方长效稳定的对话平台。

胡天梦
2023 年 4 月

南通市高端纺织业发展报告

南通市纺织工业协会

2022年,受新冠疫情冲击、地缘政治影响、世界经济持续低迷等外部环境及行业自身特点影响,南通市纺织行业发展面临巨大压力,总体呈现"一季度平稳开局、二季度波动前行、三季度承压下行、四季度下行加剧"的特点。尽管面临一些挑战和下行压力,但纺织业总体延续恢复发展态势,展现出强大的发展韧性和顽强的自我修复能力。

一、2022年纺织行业总体情况

(一)总体稳中向好,主要指标平稳增长

2022年3月,受到新一轮疫情的影响,特别是上海疫情的扩散,南通等周边地区迅速作出一级响应,"金三银四"黄金月被迫按下"暂停键"。4月以来,随着国务院、省、市各项保畅通会议的召开以及南通市委、市政府一揽子政策措施的呵护下,纺织业在产业结构调整和转型升级上狠下功夫,多措并举提增效能,努力克服下行压力,全行业运行总体平稳。2022年9月,南通市委、市政府出台了《南通市纺织产业高质量发展三年行动规划(2022—2024年)》等一系列政策措施,从金融支持、减税降费、财政政策、稳定保障、服务企业等方面发力,切实帮助广大企业树立信心、渡过难关、稳定发展。虽历经三年疫情严峻考验,南通纺织企业发展韧性也不断累积强化。2022年,全国规模以上纺织企业实现营业收入52564亿元,同比增长0.9%。南通全市规模以上纺织企业1431家,营业收入1672.7亿元,同比增长6.98%,高于全国6.08个百分点。(2020—2022年南通规上纺织行业经济数据详见图1)

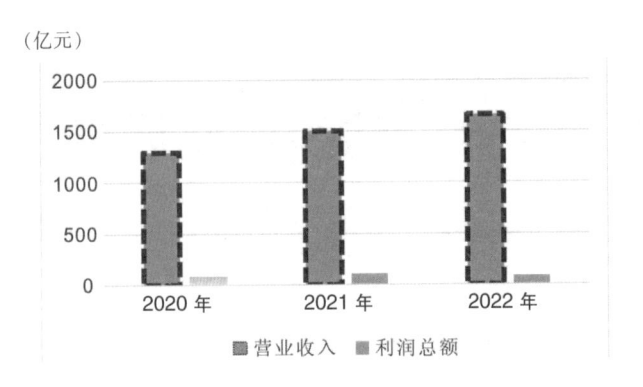

图 1 2020—2022 年南通全市规上企业营业收入和利润总额

(二)疫情政策调整,市场逐步回暖

随着 2022 年 12 月我国疫情防控进入新阶段,南通市纺织业市场逐渐回暖,市场信心得到重新提振,主要体现在以下"四个明显"上:一是国内棉花价格明显回落,企业经营压力有所减轻。2021 年年底棉花价格为 22206 元/吨,较年初上涨 48.23%,2022 年 4 月棉花每吨 25000 元左右,达到近 10 年历史高位,进口棉花也达到每吨 23000 元,化纤涨幅达到 15%~30%,而 2022 年年底棉花价格为 15046 元/吨,同比下跌 32%,棉纺企业原料成本压力减小;二是人流、物流明显畅通,供应链稳定。疫情期间人流、物流和供应链不畅,企业所需的各种原料出现严重短缺,进而动摇企业稳定发展的根基的问题到解决,从而有效保障了物流畅通和产业链供应链稳定。三是员工到岗率明显提高。2022 年 4 月疫情严重期间企业安排员工居家办公,企业正常生产秩序受到很大干扰,自 2022 年年底以来,随着员工陆续返岗,纺织企业开机率普遍处于偏高位置,规模以上企业开机率维持在 90%以上。四是企业家信心明显提升。由于疫情形势好转,加上省、市政府各项政策推动,提振了市场信心,提升了家访企业的获得感和满意度,为企业更加坚定走向更广阔的舞台注入的强大动力。如江苏联发纺织股份有限公司 2022 年开票销售 75 亿元,入库税金 2 亿元,预计 2023 年拟开票销售 80.9 亿元,入库税金 3.5 亿元。(2022 年全年南通市纺织行业经济数据详见表 1)

表1　2022年全年南通市纺织行业经济数据

序号	指标名称	计量单位	本期	同比(%)
1	营业收入	亿元	1672.7	6.98
2	利润总额	亿元	92.1	-15.71
3	企业单位数	个	1431	14.8
4	亏损企业数	个	272	48.63
5	流动资产	亿元	756.7	10.37
6	应收票据及应收账款	亿元	203.8	10.82
7	存货	亿元	224.9	21.12
8	资产	亿元	1667.7	17.61
9	负债	亿元	978.6	27.11

(三)背靠家纺制造集群,南通家纺驶入"直播加速道"

近年来,南通家纺电商顺应新时代、新形势下的新趋势、新变化,不断探索新发展道路,以直播电商激发产业新活力,赋能实体经济再突破。2022年9月,淘宝直播开启十大产业带"源力计划",南通家纺位列其中。2022年10月,苏州市、无锡市、南通市高端纺织集群成功入选全国先进制造业集群,全力打造世界级高端纺织产业集群。南通家纺两大"超级市场"——南通家纺城和叠石桥国际家纺城,入驻家纺企业超4000家、商户1万多户,市场从业人员40多万,每天包裹量近240万件。两大家纺市场目前集聚了金太阳、嘉宇斯、东帝兴、豪申等面料研发设计龙头企业,云集各类家纺研发设计机构200多家、研发设计师逾万名,90%规上家纺企业拥有研发团队或设计室,每年推出超2万件设计作品。2022年,叠石桥家纺产业集群线上线下市场成交额突破1400亿元,在全国家纺线上市场占有率达70%。

二、2022年纺织各分行业经济运行简况

根据南通市纺织工业协会公平贸易工作站重点监测情况分析(详见图2)。从纺织、印染、丝绸、化纤、家纺和服装六大门类营业收入来看,2022年完成额分别为:507.8亿元、107亿元、98.3亿元、488.9亿元、249.6亿元、200.4亿元,印染、丝绸、化纤实现正增长,其中丝绸实现72.01%的明显增长。从利润总额指标来看,除丝绸(同比增加111.04%)和家纺(同比增加 11.05%)外其余同比均处于负增长之中,可见因疫情、运动式"减碳"、煤炭与化工行业安全环保的突击整顿等因素叠加影响,原材料价格、运输、电力、蒸汽等各项成本上涨,企业生产成本高位,利润空间不断缩水。从平均用工人数来看,纺织、印染、服装小幅收窄,依旧是丝绸行业变化较大,用工人数大幅增加,展现出较大的市场活力。

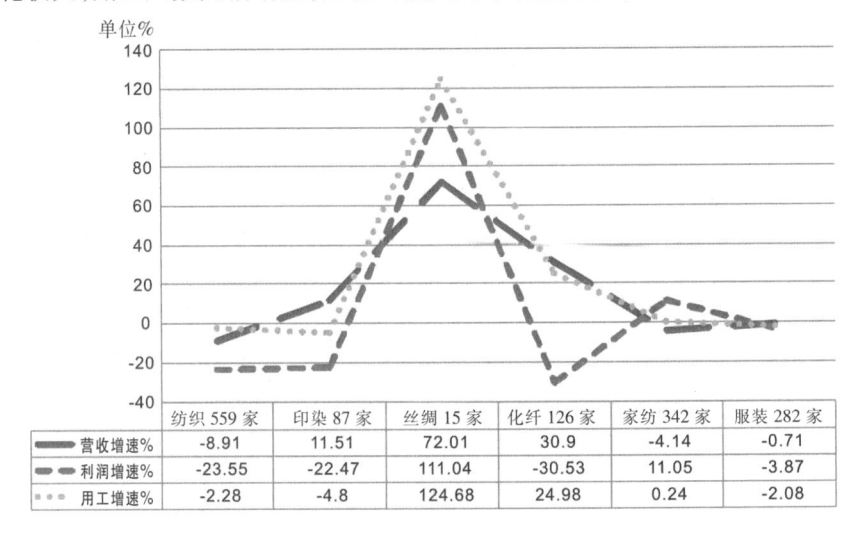

	纺织 559 家	印染 87 家	丝绸 15 家	化纤 126 家	家纺 342 家	服装 282 家
营收增速%	-8.91	11.51	72.01	30.9	-4.14	-0.71
利润增速%	-23.55	-22.47	111.04	-30.53	11.05	-3.87
用工增速%	-2.28	-4.8	124.68	24.98	0.24	-2.08

图 2 2022 年南通全市纺织各分行业经济运行简况

三、2022 年全市各类纺织品经济运行情况

受全年疫情反复以及内外需"双弱"的影响,2022 年南通市纺织业企业共 1003 家,营业收入 962.9 亿元,各类纺织品营业收入增速趋势基本维持低位运行,除麻纺织及染整精加工、丝绢纺织及印染精加工、针织或钩针编织物及其制品制造实现增长外,其他纺织产品营业收入同比均处于负增长中。具体数据详见表 2。

表 2 2022 年南通市纺织业各类纺织品营业收入情况

指标名称	企业数（家）	营业收入（万元）	营业收入同比（%）
棉纺织及印染精加工	472	4415306.9	-7.62
毛纺织及染整精加工	10	158713.8	-19.56

续表

指标名称	企业数（家）	营业收入（万元）	营业收入同比（%）
麻纺织及染整精加工	3	78892.7	13.98
丝绸纺织及印染精加工	16	985742.4	71.61
化纤织造及印染精加工	38	483568.6	-5.38
针织或钩针编织物及其制品制造	39	367188.2	14.83
家用纺织制成品制造	342	2495691.4	-4.14
产业用纺织制成品制造	83	644051.6	-1.98

四、纺织行业经济运行面临的主要问题

疫情防控进入新阶段给南通纺织业带来了许多积极因素，但纵观整体，南通纺织行业面临的发展形势仍复杂严峻，存在的困难和问题不可忽视。

（一）老龄化严重，招工难问题凸显

受疫情和各地经济发展形势影响，江浙沪地区劳动力流入减少。随着疫情政策调整，纺织行业整体实现回升，在企业规模、运行质量等方面取得了平稳的发展，但工人短缺和用工成本上涨等问题愈发突出，劳动力年龄结构普遍越来越大，纺织行业职工平均年龄已超过43岁，"招工难""用工荒"问题再次凸显，制约着纺织行业的健康发展。据江苏大生集团、江苏三润服装集团等企业反映，目前行业用工男多女少，老龄化严重，纺织女工难招，接受倒班安排的女职工更少。

（二）订单转移，生产成本高位，企业利润空间不断缩水

受国际、国内两个市场需求同时偏弱的影响，企业普遍存在订单减少、库存积压、原料运输成本大幅上涨等问题。此外，中美贸易摩擦加剧，新疆棉禁令的执行，对美企业客户订单锐减。据江苏联发纺织股份有限公司反映，因美国大品牌客户全线离开中国，2023年全年订单预计会减少30%以上。同时，因疫情、运动式"减碳"、煤炭与化工行业安全环保的突击整顿等因素叠加，如2022年公司电力、蒸汽等各项成本较2021年平均增加近30%。据江苏文凤集团反映，相关部门对民营企业存在随意拉闸限电、随意停气或减压供气等行为，易给企业造成不必要的经济损失。

目前纺织品市场国际竞争激烈,越南、柬埔寨、印度等国近几年生产能力和规范化管理大幅提升,越来越多的国际品牌商要求产业链向东南亚、中美洲等地转移。据南通三荣贸易有限公司反映,因订单大量向东南亚转移,2023年以来在手订单与2022年同期相比,下降30%左右。

(三)行业内卷严重,中小微家纺企业生存压力大

纺织行业内销市场竞争激烈,内卷严重,主要表现在不开票、定额税、产品质量标准执行不到位、低质低价恶性竞争等现象众多。企业诚信意识有待提高,货款回笼周期长,不利于纺织行业可持续发展。同时,纺织行业中小微企业居多,对消防、环保、安全、能耗、亩产税收等新政出台,很多中小微企业一时无法跟上节奏享受福利。地方招商精力更多聚焦在大企业大项目上,忽略了现有成长的中小微企业,很多惠企政策在中小微企业无法享受,融资难,生存空间有限。

(四)疫情后企业快速适应市场能力不足

疫情后由于人们的工作、生活模式,消费习惯的大幅改变,对纺织产品的时尚化、绿色化、个性化要求越来越高,快速反应的小订单已成为趋势,个性化定制模式也越来越受欢迎,不少纺织企业无法紧跟和适应这些变化,经营模式和经营习惯存在固化,产品创新研发能力不足。

五、推进措施及建议

(一)加强对蓝领技能人才的扶持

建议各级人才招引政策向从事技能劳动的一线群体和一线蓝领工人倾斜,采取政府主导、企业参与的方式,设立专门的蓝领技术人才基金,引导和支持蓝领技能人才的引进和培养,明确蓝领技能人才享受的待遇等具体激励措施,引发全社会对蓝领技术工人及技能劳动者的关注和认可。同时,多形式提高技能人才的社会认可度。鼓励发展多形式的职业教育,打破社会"重文凭、轻技能"偏见,进一步优化技能人才成长的社会环境。提高企业兑现高技能人才待遇的普及度,增强南通市本土人才留通就业、外市人才赴通发展的"吸引力",鼓励南通市企业到市外职业院校订单式培养和引进青年技能人才。

（二）多措并举巩固企业经济恢复基础

通过财政补贴、税收抵扣、贷款贴息、加速折旧等多种支持方式，提高实体经济投资回报，全力打好降低企业制度性交易、人工、税负、社会保险、财务、生产要素、物流等成本"组合拳"，进一步降低实体经济成本；加大出口补贴、减免税费、稳岗补贴等扶持措施，帮助纺织外贸出口企业度过难关，以时间换空间；进一步加强银企合作对接，引导金融机构对效益较好、增长潜力较大的纺织服装企业增加部分流动资金贷款或项目贷款，如适当低的贷款利率、比较低比例的"承兑汇票"额度、相对便捷审批流程等，降低企业融资成本；建议政府各部门结合实际，根据企业的实际订单情况、节能情况和能耗效率来推进有序用电用气，不搞一刀切，重点企业开展环评和能评监测，从而对企业的能源使用进行预算管理，确保限电限汽工作有序开展。

通过调整产品原料结构、充分利用进口棉和内地棉花等方式规避欧美市场风险，加大开拓"一带一路"沿线国家及东盟、非洲、拉丁美洲等新兴市场，全力保外贸。同时畅通渠道及时公布实时行情、交易信息，供卖方浏览，提供实时行情服务，平衡国内棉花供需，充分发挥国储"稳定器""蓄水池"功能，稳定国内棉花市场和生产。针对订单外流，相关部门要千方百计助力企业抢抓订单、开拓市场，一方面办好、用好进博会、广交会、服贸会等重大展会，拓宽企业接单渠道；另一方面，积极支持中小微企业参加境外展会，对接海外买家。

（三）营造公平公正营商环境，加大对中小微企业支持力度

加强大宗商品现货和期货市场监管，严厉打击串通涨价、哄抬价格等违法违规行为，维护市场价格秩序；充分发挥信用保险的兜底作用。建议中信保扩大内销客户投保范围，健全国内企业信用保险评价和惩戒体系，加强涉企信用信息共享应用，营造诚信公平的行业环境；赋予行业协会商会必要的职能，把竞争引入良性，让企业尽快跳出"内卷"，引导企业向健康发展；增加政府采购中小微民营企业参与机会，增加内部供给，保障资金到位，杜绝最低价中标恶性竞争；加大惠企政策宣传力度，充分发挥行业协会商会作用，对中小微企业实行对口辅导，推动惠企政策落地落实，

提高中小微企业政策红利普及度。推动金融机构进一步加强对中小微企业的信贷支持,充分发挥担保机构风险分担作用和产业发展基金投资引导作用。

(四)持续推动数字化转型,拥抱创新发展模式

三年疫情对于纺织行业发展模式提出了新要求,在新形势下,要引导纺织行业将数字化转型作为改造提升传统动能、培育发展新动能的重要手段。一是深入推进《纺织行业数字化转型三年行动计划(2022—2024)》等系列行业规划,推进行业工业互联网平台、示范基地和重点实验室的建设,鼓励纺织行业运用云平台、ERP 系统和 MES 系统,结合物联网与大数据技术,整合行业内纺、织、印、染全产业链云工厂设备,实现大数据驱动下的供、产、销资源的最优化匹配,解决行业重资产运营、库存积压严重、资金周转率低、产品附加值低等痛点,重塑整个行业价值链。对纺织企业实际投入一定金额的,并已建成运行的工业互联网软硬件项目,给予补助。二是着力提高面向各个细分行业的智能制造的产业化水平,推动装备、自动化、软件、信息技术等不同领域企业协同创新,推动纺织产业链各环节企业分工协作、共同发展,逐步形成纺织各个领域龙头企业先行推进、一大批定位于细分领域的"专精特新"企业深度参与的发展生态。

金　鑫　杨潇潇

2023 年 4 月

南通市生物医药业发展报告

南通市工业和信息化局

生物医药产业是关系国计民生的战略性新兴产业,是支撑经济增长与转型升级的重要力量。为深入了解全市生物医药产业发展现状,聚力破解制约产业发展的瓶颈难点,研究探索推动产业高质量发展的对策措施,促进南通市生物医药产业持续健康发展,我们通过调研形成了如下产业发展情况。

一、产业发展总体情况

2022年,全市生物医药规上企业133家,实现产值337亿元,同比增长22.8%;利润总额36.7亿元,同比增长-15.7%。经过多年培育发展,生物医药产业保持了较快发展势头,形成了化学药、生物药、中成药、原料药、医疗器械、医用材料、特色服务外包多极发力新格局,产业规模逐渐壮大,产业门类日益齐全,产业体系不断优化。

二、呈现出的主要特点

（一）重点领域优势日益突出,产业综合实力持续增强

化学药技术研发实现新突破。艾力斯、默克制药、联亚药业、上药东英的治疗非小细胞肺癌、糖尿病、心血管疾病和甲状腺功能失调药物以及微丸包衣技术处于世界领先地位。生物药创新能力有了新进展。伊士生物、澳斯康、睿智医药、药明康德、宏微特斯等企业在细胞治疗、新冠核酸检测试剂、新冠抗原检测试剂盒、新冠疫苗原液、分子遗传、肿瘤检测、传染病和肿瘤检测试剂、细胞及基因疗法等多个领域处于国内、省内领先水平。中药独家品种优势明显。南通市拥有季德胜蛇药片、王氏保赤丸、槐耳颗粒等7个中药独家品种,在全省名列前茅。季德胜蛇药是我国唯一的国家级绝密特效配方蛇药。季德胜蛇药片、王氏保赤丸、槐耳颗粒、槐杞黄颗粒

是销售超亿元的优势大品种。原料药国际化步伐不断加快。南通有近一半药品企业生产原料药，且经济效益普遍良好。部分原料药品种国外市场占有份额大，如东岳药业的盐酸苯海拉明国外市场占有率达到55%。另外，勤奋药业的氯化钠技术水平达到国际一流，斯福瑞南通公司是诺华、辉瑞等国际顶尖药企的原料药战略合作伙伴。高端医疗器械发展取得新成果。惠心医疗、臻亿医疗、爱朋医疗等企业在心脏介入器械、心脑血管和肿瘤植介入器械、镇痛智能终端、电子注药泵等细分领域取得了新成果。

（二）产业质效水平明显提升，持续发展能力不断增强

南通市生物医药企业越发注重发展质效，在推进企业上市、建设创新平台、提升智能制造水平、获得国际认可等方面均有所斩获，为推动产业实现高质量发展增添了强进动力。全市生物医药行业现有上市企业5家，拟上市"白名单"企业7家，企业知名度更高、融资渠道更多、发展前景更广阔。拥有省级工程研究中心5个，省级工程技术研究中心26个，省级企业技术中心15个，省级博士后创新实践基地（工作站）13个，市级重点实验室34个，企业创新潜力得以激发。创建省级示范智能车间2家、市级示范智能车间5家，企业智能制造水平不断提高。一批企业通过美国食品药品监督管理局（FDA）、欧盟欧洲药品质量管理局（EDQM）、欧洲药物管理局（EMA）、世界卫生组织生产预认证（PQ）、日本药品与医疗器械管理机构（PMDA）等国家或组织认证，生产质量水平已获得国际认可，如南通联亚药业的硝苯地平缓释片美国市场占有率达到90%，其余5个产品占美国50%以上市场份额，实现了自主品牌处方药在美国主流市场上的突破。

（三）产业集聚趋势愈发明显，多极发力格局基本形成

近年来，南通市各级政府不断提升产业园区质效，大力实施精准招商，始终紧抓项目建设，持续优化营商环境，生物医药产业集聚发展趋势日益显现。初步形成如东县生命健康产业园、如东洋口化学工业园、启东生命健康科技城、海门临江新区、南通经济技术开发区竞相发展新格局。如东县生命健康产业园：拥有医药研发、药械开发、专业平台及其他关联配套企业46家，高新技术企业20多家，入驻率超过80%。如东洋口化学工业园：现有原料药生产企业7家，其中高新技术企业6家。2022年，实现产值17.42亿元，利润1.15亿元，研发投入7086万元。启东生命健康科技

城:2022年,生物医药产业实现应税销售49.68亿元,同比增长23.7%;有生物医药及相关企业65家,其中高新技术企业15家,市级以上研发机构13个,公共服务平台2个,各项专利265项。海门临江新区:2022年,生物医药产业实现应税销售54.7亿元,同比增长44.9%。拥有生物医药相关企业150多家,其中规上企业26家、高新技术企业14家,集聚了百奥赛图、澳斯康、冬泽特医等有行业影响力的重点企业。南通经济技术开发区:2022年,生物医药产业实现应税销售收入27.96亿元,同比增长28.98%;拥有规上企业36家,其中高新技术企业22家,市级以上研发机构30余个,集聚了默克制药、联亚药业、伊仕生物等知名企业。

(四)模式动物培育独具特色,医药服务外包方兴未艾

南通市生物医药产业拥有独具特色的模式动物培育和研究基础,生物医药服务外包发展初具规模。启东高新技术产业开发区依托尚华生物制药科创中心吸引了大量模式动物企业的入驻,形成了以梅里亚的无特定病原鸡、鸡蛋,玛斯生物的比格犬和斯贝福生物的啮齿类动物为代表的完整实验动物体系。海门临江新区依托百奥赛图的模式动物基地,发展了包含临床前研究、研发合同外包和研发生产外包在内的较为完整的医药外包服务体系。

三、主要的问题与不足

(一)产业规模小层次低,本地龙头企业不多

2022年,生物医药规上企业产值337亿元,仅占当年全市规上工业总产值(12500亿元)的2.7%,占全省生物医药规上企业产值(4748亿元)的7.1%,不及苏州的15.9%、泰州的35.6%,甚至还不及扬子江药业集团一家企业的产值(484亿元)。由此可见,南通市生物医药产业总体规模仍然偏小,在全省处于中游偏下水平,与苏州、泰州等先进地市相比还有一定差距。产业结构以原料药、中间体和制剂生产为主,高技术、高附加值的产品占比较小,总体层次依然偏低,特色优势不明显,与周边先进地区相比竞争力不强。截至2022年,产值超50亿元企业仅1家,超10亿企业仅4家,超1亿元企业69家,其余大部分均为中小微企业,本地龙头企业不多,产业发展后劲不足。(2022年江苏省生物医药前8强产值情况详见表1)

表1　2022年江苏省生物医药前8强产值情况

	全省	苏州	泰州	无锡	连云港	常州	南京	南通	扬州
产值(亿元)	4748	2118.1	946.2	748.7	641	524.4	449	337	140
同比增长(%)	8	5	15.2	-6.8	4.85	39.9	8.5	22.8	0.23

(二)对高端人才吸引力弱,创新体系还不够完善

首先,南通市培育的本土医药类人才较少,高层次人才主要依靠外部引进,但在城市综合实力和人才政策竞争力方面,与周边先进地区相比还有较大差距,对高端人才的吸引能力还较弱。其次,南通市多数企业发展仍主要依靠传统优势品种,对新产品研发投入力度有限,技术引进和改造投入较小,创新能力还不强。此外,南通市在推进各类平台建设方面力度还不大,研发创新体系还不够完善,导致全市获批上市的新产品数量较少,创新程度也偏低。

(三)园区缺乏整体规划,综合服务存在缺项

南通市虽然着力打造了多个产业相对聚集的园区,但缺乏整体层面的规划布局,各园区定位不够明确、特色不够突出,还存在同质化建设与竞争的情况。园区内中、小、微企业之间尚未建立起上下游的产业链关系和专业化的分工与协作网络,可持续发展的动力较弱。园区人才公寓紧张、交通出行不便、土地供应不足、研发创新氛围不浓,以及周边教育、医疗、文化、体育等综合服务配套设施不足,导致企业很难吸引到并留得住人才。

(四)政策支持力度还不够,产业配套措施还不全面

南通市尚未针对生物医药产业出台专门政策,已有政策针对性不够强、刺激性还较弱、影响力也不大,与周边先进地区相比已成为政策洼地,给南通市招引优质项目带来巨大冲击。另外,虽然南通市在创新药、改良型新药、仿制药、高端医疗器械研发等方面有了一些激励措施,但在发展合同研发生产组织、推进BT(生物技术)+IT(信息技术)融合、促进临床保障提升、加大金融创新力度等方面,还没有更为细致全面的配套措施,导致无法形成覆盖企业成长全生命周期的体系化的配套措施。

四、下一步发展对策建议

(一)优化空间布局,放大集聚效应

注重强化顶层设计和整体统筹,科学布局生产空间、生活空间、生态空间,把全市三年倍增计划、五年行动方案、十年发展规划和生物医药产业园区发展规划紧密结合起来,进一步优化区域分工、找准发展定位、聚焦主导产业、突出特色亮点,持续提高园区承载力和影响力。力争到2025年,形成"四个长三角生物医药特色基地、一个全国性高端原料药产业基地",把南通打造成在全国有较强影响力的药都。

如东县生命健康产业园要瞄准原研创新药物基地化、高端植介入材料产业化和制药装备等主要发力点,打造长三角医疗器械和制药装备产业基地。启东生命健康科技城要以"生命信息+"为先导,着力聚焦生命数字、高端医药、健康服务等领域,对接张江全球医药研发中心及国外优势资源,打造生命健康产业生态圈,构建集研发创新、绿色生产、综合服务、健康管理等于一体的生命健康产业链,打造长三角生命科技创新基地、健康产业集聚区。海门临江新区要加快创新载体建设,深化产学研合作,健全研发创新、孵化等功能平台,依托百奥赛图、澳斯康等企业大力发展生物医药产业,努力打造成为长三角地区综合型生命健康产业基地,打响东布洲科学城品牌效应。南通经济技术开发区要依托默克制药、南通联亚、伊仕生物、人先医疗等企业的技术和人才优势,重点发展创新药、高端仿制药和高值医疗器械的研发转化制造,努力打造成长三角地区重要的生物药、化学药制造基地和科技成果转化基地。如东洋口化学工业园要依托精华制药南通公司、森萱药业、常佑药业等原料药生产企业,发展绿色制药技术,打造低能耗、低排放、高效率、高安全性的可持续发展模式,推动原料药产业整体升级,打造成为全国高端原料药产业基地。

(二)聚力培优扶强,壮大产业规模

1.招引头部企业

重点招引世界500强、全球行业100强、国内50强、细分领域5强企业、行业头部基金和上下游核心配套企业,鼓励境内外龙头企业在本市设立总部或研发中心,提升研发、营销结算、国际贸易等总部核心功能,对具有技术突破性、全局带动性和重大引领性作用的项目给予"一事一议"重点支持。

2. 培育龙头企业

组建工作专班点对点服务现有龙头企业,优先对上推荐争取国家级、省级政策,在本地临床试验、产品审批、金融对接、市场拓展等方面给予重点支持,加快企业做大做强。鼓励企业品牌打造和行业标准制定,支持企业积极开展境内外并购,通过并购贷款、发行优先股、可转换债券等措施加大对企业兼并重组的金融支持。支持企业向全球、全国布局,鼓励企业将优质项目、研发中心、结算中心、物流中心等功能性总部在南通布局。

3. 打造头雁企业

建立健全重点科技创新企业库及初创企业库,按企业发展生命周期分类进行扶持培育,加大支持力度,引导企业坚守工匠精神,锻造"独门绝技",依托全国首家国家级制造业单项冠军赋能基地,争取培育更多高新技术、制造业单项冠军、专精特新、瞪羚和独角兽企业,推动更多企业在境内外多层次资本市场上市挂牌融资。

(三)聚焦科技创新,助推产业升级

1. 提升创新平台建设质效

依托重点单位和企业打造国家、省药物科技创新战略型平台,加强前沿领域基础研究,举全市之力争取国家、省重大科技基础设施和高级别生物安全实验室落地。引导企业、高校院所、医疗机构建设重点实验室、新型研发机构和公共服务平台,推动构建包含实验室、设备、服务等多层次支撑和全链条公共技术平台共享体系。培育发展生物技术外包服务和生物医药研发生产外包服务机构(CRO/CDMO/CMO),重点支持新药筛选、新药安评等环节临床CRO平台。支持医药跨境电商、进口及生物制品研发、物流仓储、检验检测、金融服务、专业品牌展会运营、供应链中介服务等专业平台和机构发展。

2. 加强关键核心技术攻关

鼓励企业、高校、科研院所围绕创新药、高端医疗器械、前沿生物技术等领域,针对制约南通市生物医药产业高质量发展的技术瓶颈,探索采用

"揭榜挂帅制"重点攻坚,积极争取新药创制、高端医疗器械和前沿生物技术等领域国家和省重点研发计划。对承担国家科技重大专项、国家重点研发计划的项目给予资助,加大对市级核心技术攻关项目和产业链上下游联合攻关项目支持力度。

3.支持产学研联合创新和成果转化

鼓励科研院所、龙头企业牵头,与企业、高校、医疗机构组建创新联合体。推进产学研协同创新中心和基地建设,鼓励院企、校企联合实施成果转化项目。重点支持本地临床试验等医工项目,鼓励院企开展共同申报、联合攻关,支持医疗机构推广使用本地创新产品。对各级各类成果转化机构、产学研对接活动给予支持。

(四)注重人才引培,强化智力支撑

1.大力引进高端人才

深入实施"江海英才计划""高层次双创人才倍增计划"和"226 高层次人才培养工程",引进生物医药领域的国内外顶尖人才和团队,"一事一议"给予量身定制、上不封顶的特殊支持。与社会资本合办人才创投基金,对经营管理、专业技术、高技能等人才给予定向扶持;围绕生物医药产业延链、补链、强链的关键环节,绘制"人才热力图",支持企业与人才招聘平台、中介组织建立长期合作关系,积极对接国内外高校联盟、人才协会组织及知名人才培训基地,加强国际高端人才的引进与合作。

2.积极培养本地人才

探索建立南通市生物医药复合型人才培训基地,实施"管理新秀培养计划",积极开展多种形式的企业经营管理人员培训,重点围绕发展特点、人才需求规律等,培育一批复合型管理人才;深入实施高技能人才"十百千万"培育工程,支持南通大学、江苏联合职业技术学院南通卫生分院等本地学校与国内外院校开展医药相关学科共建合作,支持高校、科研院所、医疗机构与企业建设产教融合、高技能人才两类公共实训基地。支持企业设立博士后创新实践基地(工作站),与高校院所联合培养博士后。

3.优化人才激励机制

推行人才在高校等事业单位与研发企业"双落户"制度,推动人才向生物医药领域流动;建立健全技术、技能等要素参与的收益分配机制,鼓励企业通过设立技术股等形式,充分调动专业技能人才的积极性和创造性;支持在本地企业、研究机构内工作的科研与管理人员,考取专业技术类研究生、博士生,并给予学费、生活费等方面的补贴。

（五）创新金融服务,优化资金保障

1.加大资本支持力度

通过南通天使母基金引导带动相关天使投资、创业投资等子基金设立。加强与国家级、省级政策性基金合作组建大基金。支持有条件的板块产业基金设立生物医药子基金。常态化摸排符合上市条件企业,纳入上市后备企业系统重点培育,对符合条件的上市(挂牌)企业给予支持。

2.增强金融信贷和保险力度

鼓励金融机构开发投贷联动、融资租赁、知识产权质押、知识产权证券化等新金融产品,加大信贷投放力度,拓宽直接融资渠道。推动保险产品创新和流程优化,鼓励保险机构采用"保险+服务"模式,提供人体临床试验责任保险、产品责任保险等定制化综合保险产品,开辟生物医药行业的特殊险种快速理赔绿色通道。发挥多层次商业医疗保险在医药信息服务和支付平台中的优势,支持相关保险机构研究设计助推生物医药产业发展的商业保险产品。

3.借鉴探索 VIC 模式

探索 VC+IP+CRO(风险投资+知识产权+合同制研发服务机构)模式,鼓励支持本地龙头、上市企业以投资、收购方式拉动中小型创新企业,形成大企业专注生产和市场、中小企业专注创新分工合作格局。鼓励各类投资者通过股权投资基金、创业投资基金、产业投资基金等形式参与企业兼并重组。

（六）提升审批质效,打开增量闸门

1.大力解决审批堵点问题

按照江苏省最新文件精神对项目审批政策作出明确调整。各县(市)、区负责办理立项、环评、安评、消防等审批手续,持续简化中(扩)试办理手续。市级部门对涉及重点监管的具有危险化工工艺的危险化学品建设项目或危险化学品中的有毒气体、液化气体、易燃气体、爆炸品且构成重大危险源的危险化学品建设项目进行安全审查。

2.优化土地资源审批政策

引导生物医药产业项目纳入工业和生产性研发用地保障线内合理布局，推动土地资源要素向医药产业集聚。对属于地方重点发展的生物医药类重大项目和重要载体，探索实行"带产业项目"挂牌方式供应。推行弹性年期出让方式，实施差别化地价政策。对新上工业用地或存量工业用地改造用于生物医药产业的，所建行政办公、生活服务设施、生产性服务设施的建筑面积占地上建筑总面积的比例上限适当上调，上调部分主要用于建设研发、检测、中试等生产性服务设施。

3.优先支持重点项目落地

针对"一事一议"重点项目、产业链急需的平台、重点实验室等，建立市县两级工作专班服务机制，按项目落地开工需求，围绕土地规划、环评审批、应急管理、项目审批、政策支持等方面，为企业提供事前咨询指导服务。加大低效工业用地盘活力度，在符合产业规划和国土空间规划的前提下，鼓励通过企业自主更新、收回重新供应、国资平台回购改造等方式扩容增效，优先保障重点生物医药产业园区用地需求，优先支持重点项目落地。

杨　同　罗安然

2023年4月

南通市光伏业发展报告

南通市工业和信息化局

光伏产业是基于半导体技术和新能源需求快速兴起的朝阳产业，也是实现制造强国和能源革命的重大关键领域。我国光伏产业经过近20年的发展，实现了从无到有、从有到强的跨越式发展，是国内为数不多、可同步参与国际竞争并达到国际领先水平的战略性新兴产业。近期，市工信局会同市发改委和相关地区，梳理了光伏产业链供应链配套情况，形成光伏产业链发展情况调研报告。

一、国内外光伏产业发展情况

（一）光伏发电产业

2021年，全球光伏发电新增装机容量172.6GW，累计装机容量达933GW、同比增长22.3%，排名前五的国家为：中国（32.9%）、美国（11.1%）、日本（8.8%）、德国（6.9%）和印度（5.9%），约占全球总装机容量的65%；2021年，我国光伏发电新增装机容量55.3GW，累计装机容量达306.6GW、同比增长22.0%，占全球总装机容量的近1/3，位居全球首位，主要分布在山东、河北、江苏、浙江、安徽、青海等省份，约占全国一半容量。全国光伏年发电量3259亿千瓦时、同比增长25.1%，占年发电总量的4%；2021年，江苏光伏发电新增装机容量2.3GW，累计装机容量达19.2GW、同比增长13.6%，位居全国第三，其中集中电站9.4GW、占比约49%，分布式9.8GW、占比约51%。

（二）光伏制造产业

2021年，全球光伏制造业营收突破1.1万亿元，全球前20强企业国内企业占15家，隆基绿能、协鑫集团、晶科能源、天合光能、阿斯特分别位列前5，营业收入均超过2000亿元；中国光伏制造业营收突破7500亿元，占全球的68%，产品出口284亿美元、同比增长43.9%，江苏、浙江、江西等地光伏制造规模全国前列；江苏光伏制造企业600余家，从业人员10万余人，营收总规模3387亿元、占全国的45%。产品出口到全球100多个国家和地区，出口总额约120亿美元、同比增长33%，约占全国的42%。其中，常州、无锡、苏州产业规模相对较大；盐城、宿迁近两年增速明显，协鑫集团、天合光能、阿斯特等行业龙头企业均有项目落户；其他地市发展较为稳定。（见表1）

表1 2021年江苏主要地市光伏制造业发展情况

地区	截至2021年年底累计装机容量（GW）	规上企业数（家）	营收（亿元）	省级以上创新平台数（个）	主要产品	备注
常州	1.3	140	546.8	37（1个国家实验室）	全产业链	拥有天和光能等5家上市公司
无锡	1.6	100	524.7	28	全产业链	拥有上能电气等8家上市公司
苏州	1.9	70	521.5	48	全产业链	拥有中利集团等11家上市公司
盐城	2.3	39	495.4	13	电池、组件、辅材	落户天和光能、协鑫集团、阿斯特等行业龙头企业
宿迁	2.3	18	354.4	8	电池、组件、辅材	落户天和光能、正信光电、阿斯特等行业龙头企业
南通	1.8	27	212.9	11	电池、组件、辅材	韩华、林洋2家上市公司，行业龙头企业落户数较少

2021年，全省光伏制造业产能、产量同比增长较快（见表2）。其中上游硅料端扩张较快，但在省内布局较少，主要投资布局在内蒙古、新疆、四川、云南等地；中游制造端（电池、组件）优势持续，省内产能逐步向盐城、宿迁等地转移；下游应用端发展加速，分布式超过集中式。

表 2　2021 年江苏光伏制造业主要产品产量

产品	多晶硅	硅片	光伏电池	光伏组件
产量	4.8 万吨	88GW	78GW	81GW
增长率(%)	13.7%	40.5%	32.1%	32.9%
全国占比(%)	9.4%	38.7%	39.4%	44.7%

二、南通光伏产业现状

(一)产业规模

2021年,全市光伏发电累计装机容量1.8GW,同比增长约25%,占全省的9.4%,其中集中电站0.7GW,分布式1.1 GW;2022年1—11月,新增光伏发电装机容量0.7GW、同比增长133.3%。有韩华新能源、福克斯电气、江苏林洋等27家规上企业,2021年全行业营收212.9亿元、同比增长10.9%,完成税收3.6亿元、同比增长6.8%,出口总额约10亿美元;2022年1—11月,实现总营收205.7亿元,完成税收4.1亿元。

(二)产业链

上游包括硅料冶炼、硅片生产等环节,中游包括光伏电池及辅材生产、组件封装等环节,下游包括光伏发电系统及应用产品等。目前,南通光伏产业主要集中在中游光伏电池、组件封装及辅材,并向关键设备和下游光伏发电系统及应用延伸。(见图1)

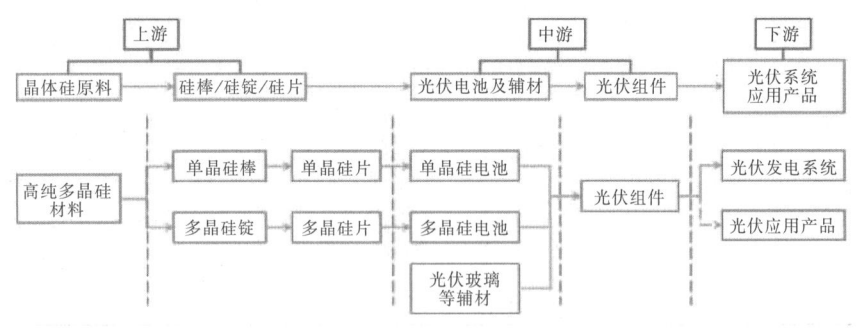

图 1　光伏产业链图谱

1.多晶硅和硅片

多晶硅冶炼技术门槛较高,具有一定垄断性,全球多晶硅料产能集中在中国。硅片生产属于资本密集型环节,从技术演进趋势看,单晶取代多晶、硅片大尺寸化(182mm、210mm)、薄片化等演进速度正在加快。目前，硅料冶炼和硅片生产南通市尚处于空白。

2. 光伏电池

光伏电池是光伏制造的核心环节，电池片光电转换效率的提升直接影响光伏系统效益，属于资本和技术密集型环节。目前，P型电池已接近效率极限，下一代技术正在来临，N型取代P型、双面取代单面，将是未来光伏电池发展的趋势。南通市光伏电池企业2家，2021年产量4.9GW、占全省的6.3%，总营收49.4亿元。江苏林洋将在南通开发区投资建设年产能20GW高效N型光伏电池生产基地，总投资100亿元，一期6GW即将开工，项目达产后预计年产值超100亿元，年税收超4亿元。

3. 光伏组件

光伏组件由光伏电池、光伏玻璃、电池背板、封装胶膜以及边框等辅材组合构成，是光伏发电系统中最重要部分。组件封装在南通市光伏产业链所有环节中营收规模最大，技术水平国内领先，集成了双面、半片与多主栅等多项技术的综合运用。全市组件封装企业8家，2021年产量5.4GW、占全省的6.6%，总营收97亿元。

4. 辅助材料

辅材主要包括光伏玻璃、电池背板(TPT)、封装胶膜(EVA)、边框、支架等。2021年，我国光伏玻璃在全球市场占有率继续保持90%以上；全球电池背板需求量约8.3亿平方米，国内背板企业总设计产能8亿平方米，可满足全球市场需求；全球封装胶膜需求量约21.0亿平方米，国内封装胶膜需求量约为17.3亿平方米。目前，南通市光伏玻璃等辅材生产企业13家，2021年总营收约43亿元。行业龙头企业福莱特拟在通州湾投资60亿元，分两期建设7条日熔化量1200吨的光伏玻璃产线，一期4条(投资38亿元)已开工建设，达产后预计营收40亿元，税收5亿元。

5. 其他

主要包括光伏生产设备、发电系统及应用和销售服务。全市光伏生产设备企业1家，光伏发电系统及应用企业2家，组件销售类企业1家，2021年实现总营收23.5亿元。(详见表3)

表 3 2021 年南通市光伏产业链主要环节情况

分类	多晶硅/硅片	光伏电池	光伏组件	辅助材料	其他	总计
企业数量(家)	0	2	8	13	4	27
2021 年营收(亿元)	0	49.4	97.0	43.0	23.5	212.9
2021 年税收(亿元)	0	1.6	0.5	0.8	0.7	3.6

(三)骨干企业

全市光伏领域营收超 10 亿元企业 7 家、超 20 亿元企业 2 家;入库税收超千万元企业 8 家、超亿元企业 1 家(苏民新能源 1.36 亿元)。福克斯电气有光伏组件产线 48 条,年产能达 3GW,2021 年营收 60.9 亿元,为全国行业前 20 强。韩华新能源连续七年荣获欧洲市场"顶级光伏品牌"荣誉,2021 年营收 39.1 亿元。苏民新能源专注于高效光伏电池研发与制造,单晶电池产品发电能力提升 20%,2021 年营收 10.3 亿元。

(四)区域分布

全市光伏制造主要分布在海安、启东、如皋、通州湾等区域,4 地 2021 年总营收 191.7 亿元,约占全市的 90%。其中,海安 89.9 亿元、启东 69.9 亿元、如皋 18.7 亿元、通州湾 13.2 亿元。(见表 4)

表 4 2021 年南通市光伏产业地区分布

地区	海安市	启东市	如皋市	通州湾	开发区	苏锡通	如东县	海门区	总计
企业数量(家)	8	4	7	3	1	1	1	2	27
2021 年营收(亿元)	89.9	69.9	18.7	13.2	10.1	6.5	2.7	2.1	212.9
2022 年 1—11 月营收(亿元)	70.7	71.7	16.5	21.1	10.8	10.0	2.7	2.2	205.7

(五)创新平台

全市光伏行业有省级研发机构 11 家,其中 6 家省级工程技术研究中心,3 家省级企业技术中心,1 家省级工程研究中心,1 家省级研究生工作站。南通市与北京大学合作共建的北大长三角光电科学研究院在钙钛矿光伏器件、薄膜表面化学及高效太阳能电池等方面均取得较大进展。

三、南通光伏产业存在的突出问题

(一)产业基础相对薄弱

2021 年,全市光伏规上企业仅 27 家,总营收 212.9 亿元,仅占全省的

6%,产业缺少规划布局,分布较为零散,企业数量少、体量小、产业链条短,集聚化发展特征不明显,全市尚未形成专业化的光伏产业园。

(二)技术创新能力不足

产品主要集中在组件封装和支架、边框等辅材领域,技术含量较低,属劳动密集型环节。硅片、光伏电池、逆变器等高附加值产品的研发及产业化能力较弱。企业技术创新滞后,产品更新迭代速度不快。

(三)政策波动影响较大

光伏行业整体技术门槛不高,属资本密集型和劳动密集型产业,行业发展受国际、国家政策波动影响较为明显,容易出现"过山车式"行情。2018年光伏取消补贴后,南通市韩华、林洋等企业产能锐减,直到2021年国家系列利好政策的出台,产能逐渐恢复。目前在谈的通威、晶科能源等重大项目的落地选择,受地方政府的招商政策影响较大。

四、对策建议

近年来,国家持续加强对光伏产业健康发展的引导,出台了系列利好政策。2021年6月,国家能源局《整县(市、区)屋顶分布式光伏开发试点方案》要求县一级党政机关、公共建筑、厂房、农村居民建筑屋顶分别按照不低于50%、40%、30%、20%的比例开发分布式光伏,2023年底前达到20%~25%屋顶光伏安装比例要求的地区可成为开发试点县。2022年3月,住建部《"十四五"建筑节能与绿色建筑发展规划》提出,到2025年新增建筑太阳能光伏装机容量50GW以上,预计将新增2750亿元的市场空间。国家利好政策的出台有效刺激了光伏市场的发展,光伏发电有望成为构建新型电力系统的主力,为光伏制造业带来光明前景。与此同时,俄乌战争导致欧洲能源价格暴涨,动荡的世界形势、全球范围潜在能源危机和储能成本的降低,也将进一步释放光伏终端的需求潜力,预计未来光伏等新能源应用将成为我国电能输送、配用、消纳的重要场景。据中国光伏行业协会测算:到2025年,全球将新增光伏发电装机容量约1000GW,累计装机容量将达到2000GW,其中国内将新增200GW,累计达到500GW;全球光伏制造业的产业规模将有望突破2.5万亿元。

面对新一轮发展机遇(6个在建、7个在谈项目总投资超过600亿元),南通应以龙头企业为依托,聚力招引重特大项目,全力打造光伏产业园区,培育全流程产业链供应链,同时要更加注重规划引领,加强行业指导,突出精准招商,避免行业过度波动。

一是加强规划指引。市级层面加强行业发展指引,明确产业发展路线图,依托各地基础优势,突出集聚发展、错位竞争、特色发展。海安、启东、如皋重点发展组件封装、边框支架等产业;通州湾围绕打造光伏特色产业园,发挥临港优势和福莱特、苏民等企业带动作用,拉长做大产业链条;南通开发区重点推动光伏电池、逆变器等高附加值产品研发及产业化;如东等地借助滩涂、潮间带等资源建设"风光渔"一体化产业基地。

二是猛攻招商引资。瞄准国内外行业龙头企业,突出产业链价值中高端环节,加强市县联动,加大政策支持和招引力度,力争通威、隆基绿能、晶科能源等一批行业知名企业落户,形成行业品牌效应。推动大尺寸硅片切割技术、异质结电池技术、钙钛矿电池技术等新型光伏技术攻关企业落户,形成产业技术储备,支撑行业未来健康高质量发展。

三是突出强链补链。支持韩华、林洋、福克斯等市内重点企业加强新产品新工艺研发,加快光伏电池、组件封装等项目产能释放,抢占海内外市场,进一步做大产业规模。鼓励企业加强兼并重组和业务拓展,拉长产业链条,拓宽配套产业范围,力争突破硅料冶炼、硅片生产、逆变器、汇流箱等产业链空白环节。

四是合理发展应用。用好国家政策红利,聚焦"碳达峰、碳中和"和乡村振兴战略目标,鼓励开展整县(市、区)屋顶分布式光伏试点。借助如东、启东、通州湾等地沿海滩涂、潮间带风电用地资源,采取统一规划、集中连片、分步实施方式,打造"光伏+海水养殖、光伏+风电场"的大型光伏发电基地。探索"光伏+储能+充电设施"建设路径,发展与新能源汽车需求相结合的充电、储电、换电一体化综合能源站。

吴才辉　谢菁晶
2023 年 1 月

海安市建筑业发展报告

海安市工商业联合会　海安市建筑行业协会

2022年，海安市建筑行业认真贯彻落实全市建筑业发展工作会议、建筑业"防风险、促转型"座谈会、服务建筑企业领导组扩大会议等会议精神，紧扣市委、市政府工作目标任务，防范化解各类风险，谋划企业转型升级，全力推动建筑业平稳健康发展。

一、主要指标完成情况

2022年，全市完成建筑业总产值2075亿元，施工面积超2亿平方米，本年新开工面积1850万平方米，职工分配总额超300亿元，在海入库税金超13.1亿元。新增一级资质企业8家，涵盖矿山建设工程、建筑工程房建、建筑装修装饰、建筑幕墙、起重设备安装等领域。

二、产业链推进情况及成效

（一）持续开展创优工作

全市6家企业入选南通市建筑业竞争力30强，5家企业入选南通市建筑业最具成长性企业30强。苏中集团、华新集团、达欣集团入选江苏建筑业百强企业"综合实力类"50强。苏中集团列"2022中国企业500强"第393位。美国《工程新闻记录》和《建筑时报》共同发布的2022年度"中国承包商80强和工程设计企业60强"排名中，苏中集团、华新集团、达欣集团分列第24位、第40位、第53位。申报鲁班奖1项，获国优奖3项、"中国土木工程詹天佑奖"优秀住宅小区金奖4项。

（二）提高国内外市场份额

积极融入"双循环"新发展格局，统筹抓好国内、国外两个市场。苏中集团与中铁、中建、中交等央企国企合作进军非房建领域；与中国天楹深化合作聚焦重力储能、光伏 EPC 等新能源项目；与海安市属国企合资的国峰建设发展势头迅猛，公投项目、非房建项目新签合同额占比分别达 20.15%、38.28%。苏中总承包公司新开拓土石方剥离工程领域，完成施工产值 10.5 亿元。华新集团新承接常州、无锡等地 13 个旧城改造项目，合同额 4.2 亿元；与中铁二十四局联合中标南通通京大道和太平大桥项目。江苏耀诚和江苏欣佰两家企业加入军队采购网。新签境外工程合同额 1.7 亿美元，增长近 1 倍；境外营业额超 1 亿美元，增长 20.5%。达欣集团海外共有 20 个在建项目，新承接柬埔寨工程项目 1 个，以色列项目 8 个，其中以色列 TIDHAR（铁塔儿）项目地下 7 层，地上 67 层，为以色列最高建筑。

(三)提升建筑产业现代化水平

制订《智慧建筑产业三年行动方案》，与《关于促进建筑业高质量发展的若干意见》结合实施。积极搭建企业与高校专家合作交流平台，组织企业参加首届江苏建筑业创新发展大会，多次组织企业与专家进行产学研对接。指导企业申报技术中心，润宇集团获批 2022 年省级建筑业企业技术中心，南通鑫范新型建材有限公司获批 2022 年省级企业技术中心。加大建筑产业链企业高企培育力度，江苏叙施建筑科技有限公司、合迪科技江苏有限公司、江苏河马自动化设备有限公司 3 家企业通过高企认定。南通科达建材科技股份有限公司预制构件五类产品经中国建筑科学研究院审核认定，获"中国绿色建材产品"三星级认证证书。布雷尼建筑科技(江苏)有限公司被认定为 2022 年度首批星级上云企业。推进建筑产业现代化，完成市级建筑产业现代化示范基地、示范项目、科技支撑项目的评估验收，共有 1 个示范基地、4 个示范项目、9 个科技支撑项目通过验收，下发了建筑产业现代化专项补助资金。欧力达公司成功申报省级建筑产业现代化示范基地。

(四)建设建筑业服务中心

建立服务全市建筑业高质量发展领导组，加强建筑业服务中心建设。充实队伍力量，在金融监管局、政法委、行政审批局等部门的支持下，完善工作机制，优化服务事项，从金融、法务、审批等全方位、多层次为全市建筑企业"保驾护航"，切实当好服务建筑企业的"店小二"。

一是不断提升行业政务服务水平。建筑业服务中心设立审批专窗,简化涉建筑业行政审批流程,实行一窗受理,各部门分类审批,实现最大限度消减材料,减少内部环节,压缩审批时限,让信息"多跑路",让群众"少跑腿"。建立优质供应商推荐制度,结合信用考核结果和市内施工情况,为各区(镇)推荐优秀建筑企业作为项目建设优质供应商。建立挂钩联系企业制度,成立服务小组,深入全市主要建筑业企业开展结对服务,及时了解企业需求和矛盾困难,协调解决企业发展过程中遇到的难题。统筹抓好疫情防控和建筑业健康发展,出台《支持建筑业企业健康发展若干政策措施》,为企业渡难关、稳发展提供政策支持。

二是努力营造公平合理司法环境。建筑业服务中心加强与政法、公安、法院、检察院等部门协同联动,积极帮助建筑企业协调解决涉法涉诉、拖欠工程款、查封账户等问题,推动企业复工复产,维护企业合法权益。全年沟通相关法院解封民工工资专户和保证金账户,释放资金3亿余元,为企业涉法涉诉50余件事项提供法律支持。

三是充分凝聚助推建筑业发展强大合力。为推动建筑业持续健康发展,成立服务建筑企业市镇两级工作专班、金融专班、政法专班。建筑业服务中心积极与各专班对接、交换企业诉求,协助各专班组召开工作推进会,针对各企业清欠工作中存在的问题,形成具体解决方案,协调解决辖区内所涉企业拖欠工程款问题,持续推进建筑业纾困工作。

(五)强化建筑施工安全监管

深入开展安全生产专项整治三年行动、安全生产大检查、安全生产专项治理行动、安全生产百日攻坚行动等,对建筑企业、项目落实安全生产主体责任及项目安全生产情况开展检查。2022年,对企业落实主体责任情况共检查企业594家次,发现问题3574条,所有隐患均要求限期整改并闭合到位。通过检查,督促企业建立并落实全员安全教育培训制度,加强对从业人员的安全生产理论教育与实践技能培训,强化建筑施工企业主要负责人、安全管理人员和特种作业人员安全培训,提高企业员工安全管理和安全作业能力。持续开展建筑工地扬尘治理工作,加强管控督查,落实扬尘管控措施。常态化开展建筑工地疫情防控督查,特别是加强在外地建筑务工人员统计、摸底、返海报备、落实疫情防控措施等,确保建筑施工领域安全生产平稳有序。

三、产业发展存在的问题

（一）企业资质偏低,缺乏技术创新

全市 217 家资质以上建筑企业中,三级资质企业占全部有资质建筑企业总数的 72%;二级资质建筑企业占 15.7%;一级资质企业占 10.6%;而具有特级资质的仅 3 家,导致全市建筑业行业知名度不够高、综合实力不够强。建筑产业总体仍处于劳动密集型的传统施工阶段,产业增长方式较为粗放,科技创新投入不足,在绿色建造、智慧建造等方面缺乏投入和积累,与"建筑强市"的要求不相匹配。

（二）承建领域狭窄,受房地产行业景气度的影响大

全市建筑业生产活动主要集中在房屋建筑业。从施工产值来看,房屋建筑领域占 78%,受房地产项目投资建设进度放缓的影响较大,在桥梁、水利、电力、市政、道路等领域市场份额较少,承建能力低,承建领域相对狭窄。

（三）企业负担较重,盈利能力下降

一是企业周转资金压力大。建筑企业垫资承揽工程较为普遍,工程款回收周期长,行业资产负债率持续偏高。二是工程成本不断提高,如用工成本、原材料成本的不断上涨,是制约小微企业发展的重要因素。部分小微企业反映,由于工程成本的上涨,承接工程将面临亏损,不主动承接工程又难以维持运营,面临两难境地。三是融资难度大,受房地产企业信用风险的传导影响,建筑施工企业的融资难度大,抵押担保条件不断提高。

（四）企业管理模式落后,员工整体素质不高

全市低等级资质企业偏多,企业管理模式比较落后,从业人员素质普遍偏低。管理人员中,高级职称人员占比较少,尤其是懂技术、善经营、会管理的复合型人才更少。高素质新型建筑产业工人总量不大,企业"工匠"梯队尚未形成。

四、2023 年发展思路

2023 年,全市建筑行业将深入贯彻落实党的二十大精神,以习近平

新时代中国特色社会主义思想为指导,完整、准确、全面贯彻新发展理念,提高防范风险、加快转型、高质量发展水平,提升"海安铁军"品牌的含金量和影响力。

(一)巩固开拓国内外市场

鼓励海安市与外省建筑业高质量发展合作,支持建筑业企业加大市场开拓力度,积极参与长三角一体化、粤港澳大湾区、长江经济带、中部地区崛起、西部大开发等国家发展战略建设,巩固和拓展国内建筑市场。持续跟踪国外特别是"一带一路"沿线国家的投资热点,围绕重点区域、重点专业领域和重点工程项目实施"走出去"战略。鼓励企业联合国内大型外向型企业,或者与项目所在国企业通过股份合作、项目合作、组建联合体等方式,共同承包国外大中型项目。进一步深化市内建筑企业与天楹、鹏飞、联发等制造业企业跨界联合,发挥中欧班列枢纽优势,带动一批设计、咨询、施工、监理以及建筑材料、装备制造等企业抱团出海,形成技术、资金、设备和劳动力的联动输出。

(二)大力培育"专精特新"建筑企业

培育一批专业优势明显的企业,专注细分市场、核心业务,提高专业化生产、服务和协作配套能力,开拓、深耕装饰装修、钢结构、设备安装、水利水电、公路、港口航道、消防、智能化等专业领域,努力成为产业链中重要环节的佼佼者;培育一批管理精细的企业,依托精雕细琢的指导理念精益管理,采用精细精巧的技术工艺精心制造,不断提高承接高精尖项目能力,打造更多"匠心产品";培育一批经营特色明显的企业,提高整合资源能力、经营开拓能力、工程总承包能力、项目全生命周期服务能力和全过程工程服务能力,培育人无我有的独特技术、产品、服务和解决方案,确保企业在细分市场、特定区域和特殊领域实现较高的市场占有率,成为"配套专家";培育一批创新能力强的企业,强化"新创业—新研发—新服务—新场景"导向,推进硬科技、前沿科技、新经济等领域创新创业,在新技术、新材料、新工艺、新设备应用、新型建造方式上跟跑、并跑,逐步超越同行、领跑同行。

（三）加强技术研发创新和应用

引导企业加大科技创新投入力度，支持与高等院校、科研院所开展"产学研"合作，共建研发中心，提升企业承接"高、大、难、特"项目的技术能力。积极推进企业自主创新能力建设，大力支持建筑企业申请高新技术企业认定，支持龙头企业创建国家级企业技术中心，甲级企业建立省级企业技术中心，专业企业设立技术研发中心。推动科技成果与产业技术创新需求有效对接，探索BIM、大数据、人工智能、云计算等新一代信息化技术在建筑建造全过程的应用，建设一批采用新技术、新材料、新工艺、新设备的科技示范工程。

（四）力促绿色低碳发展

大力发展超低能耗建筑、近零能耗建筑，推动政府投资项目率先示范。推广低碳建造方式，推进绿色施工，深入实施建筑垃圾减量化。推动绿色建筑高标准发展，政府投资的公益性建筑和大型公共建筑执行二星级以上绿色标准，全市城镇新建建筑均应达到绿色建筑标准。推进新建建筑可再生能源一体化应用，鼓励既有建筑加装可再生能源应用系统，提高新建工业厂房、新建公共建筑可再生能源应用比例。开展既有建筑节能改造，推动医院、学校、宾馆饭店等公共建筑用能限额研究，加大太阳能、热泵等可再生能源在建筑中推广应用，推动分布式太阳能光伏建筑示范和应用。推行工程建设项目全寿命周期内的绿色建造，推广绿色建材应用，推动建筑材料循环利用，以节约资源、保护环境为核心，通过智能建造与建筑工业化协同发展，降低能耗、物耗水平，提高资源效率，实现建筑、环境、资源的协调发展。

（五）强化现代企业制度建设

鼓励建筑业企业进一步完善法人治理结构、约束激励机制的建设，建立管理、技术、资本等要素参与收益分配的现代企业制度。探索和推广适合企业特点的混合所有制改革、股权流转和股东有序进退机制、项目模拟股份制等先进经验，充分调动经营管理层、业务骨干和合伙人积极性，培养后生新兴力量，激发建筑业企业的生机、活力。落实企业经营风险管控主体责任，确保各业务领域在合同、资金、资质、质量、安全等各方面管理规范有效。

(六)注重人才队伍培养

人才是全面建设社会主义现代化国家的基础性、战略性支撑。鼓励企业引进和储备一批专业性强、擅长经营管理、学历层次高的建筑业人才。以试点企业为依托,通过培育自有建筑工人、吸纳高技能技术工人和职业院校毕业生等方式,建立一支稳定的高技能自有工人队伍,推进产业和工人队伍的融合发展。

(七)加大建筑业服务力度

持续推进建筑业纾困工作,及时了解企业发展状况和诉求,帮助解决发展中遇到的问题。充分发挥建筑业服务中心作用,加强政法、公安、法院、检察院等部门整体联动,积极帮助建筑企业协调解决工程款纠纷、债务纠纷等问题,为建筑业健康发展保驾护航。协助企业向上级反映相关情况,增进金融机构对海安建筑业的了解,想方设法为企业拓宽融资渠道。

刘 丹 史鹏飞

2023 年 4 月

海安市新材料业发展报告

海安市工商业联合会　海安市新材料业商会

海安市新材料产业起步于 20 世纪 70 年代末,经过近年的培育发展,产业规模不断壮大,已经形成了较好的发展基础。全市现有规模以上新材料企业近 70 家,涉及高性能磁性材料、新型有色金属材料、塑料膜材料、化工新材料、特种玻璃等多个领域。2022 年,海安市新材料产业规模以上企业实现开票销售 118.45 亿元,同比增长 2.24%。

一、新材料产业发展现状

(一)主导产业优势突出

形成了以高性能磁性材料和新型金属材料为主导的产业格局。海安市高性能磁性材料产业经过多年发展,已经形成以晨朗集团、冠优达磁业、普隆磁电为龙头,三优佳磁业、瑞祥磁业、巨鑫磁业等骨干企业为支撑,20 余家关联企业为基础的独具特色的产业集聚地;新型金属材料产业形成以亚太轻合金为龙头,昂申金属、北材南通金属科技、上海贤拓铝业等几十家骨干企业为支撑的产业集群。

(二)产业集聚效应明显

从区域分布来看,海安市新材料产业的主要力量集中在两区一镇,即高新区、开发区和曲塘镇。高新区和开发区新材料企业众多,产业基础好、规模大、集聚程度高;曲塘镇则依托自身产业特点,打造优势、特色有色金属产业。从特色领域来看,高新区和开发区的磁性材料,开发区、曲塘镇和李堡镇的金属和塑料材料等都各自聚集了一批领域内的行业龙头和重点企业,建立了集科研、生产、应用、服务等功能为一体的园区和基地,突出呈现了新材料产业发展的集聚效应。

(三)龙头企业实力增强

海安市新材料产业涌现出了一批技术水平高、创新能力强的行业骨干龙头企业,这些企业不仅具有在国内甚至国际市场上的优势地位和竞争能力,而且发展速度快、盈利能力强,对海安新材料整体产业的发展起到带动和支撑作用。目前,我们已拥有进入全国粉末冶金行业三甲的龙头企业——海安市鹰球粉末冶金有限公司、汽车用铝型材国内重要生产企业——亚太轻合金(南通)科技有限公司、长三角地区顶级磁性材料及磁性元件生产制造企业——江苏晨朗电子集团有限公司、轨道交通车辆和汽车玻璃的龙头——江苏铁锚玻璃股份有限公司、功能性薄膜材料大型企业——海安东材新材料有限公司等一大批具有雄厚实力的代表企业,带动了海安市新材料产业的稳定和快速发展。

(四)创新能力不断提升

海安市新材料产业拥有国家火炬计划重点高新技术企业2家,江苏省创新型企业2家,高新技术企业近50家,占比约75%。建有"江苏省(亚太)车用铝合金材料工程技术研究中心""江苏省粉末冶金新材料工程技术研究中心""江苏省高性能永磁铁氧体材料及工艺工程技术研究中心"等省级工程技术研究中心7家,海安市级企业研究院3家,工信部两化融合管理体系贯标企业2家,"两化融合"省级试点企业4家,省四星级上云企业3家(亚太轻合金、浩驰科技、海美新材料),省三星级上云企业17家。

同时,结合产业特色,海安市还联合国内知名科研院所共建了海安南京大学高新技术研究院、海安上海交通大学智能装备研究院等一批产学研合作平台。通过与30多家科研院所和大中院校的长期合作,海安新材料企业形成了众多创新成果,如亚太轻合金车身用原位纳米强化铝合金挤压材的设计、性能调控及应用基础项目被列为"中国汽车产业创新发展联合基金"重点项目,与江苏大学、上海交通大学、哈尔滨工业大学合作研发的"轻质高强铝基纳米复合材料及其在高端载运工具上的应用"项目荣获江苏省科学技术二等奖。晨朗电子集团"新型合金材料受控非平衡凝固技术及应用"项目获国家技术发明二等奖,"高性能耐腐蚀稀土永磁材料"

项目获江苏省科学技术一等奖。

二、产业发展优势与劣势分析

（一）产业发展优势明显

1. 区位和枢纽物流优势有利于承接产业转移

海安市地处长三角地区，两条高速、两条国道、三条国道、五条省道、两条运河和四条铁路在海安市境内交汇，交通十分方便快捷，区位优势较为明显。在100千米范围内，分布有南通、苏州、常州、扬州等城市；在200千米范围内，分布有上海、南京等新材料产业集聚发展地区。随着长三角产业升级和结构调整步伐加快，产业转移成为重要趋势。海安市凭借在交通区位、人脉关系、投资环境等方面的优势，已成为承接长三角各主要城市产业转移的理想区域。

2. 平台优势有利于助推产业规模扩大

海安市拥有苏中、苏北地区唯一的有色金属期货交割库，是上海期货交易所铝、锌指定交割仓库，库存总容量超过50万吨，年吞吐能力500万吨以上。还拥有苏中、苏北地区唯一的塑料粒子交割库，是大连商品交易所指定期货交割仓库，可进行聚氯乙烯(PVC)和线性低密度聚乙烯(LLDPE)交割业务，库存总容量超过30万吨，年吞吐能力50万吨以上。交割库平台的建设结合物流优势大大降低海安市及周边地区有色金属及轻合金、塑料生产加工企业的采购成本。

另外，高新区建有海安市润邦金属表面处理中心，为全市有色金属企业的材料表面处理提供优质服务。

3. 人力资源优势有利于解决企业后顾之忧

海安市教育事业发达，尤其是基础教育、职业教育独具优势，素有"全国教育看江苏，江苏教育看南通，南通教育看海安"的美誉。建成苏中一流的职教园区，拥有2所国家级重点职业学校，每年培养各类技能人才6000多人，努力为经济发展输送更多实用性的人才。此外，海安市还在省外设立了11个劳务基地，通过招工引劳，帮助企业解决用工需求。

4. 生产要素优势有利于提升企业竞争力

海安市土地资源丰富，对于重点项目，还可个案处置。海安供电能力取得了显著成效。但总体看,企业自身研发投入不足、技术创新力量薄弱已成为制约未来发展的重要因素。除少数领军企业和产品外,大部分新材料企业和产品主要以跟踪模仿为主,缺乏核心技术,自主创新能力不足。海安市新材料企业在一些新兴的产业领域还缺乏战略眼光和超前研究,进入晚、投入少、发展慢、缺乏高层次领军人才支撑、缺乏重大技术突破,只能采取跟随战略,未形成产业优势,缺乏领军企业,与国内领先企业有较大差距,没有占领产业制高点,成为相关产业发展的瓶颈。

三、下一步产业发展思路

按照建设新材料产业强市的目标定位,聚焦人才、企业、项目、园区等关键要素,突出重点,精准施策,坚持政府引导、行业协同、企业主体、市场运作、智库支持,组织实施好六大专项工程,推动新材料产业高质量发展。

(一)新材料人才智力培育工程

采取政府引导、企业激励等举措,既引进"高精尖缺"境外人才,又注重培养本土专业人才,打造百人新材料高端人才队伍,充分发挥人才在创新能力提升中的核心作用。

1.搭建人才培养平台

按照聚集创新资源、激活创新要素的原则,依托重点骨干企业、科研机构、高等院校、产业联盟、协会等,推进工程研究中心、企业技术中心、行业创新中心、公共实训基地等创新平台建设。

2.抓好人才队伍培养

围绕海安市重点发展的新材料优势产业,依托国内外高等院校、科研院所、研发中心和知名企业,实施新材料高端人才培养计划,每年选派一批中青年技术骨干进行培训、交流和观摩学习,加快人才队伍成长。

3.加快人才汇聚速度

支持企业开发利用国际国内人才资源,完善更加开放灵活的人才引进和使用机制。依托知名企业和重点项目,采取项目聘用、技术入股等形式,大力引进一批高端新材料专业人才,形成特色新材料开发团队。依托省市重大引才工程,遴选引进一批亟须的新材料高层次人才;用好海陵英才政策,引导高层次新材料专业人才加速向企业集聚。

(二)新材料项目创新示范工程

在基础条件好、产业转型升级带动效果明显的重点领域,支持培育30个左右在国内同行业居领先水平的新材料研发应用项目,促进全市新材料产业创新发展。

1.推进自主创新示范

以行业骨干企业为主体,瞄准本行业关键技术,以国际国内技术领先、打破国外垄断、替代进口为目标,开展自主创新试点项目建设,形成一批具有自主知识产权的关键核心技术,形成新材料技术专利池,培育一批具备行业话语权的单项新材料冠军企业。

2.推进协同创新示范

鼓励新材料企业与国内外高等院校、科研院所等上游研发机构及下游应用企业,针对行业关键技术联合攻关,建立重大技术装备和新材料协同创新的政策机制,组建新材料技术创新联盟,提高专用生产装备自主保障能力,推进新材料全产业链协同创新。

3.推进平台建设示范

按照政府引导、企业主体、市场化运作的原则,努力完善新材料创新链条薄弱环节,打造新材料产业聚集区及若干省市级新材料制造业创新中心、新材料大数据与云计算理论设计平台、新材料测试评价平台、新材料中试孵化基地等创新载体,争取申报磁性材料、有色金属材料等国家级制造业创新中心、国家工程研究中心、国家企业技术中心、国家重点实验室等,满足新材料产业发展需求,为新材料重点、重大项目的遴选推荐、组织实施、验收评估等提供第三方服务和决策支撑。

(三)新材料领军企业培育工程

围绕磁性材料,有色金属材料,高性能膜材料及纺织材料等海安市新材料优势领域,大力培育一批拥有自主知识产权、核心竞争力强的领军企业,聚焦专业细分领域创新提高,发挥引领带动作用,促进新材料产业加快发展。

1.建立领军企业库

遴选一批创新能力强、引领作用大、研发水平高、发展潜力好的新材料骨干企业,建立新材料领军企业库。对入库企业在研发平台建设、重大技术攻关应用、高端人才引进培育、创新政策落实、产学研合作、知识产权管理等方面给予支持和服务。

2.发布年度新材料领军企业10强

委托第三方机构对入库企业发展情况进行综合评估,根据评估情况,发布年度新材料10强领军企业名单,树立标杆,营造氛围,发挥示范引领作用。

3.推荐领军企业申报国家和省重点项目

支持领军企业申报国家重大专项、技术改造、产业转型升级等政府支持项目。鼓励和引导领军企业在转型升级中发挥示范引领作用,积极参与战略性基础设施、战略性主导产业、战略性发展平台建设。

4.拓展产业融资渠道

鼓励领军企业在境内外资本市场上市,以市场为导向开展联合重组,打造成具有较强创新能力和国际影响力的龙头企业。鼓励领军企业通过兼并重组联合、争取国家重大项目布局等方式,加快纵向延伸、横向联合、跨越发展。

(四)新材料产业空间布局工程

打造海安市新材料产业示范园区,推动新材料产业协调发展、错位发展,推动优质资源向聚集区集聚,做大总量、提高质量,以点带面辐射全市,发挥示范聚集效应,建设磁性材料,有色金属材料,高性能膜材料及先进纺织材料产业集群,构建竞争有序的新材料产业整体格局。

1.磁性材料

依托晨朗电子集团公司、南通冠优达磁业有限公司、南通三优佳磁业有限公司、江苏普隆磁电有限公司、江苏巨鑫磁业有限公司等基础资源支撑,以海安南京大学高新技术研究院等为技术支撑,借助基础资源客户端终端产品的优势,重点发展稀土永磁、软磁、永磁铁氧体等先进磁性材料,打造国家级先进磁性材料产业基地。

2.有色金属材料

依托亚太轻合金(南通)科技有限公司等龙头企业,以上海交大研究院等为技术支撑,重点发展航空、军工领域及汽车轻量化,推进一批重点项目建设,实现有色金属新材料成果转化、产品示范应用。

3.高性能膜材料

依托江苏东材新材料有限责任公司、海安浩驰科技有限公司等行业龙头企业,以海安南京大学高新技术研究院、常州大学研究院等为技术支撑,引入光学电子产品、偏光片薄膜、汽车贴膜等产业项目,建设绿色功能膜产业园区,发展节能化、智能化、绿色化、环保化的高性能膜材料结构产品。

(五)新材料质量标准提升工程

充分发挥质量、标准、认证、品牌培育等对新材料发展的促进作用,推动新材料产业向高端、高质、高效发展,全面提高新材料产业竞争能力。

1.提升标准化工作水平

落实国家新材料标准领航行动计划,重点提升关键材料的环境适应性、安全性、可靠性、稳定性等共性质量指标的检验检测能力,积极推动海安市具有自主知识产权的核心技术上升为行业标准、国家标准和国际标准,完成5~10项国家标准的起草发布。

2.完善认证监管体系

进一步加大认证推广力度,鼓励更多新材料企业根据自身实际和发展需要,开展自愿性认证活动。推动新材料领域开展品质认证,实施质量管理体系认证、环境管理体系认证、能源认证及绿色产品和绿色工厂认证,提升新材料企业质量管理水平和产品质量档次。

3.推动质量技术创新

积极对接国家新材料制造业创新中心、国家新材料测试评价平台,积极融入国家材料基因组工程研发平台;组织开展新材料行业工艺优化行动,提升关键工艺过程的控制水平;组织质量提升关键技术攻关,推广采用先进成型方法和加工方法;支持新材料企业提高质量在线监测、在线控制和产品全生命周期质量追溯能力。

4.加强品牌高端化培育

优先支持培育品牌企业争创中国工业大奖、中国质量奖。积极鼓励新材料企业申报质量奖、名牌产品。支持新材料重点企业对标国际标杆,树立一批质量标杆和品牌,引领企业品牌高端化。

(六)新材料招商项目推进工程

1.推进前期项目的实施

加强推进前期已签约或正在洽谈项目的跟踪,确保前期项目的落地,尽快形成产业规模,带动新材料产业集群的发展。

2.加强招商项目策划

针对上述规划的重点发展领域,结合现有的前期推进项目,本着优势产品规模化、细分化的原则,对产业链中的薄弱环节进行提升、对产业链缺失产品进行补充,策划一批新材料招商项目。

夏振波

2023 年 4 月

如皋市花木盆景业发展报告

如皋市花木盆景产业联合会

花木盆景产业联合会紧紧围绕如皋市经济发展大局，以花木经济发展为主线，以服务为先导，以自身建设为基础，把支部建在产业链上，围绕中心抓党建，形成了以党建为引领，推动党建与会建、会建与企建深度融合，从而带动党建提质、产业发展、百姓致富的"一领双融三带"模式，真正让红色党旗高高飘扬在绿色产业，让绿色产业给会员和百姓带来金色未来，努力实现"党建强、产业强、百姓富"。

如皋花木盆景产业联合会成立以来秉承"团结、进取、务实、创新"的服务宗旨，充分发挥沟通联系259个会员、千名花木经纪人和万户花农的桥梁和纽带作用，着力破解开票难、融资难、市场信息难、人才培养难等行业发展的难题，大力推动"公司+基地+农户""市场+基地+农户""经纪人+基地+农户"生产经营格局的构建，形成强大合力，抱团发展，引领带动如皋市花木盆景产业向规模化、特色化、标准化、信息化、高端化、集团化方向迈进。

2022年，如皋花木盆景产业联合会主要做了以下几个方面的工作。

一、立足党建引领，增强向心力

产业联合会党支部成立于2012年，现有党员48名，主要为会员单位的企业负责人和经营业主中的党员，支部下设花木、盆景、园艺、草坪、果树和园林6个分会党小组。联合会党支部实行"双向进入、交叉任职"制度，支部书记由联合会会长担任，支部委员均由副会长担任，分会党小组长由党员分会长或分会骨干担任，实现党的工作和业务工作的领导高度统一。党支部利用"三会一课""主题党日"、组织生活会、党员亮牌上岗、党员诚信商户评比等各类活动载体,推动联合会党建工作规范化、常态化,并以此带动259个会员单位党建活动开展,强化2000多名党员花木生产经营者的示范带动,党支部和支部党员在宣传党的主张、贯彻党的决定、推动产业发展、带领群众致富中战斗堡垒和先锋模范充分彰显。

二、切实组织开展活动,服务会员企业

(一)强化管理,激发联合会内在动力

2022年年初,联合会讨论和修订完善了秘书处工作制度,并制订了全年工作计划以及6大分会年度工作计划。

(二)立足发展,助力花木盆景产业转型升级

配合产业办和农业农村局着力培育示范亮点生产基地,量质并举,增加市场占有量。培育特色花卉苗木和果园基地:围绕精品化、高效化、特色化"三化"方向,着力打造一批花卉生产种植基地。培育前沿高端精品,拓展规模高效单品,扩大市场占有份额。

配合产业办和农业农村局迅速裂变小微盆景出口基地,产销结合,推动结构转型。龙头企业商浩森园艺在建的800亩基地,同时启动1000个项目,实现五年建设任务三年甚至两年完成。

配合产业办和农业农村局持续培育龙头企业,形成支撑,增强行业竞争力。一是参与花木大世界控股公司4A级盆景大观园国家旅游AAAA级景区创建,为早日建成国家级农业产业化龙头企业、国家级重点花卉苗木市场夯实基础助力;二是参与华夏花卉销售公司提升华夏花卉市场整体品味工作;三是参与和引导小微盆景专业市场建设,为其加快发展步伐助力。为花心思有限公司盆景生产企业标准化、规范化、工厂化模式发展献计献策;参与培育商浩森园艺有限公司盆景种苗繁殖企业;为木易永华等园林龙头企业排难解忧。四是为苗木龙头企业持续出谋划策、推广宣传。

(三)举办活动,提升如皋盆景影响力

1.请进来,举办展会增效益

(1)2022年3月份,主办全国春季园林绿化苗木供需对接会,并组织苗木分会会员代表以及其他分会会长参加苗木对接会活动,影响较大。

(2)2022年4月,主办上海青年盆景研讨会如皋专场暨如皋市盆景

拔尖人才选拔赛——迎百年华诞"会员盆景展活动。邀请行业嘉宾、国内青年盆景大师人才参加,同时组织联合会会员代表参加活动,活动既得到领导和社会上的好评,又达到联合会凝聚人心、提升能力的效果。

(3)2022年5月28—31日,承办由中国盆景艺术家协会主办的中国羽——全国小微盆景展暨盆景交易大会,受到政府部门和艺术家协会的高度评价。

(4)2022年6月23—25日,中国花卉协会盆景分会在上海崇明区举行第三届中国杯盆景大赛。联合会主要负责大赛颁奖仪式。此次活动井然有序、范围浓烈,赢得领导和社会好评。在本次大赛中,全国共有17个省份310盆作品报名参赛,参赛作者244名,其中如皋市的10件参赛盆景全部获奖。

(5)2022年7月1日,联合会党支部与花木大世界控股有限公司党总支举办党日活动暨新党员入党宣誓仪式,全体党员及员工参加了活动。

(6)2022年7月,果树分会由专家李明光牵头组织,招引江苏郵天富硒粮仓科技有限公司来如皋,举办首届富硒脆桃采摘节,暨"世界长寿之乡"如皋富硒文化之旅活动。联合会秘书处组织了秘书处人员以及果树分会的部分会员参加了活动。为期两天的活动为如皋地区推销富硒脆桃6000千克。发展现代观光农业与文化旅游相互结合,有助于进一步加速国内农产品的大循环,既有利于千万个种植户,同时也有利于城乡市民健康生活需求。

(7)2022年7月30日,组织果树分会举办如皋市果树产业发展工作座谈会暨花木盆景产业联合会果树分会年中总结会议,产生了好多果树产业发展的金点子。

2.走出去参观学习,长见识,拓展思路

(1)2022年4月1—3日,秘书处组织相关人员赴上海参加上海青年盆景人才研讨会。

(2)2022年4月11日,园林分会组织会员赴开展南通游学活动,学习张謇精神,携手建设绿色美丽家园。

(3)2022年4月27日,盆景分会组织人员赴安徽明光参加"花海明超过66万千瓦,能够保障企业正常生产电力供应。全年可提供标准厂房40多万平方米,租金价格在80~120元/平方米左右。另外用水、天然气、蒸汽、污水处理都能保证供应。

5.政策优势有利于企业腾飞发展

在财税政策方面,在海安投资的企业除享受国家相关优惠政策外,还可根据项目投资规模、项目质量,享受企业所得税,增值税地方留成部分的奖励;对企业在品牌创建、新品开发、技术改造、上市融资等方面,还给予一定的政府贴息、银行贷款扶持以及适当的奖励。在金融信贷方面,大力推进金融生态区创建,深化银政企合作,建立了中小企业应急互助基金、小额贷款公司和担保公司,帮助企业解决发展资金问题,被评为江苏省首批金融生态示范市。

(二)产业发展劣势分析

1.龙头企业数量较少,引领带动作用不强

虽然高性能磁性材料和新型金属材料在海安市新材料产业中占据着绝对的规模优势,但两大产业龙头企业数量少,对整个产业链的影响带动作用较弱。据统计,海安市新材料领域2022年销售额10亿元以上企业仅2家,亿元以上企业为21家,其中:有色金属企业4家、高性能磁性材料企业4家、塑料薄膜和高性能玻璃企业6家、化工新材料7家。

2.中高端产品比例不足,产品附加值低

新型金属材料产业主要集中在有色金属熔炼、有色中间合金、有色金属压延、原材切割等领域,主要以基础原材料或中间体为主,大部分处于产品链条的某一段,下游产品开发不足,产品种类少,高附加值产品开发较少;高性能磁性材料产业主要涉及粘结钕铁硼、烧结钕铁硼、铁氧体等磁性材料以及电子元器件。但当前磁性材料的高端产品和技术主要掌握在美国、日本等主要发达国家手中,海安磁性材料企业总体来说还处于中高端产品研发的阶段,具有高科技含量、高附加值的新材料产品并不多。

3.企业创新能力较弱,产品缺乏长远规划

经过多年来的发展,部分优势企业已与国内知名高校,如南京大学、中南大学和南京理工大学等,建立起了较好的产学研合作研发模式,并且光"首届花卉盆景文化旅游节。

(4)2022年4—5月,如皋市花木盆景协会组织恢复运营手续,组织秘书处人员申办恢复地理证明商标。

(5)2022年8月底,产业办与产业联合会组织江苏花心思盆景有限公司、如皋浩森园艺有限公司以及市花木盆景产业办、联合会的人员赴江苏省沭阳县新河镇以及沭阳花木城参观学习和借鉴电商物流经验。

(6)2022年9月24日,联合会牵头组织中国小微盆景集散中心首届全国盆景交易大会活动。

(7)2022年10月17日,中国花卉协会盆景分会、如皋市花木盆景产业联合会联合主办"悦赏诗画盆韵"首届"如意"杯十佳盆景讲解员大赛;2022年10月24日举行了复赛。活动收到频频点赞,并将成为今后的固化活动。

(8)2022年10月底,联合会组织盆景分会会员代表参加全国盆景创作大赛活动。

(9)2022年11—12月,我们联合会秘书处全体人员协助市人社局和中国花卉协会盆景分会组织了省乡土人才盆景技能大赛初赛与决赛。

(10)2022年10—11月,助推木易永华景观工程有限公司创办了"新联会花木盆景产业实践创新基地"。

3.搭建平台,探寻新路,强化服务会员水准

(1)2022年10—11月,联合会秘书处集中两个月时间,日夜兼程进行"国家花木盆景产业标准化区域服务与推广平台"项目申报和答辩。11月初,此项目获批。

(2)2022年11—12月,联合会秘书处经过大量的资料收集和充分的准备,完善行业协会市级评估,顺利通过市民政局的三A级审核验收,为创建4A级的行业协会奠定了基础。

(3)2022年12月,联合会秘书处与产业办组织相关人员筹建筹划"如皋盆景电商直播""如皋盆景直播分享中心"平台和活动,学中干,干中学,既做好了服务工作,也学到了技艺技能。

(四)百花齐放,分会自身努力彰显活力

1.花木分会

联合会常务副会长、花木分会会长田建林同志是连续两次被评为"全国十大苗木经纪人"荣誉称号。

2.盆景分会

2022年4月17日,参加上海国际青年盆景论坛——如皋专场活动。接着,组织如皋盆景人才赴上海崇明参加中国花卉博览会。在第四季度,如皋盆景后备人才还积极参与了市产业办组织的"如皋盆景直播"活动,以及"如皋盆景人才考核"等一系列活动,开阔眼界,提升了盆景艺术人才的技能,增强了盆景人发展的信心。

3.草坪分会

利用微信群、抖音等平台,以发短视频的方式进行宣传推广,其中,包括技术指导和销售信息,扩大影响,提高知名度。在草坪市场需求不断上升的形势下,分会及时提供求信息,促进草坪销售,形成了"凝心聚力、抱团发展"的可喜局面。

4.果树分会

2022年3月20日,江苏省太湖常绿推广中心、江苏省农科院、苏州农业职业技术学院、江苏丘陵地区镇江农科所等科研院所的果树专家一行8人,专程调研了享有"枇杷之乡"美称的九华镇和长江镇,详细了解枇杷生长情况,研究和探讨枇杷发展的应对措施。果树分会还组织参加了省里举办果品展会。

5.园林分会

园林分会除了组织赴南通和扬州考察学习外,还举办相关的专业化培训。

三、传承技艺,展赛论坛 各项活动精彩纷呈

2022年,如皋市花木盆景产业联合会紧密结合"国家非遗如皋盆景技艺传承与盆景标准化建设示范推广""如皋盆景拔尖人才考核培养"等一系列工作,全面融合"传承技艺"与擦亮"如皋盆景品牌"名片,组织开展盆景重大活动。

(一)组织如皋盆景人才进社团

从 2022 年年初起,组织如皋盆景人才走进如皋师范附小和如皋安定小学,为学生传授如皋盆景技艺,弘扬盆景艺术文化,发展盆景事业。

(二)开展盆景人才技能培训大赛

组织盆景人才参加蟠扎大赛,以考核与评比的方式,全面加强盆景人才培养,增强盆景人才技能。组织如皋盆景拔尖人才参加月度与季度工作考核;让如皋盆景人才参与"如皋盆景分享中心"线上拍卖会活动。

(三)邀请国内中国盆景大师来如培训指导

举办"2022 盆景创作大师品鉴会"、2022 盆景大师技艺传承展演、江苏省盆景邀请展、樊顺利团队柏树丝雕创作培训,邀请徐芹霞老师举办如皋盆景人才综合素质提升培训,举办如皋盆景人才擂台比武大赛、如皋盆景人才创作团体赛与盆景知识抢答、盆景拍卖会。

(四)面向农民举办盆景艺术课堂培训

组织高新区(如城街道)农民参加蟠扎技能培训。

(五)组织参与市领导调研活动

组织南通市花木盆景知名人士、行业代表参与如皋市委、市政府、市人大、市政协对花木盆景产业调查与调研活动。

四、强化舆论宣传,提升行业影响力

利用平台,宣传推广。长期以来,花木盆景与我们结下了不解之缘。对如皋"花木盆景"充满着"情"和"爱";在新的历史条件下,我们肩负重任,宣传亮点、报道热点、引导看点、指导难点。

(一)结合实际,创办《花木盆景信息》小报

全年组编了《花木盆景信息》(内刊),共 12 期,其中,刊登原创文章 45 篇。

(二)利用微信公众号,提供会员服务

利用微信公众号,全年发送行业推文 42 篇,发送短视频 8 期,赢得了会员的一致好评。

五、创造新业绩,再获新殊荣

(一)集体荣誉

2022年度,如皋市花木盆景产业联合会荣获如皋市工商联系统先进基层党组织,被江苏省工商联授予"江苏省四好商会"荣誉称号。

(二)个人荣誉

2022年8月,中国盆景艺术大师、如皋市花木盆景产业联合会常务副会长、盆景分会会长王如生荣获中国非遗传承人年鉴申报评选委员会授予"世界杰出华人艺术家"称号,并颁发荣誉证书。

2022年11月,中国盆景艺术大师王如生被欧洲集邮协会与联合国世界非物质文化遗产保护基金会授予"热爱和平,共筑长城""国际和平艺术家"荣誉称号,并赠送集邮首发证书以及集邮珍藏版。其中,王如生大师的多幅盆景作品照片被征集采用。

2022年11月,中国非遗传承人年鉴申报评选组委会、中国研创非物质文化遗产保护发展中心授予中国盆景艺术大师王如生为"中国非遗传承年度代表人物"。

盆景人才。李小军获得南通市花木盆景学会评定的"盆景艺术大师"称号;陈冠军、吕兴红、陈梓豪、袁杨梦秋、朱拥军、陈明华、张群慧等获"盆景工匠"荣誉称号。

国家级项目申报成功。如皋市花木盆景产业联合会完成了国家花木盆景标准化推广平台项目申报、如皋盆景国家非遗代表性保护项目申报工作。同时我们还策划与组织实施了如皋盆景拔尖人才考核工作。

六、2023年工作总体思路

指导思想:以"三服务"(服务会员、服务百姓、服务产业),促进"三提升"(提升形象、提升素质、提升品质),具体表现在三个方面:一是举办活动,互通交流,信息服务到位;二是技术培训,指导到位;三是宣传推广,精准服务到位(其中,包括抖音短视频推广、现场直播、微信公众号推广与纸媒宣传并举)。

(一)党建工作再创特色

联合会打造的"一领双融三带"而形成的"绿色产业、红色党建、金色未来"的特色品牌享誉全省,为发展绿色产业发挥了积极的作用。2023年内,联合会要继续弘扬优良传统,创新推动党建工作。一是要组织党建学习,增强党员的先进性。利用学习日,开展学习党的二十大精神和全国"两会"会议精神,结合实际,组织开展"我为如皋绿色产业发展献一计"活动。

参观红色革命根据地。组织行业协会中的党员代表赴江西革命老区和湖南韶山毛泽东主席的故居进行参观,缅怀革命先辈的丰功伟绩,激发大家在发展如皋花木盆景产业中的创业热情。

组织开展党建学习交流活动。邀请王如生大师回忆赴北京参加建党一百周年活动的体会,谈"学党章,守党纪,保持党的先进性"的认识,激发大家工作热情,增强工作干劲。

年终开展"先进党支部和优秀党员"评比活动。

(二)工作计划早制订,组织活动接地气

制订联合会全年工作活动计划,做到工作有计划、活动有部署、各项具体事项有落实、开展活动有记载。花木分会、盆景分会、园林分会、果树分会、草坪分会、电商园艺分会、小微盆景分会7大分会全年工作计划于2月底整理报备联合会秘书处。

(三)项目建设规范完善,迎接验收资料齐全

一是国家级项目建设推广。深入开展国家非物质文化遗产如皋盆景技艺传承建设推广与保护工作。从工作计划制订,到项目方案制订实施,项目活动逐一落实到位,项目活动实施拍摄宣传,活动记载资料保存,完善资料迎接项目验收。国家农业标准化区域服务和推广平台项目建设,要对照当初制订和国家平台申报的方案逐一落实,结合举办的相关活动有序开展,做好活动项目资料留存,迎接验收。

二是市级项目组织开展。按照2023年如皋市委、市政府出台的2023年《现代农业项目建设的激励政策》,对照项目验收要求,认真制订各个项目活动具体的工作方案,有计划有步骤地组织开展项目活动,从工作班子建立、工作筹备、组织实施、现场拍摄与宣传到资料完善保,直至迎接项目验收。

（四）全国秋季苗木供需对接会早部署，活动举办规格高、影响力大

邀请《中国花卉报》社领导来如皋洽谈活动组织开展实施方案。包括以下几点：一是活动策划，二是信息发布，三是邀请国内苗木行业专家与行业大咖以及江苏、浙江、上海、山东、安徽、河南、河北等地行业协会（园林绿化施工企业）会长以及客户嘉宾汇聚如皋，共商行业发展大计，供求双方交流合作意向，把如皋的苗木打入国内市场，走向大江南北。

（五）加强自身建设，树立良好形象

1. 制度修改完善，增强执行力度

强化制度建设，规范协会管理，用更多的时间和精力去开展活动，去服务会员，去做更多的实事。

2. 分工负责，明确工作职责

执行会长王舜慧主持联合会全面工作，并负责联系市花木盆景产业办、工商联、市场监督管理局等市级机关相关部门以及《中国花卉报》社等合作单位。党建工作指导员陈邦林负责党建指导工作。

3. 壮大队伍

2023年，要把会员队伍建设摆在一定位置，纳入日常工作一起抓。在壮大会员队伍的同时，把"发展会员，服务会员与服务产业"作为产业联合会担起的新时代历史责任与历史使命。与此同时，要吸纳一批副会长单位和理事单位进入联合会，增强联合会实力。

4. 会费收缴

凡是2022年度会费没有缴纳到位的，要在3月全部收缴到位。关于2023年度会费收缴工作。为了确保联合会各个分会活动得以正常开展，2023年的会费收缴必须在6月底之前到位。2023年下半年继续抓发展，对会费收缴查漏补缺，确保2023年11月底之前所有会费应收尽收，全面到位，确保计划的活动得以保障实施。会费管理从严抓起。本着"勤俭节约"的原则，把钱用在刀刃上，行业协会组织为会员、为发展花木盆景产业，按照工作计划组织开展行业参观交流、行业论坛、技术培训等活动，合情合理使用会费，让会员放心。

5.微信群严格管理

联合会组建 7 个分会微信群,进入 2023 年必须建立新群,凡是不能履行会员义务的、不按期缴纳会费的人员,不得进入 2023 年建立的新群。对过去的群,如 2019 年、2020 年、2021 年、2022 年组建的分会微信群进行解散。

6.按季召开会长办公例会

总结工作情况,部署下一步具体工作,明确工作目标。继续做好开票服务、融资服务,试办技术培训,试运营苗木评估等有关事项。技能职称申报(含荣誉申报)、活动竞赛报名等事项。

(六)宣传工作有声有色,"花木之乡"享誉全国

为了确保活动生命力与影响力,2023 年联合会宣传工作把握"服务会员,服务产业"与"紧扣重大活动,弘扬时代主旋律"基调,有针对性、有重点地组织开展宣传活动。

在市花木盆景产业办的正确领导下,利用与《中国花卉报》建立持续战略合作关系,组织宣传报道;挖掘典型,宣传特色,创新推进"如皋盆景"线上公益性宣传;继续办好《花木盆景信息》(内刊);短视频与微信公众号同步推送;将如皋盆景(快手与抖音平台),天路文化传媒抖音平台等作为服务会员、服务产业的重要途径和重要手段。

杨 勇

2023 年 4 月

如东县半导体业发展报告

如东县发展和改革委员会　如东县工商业联合会

2022年,根据县委、县政府整体工作部署,我们紧扣全县高质量发展要求和《如东县2022年"产业链"工作的实施意见》文件精神,坚持整体谋划,靠前作战,序时推进,全力服务半导体产业链招引培育,全县半导体产业迎来新的发展机遇。

一、如东县半导体产业基本情况

截至2022年年底,如东县现有半导体注册企业55家(掘港街道30家,经济开发区14家,洋口镇5家,岔河镇3家,洋口港、大豫镇、河口镇各1家),相比2021年同期增加23家。产业链2022年销售收入26.6亿元(其中,电子化学品企业销售收入为9.6亿元),比2021年增长70%。

二、产业链推进情况及取得成效

(一)围绕年度目标,推进各项指标任务

1.强化产业招商

2022年以来,如东县半导体强链专班开展链式招商,拜访了深圳市嘉立创科技发展有限公司、深圳辰达行电子有限公司、西安领充创享新能源科技有限公司等19家"头部"企业。完成了3个半导体亿元项目的注册〔分别为南通瑞创科技有限公司、江苏创盟芯片科技有限公司、贸达森电子科技(南通)有限公司〕。

2.强化"智能化改造数字化转型"

完成了4个规上工业企业"智能化改造数字化转型"项目(分别是南通宏信达电子科技有限公司的电子器件及元器件全自动智能化生产技改项目、如东联亿机电有限公司的铝壳智能化生产车间改造项目、如东富展科技有限公司的电子专用材料(软性复合材料)智能化改造项目、江苏诺德新材料股份有限公司的5G高频高速微波覆铜板生产技改项目)。1个产业链新增两化融合项目(如东联亿机电有限公司——智能仓储项目)。

3.强化科创驱动

江东电子材料的电子铜箔工程技术研究中心被认定为省级工程技术研究中心;联亿机电被认定为南通市独角兽培育企业;芯朋半导体VC210全自动真空炉认定市级首台套重大智能装备,永盛化工、芯朋半导体、宝联电子和诺德新材料4家企业申报了高新技术企业;另外市科技局认定了9家招引类科创项目(如清智造、鑫祥微电子、众博信智能、迪盛电子、伍嘉半导体、颖拓萃半导体、帝京半导体、丞贝科技、依航电子);认定了邑文微电子、新云汉光电、赛尔科技、汇顺化工等8家科技型中小企业;挖掘芯朋半导体、江苏诺德新材料技术需求5项;达成宏信达电子等3家企业技术合同登记成交额7594万元。

4.强化企业培育

新增诺德新材料上市入围。组织半导体强链专班人员赴南京毅达资本跟班学习招引和培育半导体产业的能力,走访企业二十余家,接触创芯慧联交换机芯片、保优际电池芯片、桥德科技仪器芯片等优质项目。

(二)强化培育基础,推进机制不断完善

1.强化半导体产业链专班工作机制

进一步完善"召集人统筹谋划,专班牵头抓总,部门、镇区(街道)同频发力"的工作推进机制。制订专班2022年工作计划,印发《如东县半导体产业链培育服务手册》,明确专班工作的指导思想、目标任务、成员单位职责分工及全年活动安排,积极做好科技创新引导和推动服务。

2.梳理产业链发展现状和配合做好产业规划

强链专班从投资规模、主营业务、园区分布、企业运行、营业性收入等方面,全面梳理半导体企业基本情况,形成半导体产业链企业台账资料;配合发改委、园区及上海儒余规划设计公司制订《如东重点产业发展规划》。

3.成立半导体产业链党建联盟

以如东高新区、经济开发区、洋口镇以及园区内各产业链上下游企业为主体,成立半导体产业链党建联盟党委,由挂钩的县党员领导担任产业链党建联盟顾问,科技局主要负责人任"第一书记","链主"企业党组织书记担任联盟党委书记。

(三)突出个性服务,发展活力逐步显现

1.服务推进企业自主创新

我们实地服务联亿机电,推进企业与江苏理工学院产学研合作(电容器用铝外壳一出六带料连续拉伸模具设计与制造),获得省级奖补10.5万元;组织赛尔科技、德谱微智能、伍嘉半导体等7家链内企业参加"2022南通·西安交通大学产学研活动"线上对接会,统筹发挥企业"出题人"作用,加强"校地、校企"合作的参与度、话语权;11月,组织芯朋半导体、江东电子材料等半导体企业参加市工信局举办的产业链智能化改造数字化转型培训班。

2.精准帮扶企业纾困解难

我们先后赴汇顺化工、帝京半导体等企业纾困解难,及时与相关部门沟通交流企业反映问题;印发《如东县科技创新政策实务手册》,强化"助企惠企"政策宣传,进一步提振企业发展信心;组织召开半导体产业重点企业座谈会暨产业链培育推进会,围绕诺德新材料、赛尔科技、富展科技、邑文微电子、景焱智能等企业服务需求,牵头相关部门给出协调解决方案。

3.组织开展半导体产业招商活动

6月,如东县在深圳举办了如东(深圳)泛半导体·新材料产业发展合作恳谈会,会议详细介绍了如东县投资环境,并开展泛半导体产业的专场交流。我们直接参与"自动化金属表面处理设备及电镀智能装备研发""领充新能源产品研发、生产基地项目建设"两个10亿元项目的招商活动(自动化金属表面处理设备及电镀智能装备研发项目,投资方深圳市派思迪半导体有限公司,主要从事硅基及碳化硅功率器件的研发生产,产品主要应用于电动工具、快充、LED照明、电动汽车充电桩等市场领域。领充新能源产品研发、生产基地项目,投资方西安领充创享新能源科技有限公司,领充专注于新能源汽车智能充电、车载充电、新能源微电网、智能检测、大数据云平台等领域的技术研发、产品生产、销售,致力于为新能源汽车应用提供一站式完善的解决方案)。

(四)推动园区联动,平台支撑更为有力

1.扩容主体平台

泛半导体产业园一期项目用地92亩,入驻率超95%;泛半导体产业园二期项目总投资约3.5亿元,总用地面积约100亩,8栋厂房已入驻4栋。截至目前,共有邑文科技、声芯电子、景焱智能、中睿检测、宁芯微电子等30家企业入驻泛半导体产业园。

2.拓展配套园区

华睿半导体配套产业园项目计划总投资2.7亿元,总用地188亩,2022年已达到入驻要求,截至目前,帝京半导体已租赁华睿智能制造产业园14号楼6000多平方米,主要生产半导体刻蚀反应腔、晶圆清洗设备及关键零部件。项目装修已到收尾阶段,工人正在调试设备。

3.延链承载功能

洋口电子化学品产业园,占地面积240亩,厂房和基础设施建设总投资约3.68亿元。目前项目相关审批手续已取得,第一批次建筑面积约60000平方米,已全面开工,包括甲类车间、甲类仓库、分控室各5幢,综合楼、丙类仓库、总控室、动力中心各一幢,目前基础工程全部完成,部分正在一层施工;第二批次建筑面积约21000平方米,包含甲类车间、甲类仓库、分控室各5幢,罐区2座,预计2023年上半年开工。

三、2023年工作安排

(一)加大专班服务力度

持续开展半导体产业链"专项服务推进周""服务企业推进月"专项活动,深挖半导体企业需求,组织各相关部门和园区精准对接,解决企业用人、生产用能、政府配套、疫情防控等多方面的需求。

(二)加强科技创新培育

我们将启动"半导体材料与设备产业园"申报国家级科技企业孵化器;培育景焱智能、奥创深紫、中科声龙等一批企业成长为高新技术企业;

指导邑文微电子申报市工程技术研究中心，芯朋半导体申报县工程技术研究中心；指导宁芯微电子、晋康半导体、汇盛通半导体、亚振钻石4家企业申报招引类科创项目。

(三)深入推进链式招商

围绕产业链招商图谱，深入研究行业细分领域，建立以产业链为主导的专业招商队伍，实行"分区域、小分队、专业化、驻点式"精准招商。在半导体产业重点领域，与知名研究机构、高校院所、知名中介机构、跨国公司和上海、深圳、北京等地商(协)会建立合作关系，开展多种形式的委托招商。持续加强半导体招商小组业务能力建设，吸纳具有各方面特长的复合型人才参与半导体产业链招商，保证引进项目的质量以及项目落地运营的高效。争取招引10亿元以上"头部"企业1个。强链专班力争全年组织专题招商推进活动5次以上，全链集聚半导体产业在谈项目60个，新落地半导体企业20家以上，引进高端人才创新创业团队5个以上。

(四)优化产业配套服务

建强科技创新、创业孵化、电子商务等产业服务平台，为产业链集聚发展提供支撑；加大科技金融支持力度，鼓励和引导银行加大对半导体产业的信贷支持力度，支持各类私募股权、创业投资基金投资园区半导体产业；完善科技人才政策，在落户、子女入学、购房、医疗等方面为高层次人才提供优质服务；支持企业与职业学校开展形式多样的职工技能培训，为技术改造、转型升级、新工艺应用推广提供人才支撑；加快半导体产业园建设，配合园区计划启动泛半导体产业园三期项目，力争如东半导体产业园成功申报国家级科技企业孵化器。

曹卫东
2023年4月

如东县新能源业发展报告

如东县发展和改革委员会　如东县工商业联合会

2022年,如东县进一步加大对新能源产业的扶持力度,全县新能源产业呈现总量进一步扩大、项目建设显著加快的局面。

一、如东县新能源产业基本情况

截至2022年年底,如东县风电和光电产业链企业共有143家,全年实现应税销售798.22亿元,同比增长12%;实现税收18.63亿元,同比增长15%。其中:风电发电企业25家,实现应税销售56.86亿元、同比增长21%,实现税收3.31亿元、同比增长14.8%;风电装备制造企业32家,实现应税销售487.62亿元、同比增长3%,实现税收9.23亿元、同比增长13.1%;风电配套服务企业72家,实现应税销售209亿元、同比增长21%,实现税收3.09亿元、同比增长12%;光伏及配套企业14家,实现应税销售44.74亿元,同比增长13%,实现税收3亿元,同比增长14%。

二、产业链推进情况及取得成效

(一)新能源专项规划不断完善

积极跟踪省级"十四五"海上风电规划编制及报批进展,争取远海深水风电项目纳入国家示范,全县"十四五"海上风电规划总容量达到465万千瓦;按照国家"百县千乡万村驭风"计划,已委托华勘院组织编制全县分布式陆上风电发展规划;优化光伏资源布局,充分挖掘沿海可开发利用光伏资源,稳步开发集中式光伏项目,完善整县分布式光伏发电项目实施方案,全县集中式光伏开发容量达到500万千瓦。在规划编制过程中,不断加强与省、市、县自然资源、生态环境等部门的沟通衔接力度,实现风电、光伏开发与其他涉海产业间的和谐共存、相互促进,保证新形势下项目用地、用海的合理化和资源利用高效化,为"十四五"重大项目的顺利实施、如东县新能源产业链的健康和可持续发展夯实基础。

(二)新能源发电项目加快实施

风电方面,航天特谱外农开发区24MW陆上风电项目基本完成工程施工,9月底全容量并网;海上风电结合省级规划批复情况,适时启动领海线内规划项目竞争性配置工作;继续争取国家级领海线外海上风电示范项目,同步启动相关前期研究工作;根据省市发改部门统一部署,组织海上风电企业做好涉军事项整改工作。

集中式光伏方面,外农开发区600MW(华润、中广核、华能)项目纳入2022年江苏省光伏发电市场化并网项目实施库,积极帮助协调项目备案手续办理,完善供电送出线路方案,华能项目部分并网发电;通威外农65MW渔光互补项目已完成备案及接入系统报告评审,已落实项目征地事宜,全面进入施工阶段;整县推进分布式光伏项目推进方面,东和集团已完成方案评审,进入项目招标阶段;县政府也多次召开专题推进会,要求各镇(区)继续开展广泛宣传和深入摸排资源工作,为东和集团完善项目方案和建设数据提供更完备的数据基础。

(三)产业链配套项目有序推进

依托小洋口风电母港及配套重装产业基地,督促东方—三峡如东先进装备制造产业园区项目尽快开工,项目总投资50亿元,目前已完成土地竞拍,正准备开工建设;落户东方三峡产业园的浙江德磊结构件项目完成土地竞拍,正准备开工建设;落户洋口镇总投资10亿元的海力风电高端装备制造项目已正式开工,主要生产陆海风机塔筒、单桩基础、多桩导管架基础承台等风电装备;上海电气运维公司完成注册,两条运维母船计划投资8亿元,目前招标工作已结束,现已与振华签订合同,正式进入船体建造阶段。全力组织推进如东100MWh重力储能项目,该项目是中国天楹与美国Energy Vault公司合作在中国落地的首个重力储能项目,也是《中美关于在21世纪20年代强化气候行动的格拉斯哥联合宣言》签署后的首个落地项目。项目占地65亩,配置4台6.5MW发电机,总投资1亿美元,3月在北京通过预可研专家评委会;项目由同济大学设计院和江苏电网经研院联合设计,现已取得土地使用权证、用地规划许可证、工程规划许可证、通过了勘探和桩基施工技术审查,8月16日完成全部2212根工程桩施工。目前施工人员、设备、物资均已准备就位,四个流水段施工面已经初步形成,即将迎来大面积快速施工阶段,预计2023年7月完成主体封顶并开展联机调试,8月下旬投产。

(四)招商引资工作稳步开展

为保证继续做好产业链培育工作,新能源产业链专班在召集人的领导下不断创新工作方法,组织开展线上招商活动,采用"云招商"方式,积极与客户保持沟通与联络,中国天楹重力储能及配套120万千瓦滩涂光伏等项目已正式签约落户,中石油产业链、中信泰富新能源、晶科光伏、韩国SK集团、晶澳科技等一批产业项目正在积极洽谈中。

三、下一步工作安排

(一)持续加快新能源项目开发

一是风电项目。全省海上风电"十四五"规划目前已上报国家,经与国家和省级相关部门对接,预计年底获批,省能源局初步计划在年底启动领海线内规划项目竞争性配置工作,如东县将积极配合省级部门组织开展项目竞配工作,确保如东产业链联合体能够顺利中标,2023年起进入全面实施推进阶段;加大与国家相关机构沟通对接,全力争取远海深水风电项目纳入国家首批示范;积极推动在运早期风电项目技术升级改造、退役风电机组回收循环处理技术应用,实现风电全生命周期循环发展;完成全县分布式陆上风电规划编制,适时组织试点推进,将其作为促进乡村振兴、增加村集体经营性收入的重要途径。二是光伏项目。加快已纳入实施库的外农开发区600MW(华润、中广核、华能)、通威65MW渔光互补等集中式光伏项目加快开工建设,争取早日建成投产达效,完成投资30亿元;已纳入省级实施库的国华400MW滩涂光伏、天楹400MW滩涂光伏项目加快前期工作推进速度,争取明年开工建设。指导并督促东和集团加快整县推进屋顶分布式光伏项目实施,通过选择条件较成熟镇区开展县内试点,在实施过程中不断完善建设方案和经营模式,确保在国家指定的期限内如期高质量完成。

（二）全力加大产业链条培育

加快东方—三峡如东先进装备制造产业园区项目前期开工前准备工作，全力打造集生产制造、运维服务、试验检测、人才培养等多功能于一体的先进装备制造基地，努力形成以大型海上风电高端装备为重点的绿色智慧能源产业集群，持续打响如东"全国海上风电第一县"品牌。进一步聚力产业链招商，继续依托风电产业联盟平台优势，不断推进新能源产业链精准招商，重点瞄准风电光伏核心装备、氢能头部企业、新型储能项目及现代服务企业，整合相关部门和园区资源，深入挖掘已落户产业链企业供应链资源，不断延伸产业链条，力争在光伏电池组件及氢能、储能等新兴产业上实现新突破。

（三）有序推进调峰能力建设

如东目前实施的新型储能项目共有6个，项目总投资达50亿元，技术路线涉及电化学储能、重力储能、飞轮储能等领域。一是加快电化学储能电站建设，在政府主导下，按照"统一规划、分期建设"的原则，由中天科技集团牵头，通过联合三峡电能集团在洋口镇建设规模为200MW/400MWh的共享储能电站，为"十四五"实施的集中式市场化并网光伏发电项目落实配套调峰能力，目前共享储能项目已完成备案；经济开发区江东科技产业园用户侧储能项目已完成备案，电力接入通过评审并获批，目前已启动开工前相关准备工作，预计年内并网；中广核—国科智能、洋口港集中储能等一批储能项目也按计划有序推进中。二是全力推进天楹如东100MWh重力储能项目试点，该项目得到国家相关部委的高度重视，目前已进入全面施工建设阶段，建成后项目功能区高度达到148米，计划2023年三季度建成投运。与此同时，上述储能项目纳入地区配电网规划的相关工作亦在同步开展中。

（四）着力推动氢能示范工程实施

2021年9月，中天科技、国华投资和北京低碳院与如东县政府签订了《四方合作协议》，四方拟充分发挥各自优势，围绕加快实现"双碳"战略，以如东县打造绿色能源示范城为契机，以可再生能源绿色氢能合作为核心，率先以建设"可再生氢能供应链基地"与"氢能关键装备基地"为抓手，谋划实施一批示范引领性、带动性和标志性的新能源与氢能重大项目，全力打造如东"氢港绿城"，形成新能源与氢能协同的特色差异化发展模式，加快促进长三角区域清洁低碳发展。下一步，产业链专班将积极督促合作各方再加快开发 1000MW 集中式光伏、配套 100MW/200MWh 储能、2000Nm³/h 制氢项目与一座撬装加氢站，以及打造氢能关键装备研发、制造和运营示范基地的基础上，同步开展"大规模液氢、液氨与大容量液氢储罐、运输槽罐技术"和绿氢—绿氨耦合发展示范工程建设。

曹卫东

2023 年 4 月

启东市电动工具业发展报告

启东市工商业联合会

电动工具产业是启东市起步较早、规模集聚优势明显、市场竞争力较强、发展潜力巨大的特色产业。自20世纪70年代末起步，经过上门维修、坐店零售、批发经销、生产经营、品牌培育、产业集聚等发展阶段，电动工具产业从无到有，从小变大，产业呈现出加速发展、加快转型的良好发展态势，成为中国电动工具"三分天下有其一"的主产区，通过启东人销售的电动工具产品占全国市场总量的60%以上。

近年来，电动工具产业发展坚持"规模集聚、品牌培育、创新驱动、外向开拓"等四大战略，先后获得了"中国电动工具产业基地""中国电动工具第一城""国家外贸转型升级基地""江苏省电动工具出口基地""江苏省产业集群品牌培育基地"、江苏省第一批"中小企业产业集聚示范区"、江苏省重点培育"小企业创业示范基地"、"江苏省电动工具出口产业集聚检验检疫监管示范区""江苏省服务业集聚示范区"等省级以上荣誉。

一、行业发展情况

（一）销售数据分析

2022年，电动工具行业销售规模同比下滑，这一方面是由于受到疫情影响，另一方面房地产行业不景气，对电动工具需求的下滑也是重要因素。

据统计，2022年启东市电动工具行业销售额127.00亿元，2021年同期销售额为141.96亿元，同比下降10.54%。从重点企业来看，2021年销售额前十的纳税人，2022年销售额为96.60亿元，2021年同期销售额为116.23亿元，同比下降16.89%，重点企业明细数据见表1。

表 1 重点企业 2021—2022 年销售额明细

单位：元

名称	2021 年销售额	2022 年销售额	同比
江苏东成机电工具有限公司	6517812293	4511936598	30.78%
江苏东成工具科技有限公司	1748813964	1859350815	-6.32%
江苏东成机电科技有限公司	1649780771	2382184013	-44.39%
江苏国强工具有限公司	538567030.7	253120561.9	53.00%
江苏和晖电动工具有限公司	356824369.5	128760567.7	63.91%
南通隆力电子科技有限公司	349256481.5	149539563.4	57.18%
华人机电南通有限公司	140890484.1	86764412.47	38.42%
启东市海生冲压件有限公司	108909353.4	73292677.75	32.70%
南通仟得电动工具有限公司	106126408.1	121729282.3	-14.70%
启东市旭能电子科技有限公司	105924099.9	93336369.95	11.88%

（二）登记户数分析

2022 年电动工具行业新增税务登记 121 户（其中个体 19 户，企业 102 户），2021 年同期新增 173 户（其中个体 28 户，企业 145 户），同比下降 30.06%。

（三）规上企业数量分析

截至 2022 年年底，启东市电动工具行业有税务登记纳税人共计 1043 户，其中企业 752 户，个体户 291 户。根据截至 2023 年 1 月份的申报数据显示，2022 年销售额达到 2000 万元以上的规上电动工具行业纳税人共计 55 家（其中个体户 2 家），2021 年销售额达到 2000 万元以上共计 48 家（全部为企业），2022 年相较同期增加 14.58%。

（四）税收分析

2022 年启东市电动工具行业实现税收入库总计 2.09 亿元，相较于 2021 年的 3.02 亿元，同比下降 30.79%；其中增值税 2021 年合计入库 1.94 亿元，2022 年入库 1.14 亿元，同比下降 41.24%；企业所得税 2021 年合计入库 0.71 亿元，2022 年入库 0.51 亿元，同比下降 28.17%。

二、行业发展存在问题分析

(一)处于全球价值链的中低端

启东电动工具已进入同质化竞争,缺乏核心竞争力,高端产品仍由国外掌握,产品质量的稳定性亟须提高,处于全球价值链的中低端。这主要是由于企业自主创新能力不强,自主知识产权拥有量少。启东电动工具产品技术水平与国外同行业相比还存在较大差距,主要是产品外形比较单调、质量不稳定、高频尖叫声、单位重量出力低、电磁兼容性不符合要求、零部件生产能力和质量不能满足整机生产的要求等。再如,大有从外贸企业起家,目前已发展为国内的领先企业,已建立一支规模大、素质高的研发团队,开发了多款自主品牌产品。然而,启东的电动工具企业尚缺乏高素质的研发团队,制约了企业自主创新能力的提升。

(二)产业集群竞争力有待加强

与国际品牌企业相比,启东电动工具行业中具有专业化程度高、产业关联度大等特征的龙头企业和龙头项目还不多,存在龙头企业一枝独秀、中坚企业相对薄弱、小微企业长尾的现象。2022年,应税销售亿元以上企业仍是个位数,10亿元以上出现断层。行业应税销售基本来自东成及其配套企业。同时,优质配件企业数量不多、产能不够、配套能力不足。全市配件企业中能够为东成、史丹利百得、东科、大艺等品牌企业配套的仅占三分之一,其他整机企业想发展规模和品牌难以得到保障。即便是东成,目前配套企业400家左右,在启东本地配套也只有100家左右,其余配件企业主要分布在浙江、上海等周边地区。由此可见,整机生产企业的辐射带动能力还不强,本地配件企业发展仍有较大的市场和提升空间,骨干企业对产业集聚区域的龙头带动作用还不够强,降低了集群的竞争力。

(三)营销模式相对落后

目前,启东电动工具企业还是依赖于传统的人员推销和代理销售模式,尚未采取先进的销售模式和策略,特许专营、品牌连锁、系列配供等先进的营销模式只在部分营销商和部分区域实行。其次,很多企业缺乏营销工作,仍局限于产品促销环节,营销事前策划和产品售后服务等工作有待进一步改进。再次,启东电动工具营销整体形象尚未形成,缺乏整体影响力和市场控制力,制约了产业品牌的形成,从而影响了启东地区电动工具企业的产品销售。值得关注的是,启东电动工具外贸市场开拓相对滞后。启东电动工具向来以内贸市场为主,出口仅 10 多亿元,仅占全国出口总量的 2%。国际市场对于本地电动工具产业来说发展空间巨大。目前启东电动工具产品出口市场主要集中在东南亚、中东、非洲等地区。企业自营出口不多,仍不具规模优势,多数企业由于外贸专业人才缺乏仍通过外贸公司代理渠道出口。

(四)园区总体规划和基础设施建设仍需完善

当前,启东电动工具产业集群发展遇到了土地、用工、物流等资源要素的制约。一是土地要素制约。由于国家加强宏观调控,土地指标趋紧,近年来已有数十个项目因此而搁浅或外流,其中不乏大艺、铁锚、高精数科等优质企业。海门以及其他一些地方已把招商的触角延伸到本地,形势不容乐观。同时,现有企业因无土地指标供给或企业不在新规划建设区内等瓶颈,无法实现技改、扩建等目标,规模难以壮大,有的在扩张规模的过程中产生了违规用地的行为,受到清理,产生严重的损失。二是人力资源紧缺。电动工具属劳动密集型产业,用工需求较大,本地人力资源不能满足企业需求。同时,人才公寓等配套设施尚不健全,各层次人才引不进、留不住。三是物流配套欠缺。吕四地区尚无物流园区,现有物流公司分散经营,不能满足产业物流配套需求,造成物流成本偏高,与浙江地区相比明显存在劣势。四是公共服务不全。公共服务平台服务内容不够健全,服务能力和水平还不能满足企业的需求。吕四港镇与启东市市场监督管理局共建的启东市电动工具检测中心,主要承担市场监管系统的抽样检测工作,在对外检测方面提供的服务不全面、不完善。另外,检测中心实验室资质不能满足市场需求,目前实验室只有计量认证资质(CMA),电动工具主要的 CNAS、3C 认证等无法开展,对企业吸引力不足。

(五)成本上升和行业竞争压力不断增大

原材料在电动工具企业的生产成本中所占的比重非常大,受全球范围内硅钢片、铜、铝等原材料价格上涨的推动,启东电动工具产品生产成本上升迅速。此外,招工待遇提高、地区政策差异等因素迭加的影响,企业成本上升、同行竞争的压力不断增大。虽然政府、银行和外经贸、海关、商检等对电动工具特色产业的发展予以积极支持,企业也通过做大规模、强化管理、适度提价等方法主动应对,但在当前形势下,企业的赢利空间不断压缩,防范和化解外部风险的能力弱于高新技术企业。

三、推动行业发展的对策及建议

(一)强化产业发展组织领导

启东市委、市政府将电动工具产业作为重点支持的特色产业提升到市级层面加强组织领导、政策支持和推进落实;进一步发挥市电动工具产业发展领导小组机构作用,进一步激活天汾电动工具产业园管委会体制机制,协调解决电动工具发展瓶颈问题。电动工具行业党委发挥党建引领作用,助力产业腾飞;电动工具行业协会、商会发挥桥梁纽带作用,凝聚发展合力。

(二)科学规划电动工具产业发展

发展空间和平台是电动工具产业当前发展中的瓶颈问题。推进产业规划与空间规划深度融合,实施成片开发规划调增。编制新一轮产业发展规划,优化产业空间布局,为产业做大做强奠定基础。优先安排土地指标支持电动工具产业发展。立足当前,收购小微企业,改建成标准厂房,租给有需要的企业;着眼长远,在产业空间规划和用地指标供给方面给予倾斜支持,从吕四港经济开发区划出一部分土地,借鉴浙江永康和武义先进经验,启动电动工具众创城建设,建成产业服务和创新平台,以市场化运作、服务外包的方式推进创新服务,满足电动工具企业对转型升级、扩大再生产的强烈需求。

(三)大力推进梯度培优扶强

实行企业梯度培育计划,在政策扶持和资源保障方面给予倾斜,引导资源和政策向龙头企业、骨干配套企业和高成长性企业倾斜,培养形成结构更优、实力更强、竞争优势更明显的企业群体。研究出台电动工具产业发展专项扶持政策,扶持亿元上下中微型成长型企业,变"一枝独大"为"一超多强"。帮助企业加大自主创新和人才引进力度,提升智能制造水平。鼓励支持企业打造自主品牌,培育更多出口名牌。

（四）全力开拓"双循环"市场

以获评"国家外贸转型升级基地"为契机，支持企业加快"走出去"；支持跨境电商等新业态赋能电动工具销售；探索电动工具产业互联网发展；加大电子商务支持力度，实施原产地区域品牌计划，整合资源抱团上线；探索发展销售联盟，更大力度抱团开拓市场；加大电动企业数字化改造和电动工具企业参加大型交易会会展补贴力度。

（五）持续优化生产配套服务

一方面，提升服务平台能力。重点实施电动工具检测中心提升工程，在市科技局、市场监管局指导支持下，根据产业发展和企业实际需求购置一批锂电工具、光电仪器检测设备，提升检测能力，优化实验室建设方案，争取通过两年时间，光电检测实验室获得省级试验室资质认定。创新公共服务平台的日常运营，引进专业运营团队，采用市场化的方式运作，以确保服务的质量与水平。同时，加快规划建设电动工具物流园区，结合当前吕四交通集疏运体系规划，通过市场化运作方式招引物流园区投资商，规划建设满足电动工具产业需求的物流园区。另一方面，加强人才支撑保障。建成吕四港人力资源市场，定期组织线上线下招聘会；针对东成、国强等重点企业，会同人社局开展校招、劳务基地定点招聘等"一对一"服务，多渠道化解企业用工难题；推进城市建设，完善城市功能配套，加快吕四港人才公寓、东成人才公寓建设，营造更好的创业创新环境。同时，从市级层面加强同高校、科研院所对接，合作建立产业研究院、技术转移工作站等平台，加快协调东成公司与国内顶尖高校建立研发合作，帮助企业实现三年研发团队达到500人规模、研发能力达到国际先进水平的目标。

龚庆庆

2023年4月

启东市建筑业发展报告

启东市工商业联合会

2022年对建筑业而言是不平凡的一年。面对复杂严峻的外部环境和多重超预期的困难挑战,启东市建筑系统继续发扬敢打硬仗、善打恶仗的顽强作风,解放思想谋跨越、攻坚克难求发展,交出了一份亮眼的成绩单。

一、发展情况及主要特点

(一)综合实力稳步提升

全年实现施工产值1463.78亿元,同比增长4.46%,承建施工总面积超7900万平方米,新签合同额795.85亿元,在启入库税金达13亿元。建筑业从业人员突破30万人,劳动生产率达67万元/人,同比增长7.24%,人均年劳动报酬超7.81万元。新增各类建筑企业174家,总数突破800家;新增三级以上资质建筑企业102家,其中专业承包一级资质企业12家,二级资质企业90家。启东市建筑企业的数量和专业门类继续保持全省领先。

(二)品牌打造成效显著

新增中国建设工程鲁班奖1个、国家优质工程奖1个、詹天佑奖3个,连续8年包揽三项国家级优质工程大奖。启东建筑集团、江苏启安集团多次荣获全国建筑业AAA级信用企业、江苏省建筑业综合实力百强企业、南通市建筑业竞争力30强企业等称号,其中启安集团连续13年荣膺江苏省建筑业百强企业安装类第一名。科技支撑引领作用显著增强,新增国家发明专利2项,实施新技术示范工程27项,编制省级工法13篇,荣获国家级QC(质量控制)成果16项,省、南通市QC成果104项。

(三)市场布局不断优化

重点市场平稳发展,全年施工面积达10万平方米以上的市场38个;南通市场继续领跑,全年施工产值超340亿元;苏州市场紧紧跟随第一方阵,全年施工产值达134亿元,发挥了主战场作用。省外市场快速发展,"走出去"成效明显,上海、浙江等市场势头迅猛,业务量迅速增加,全年省外市场施工面积超3800万平方米,施工面积超30万平方米的市场达11个。海外市场再创佳绩,完成境外施工产值5.7亿元;在建施工面积57万平方米;新签合同额超1亿元。

(四)转型升级步伐加快

2022年,各建筑企业按照"纵向延伸、横向拓展、高处攀升"的发展理念,不断推进全领域、全过程、全产业链的战略转型升级步伐,启东市建筑产业现代化水平实现新提升。建筑集团全年新开工装配式建筑面积120万平方米,成品住房面积434万平方米,承建的城投商务楼和新产业服务中心项目获评江苏省绿色施工(示范)工程。启安集团全年新增非房建项目1171个,占比96.46%,增长5.6%,项目合同额超90亿元;新增工程总承包项目439个,总建筑面积近460万平方米。

二、存在问题

启东市建筑业面临一些严峻的问题:部分建筑企业因传统管理模式导致项目造价过高、资金链紧张;大部分建筑企业业务结构仍然相对单一,专业施工产值占比偏低,抗风险能力偏弱;多数建筑企业经营机制不够灵活,资金运作和融资能力亟待加强;金融扶持、司法保障等服务企业的效能有待进一步提升,等等。

三、发展目标

2023年是全面贯彻落实党的二十大精神的开局之年,是"十四五"规划承前启后的关键之年,更是启东市建筑业新常态下转变观念、加速发展的攻坚之年。2023年启东市建筑业工作的指导思想是:坚持以习近平新时代中国特色社会主义思想为指导,深入学习贯彻党的二十大精神,坚持稳字当头、稳中求进,强化目标导向、问题导向和底线思维,不盲目发展、不无序扩张,加强企业内部管理,有效防范化解风险,以更清晰的思路、更有力的举措，积极推进建筑业优化升级，增强内生发展动能。

2023年启东市建筑业预期发展目标是：完成建筑业总产值1500亿元，同比增长2.5%；加快推动建筑产业工业化、数字化、绿色化转型升级；积极争创"鲁班奖""国优工程奖""詹天佑奖"等国家级奖项；杜绝重大安全生产事故发生。

四、主要工作举措

（一）聚焦市场开拓，着力扩大市场份额

得市场者得天下，各建筑企业必须始终把市场开拓作为头版头条，充分立足主职主业，集中优势资源，积极抢占市场，壮大建筑产业规模。一要巩固拓展主力市场。充分发挥启东建筑业在工程、造价、成本、性价比等方面的综合比较优势，进一步巩固和拓展长三角、环渤海、东北等传统主力市场，加大上海、北京、天津、沈阳等主阵地为主中心的建筑都市群布局，力争在国家发展战略中心城市圈和经济发展热点城市群形成5个超百亿元规模的潜力市场。二要全力跻身高端市场。要坚决改变房建"一业独大"局面，以公建、厂房、隧道、桥梁、机场、城市综合管廊等技术含量高、建筑体量大的工程作为经营工作的重点，努力承接一批超高层公共建筑、异形结构灯光等"高精尖"项目，切实形成新的增长极。三要持续发展海外市场。要抢抓"一带一路"战略、区域全面经济伙伴关系协定等机遇，主动对接国企、央企和国际知名承包商，以股份合作、项目合作、组建联合体等方式，积极参与东盟、拉美、非洲等国家基础设施建设，形成技术、资金、设备、管理、标准和劳动力的联合输出，努力在国际建筑市场取得新突破。四要深耕细作本土市场。2022年，启东市房建、市政工程招标项目共122个，其中房建工程60个，市政工程62个。房建工程本地企业中标32个，中标率达53.33%；中标金额29.2亿元，占比70.23%。市政工程本地企业中标36个，中标率达58.06%；中标金额2.6亿元，占比44.87%。2023年，随着启东市新型城镇化建设和城市更新行动的深入实施，启东本土建筑市场大有可为，各企业要高度关注、主动出击，积极参与改善型住房、市政设施、公共交通等领域的项目建设，全力打造精品工程、建树城市标杆。

（二）聚焦创新驱动，着力增强发展动能

创新是高质量发展的灵魂，技术进步是高质量发展的引擎。一要强化人才支撑力。以市场化、精细化、专业化为方向，加快引进培育一批技术精湛、术有专攻的建筑人才，力争全年新增中高级工程师 208 人、一二级建造师 240 人；鼓励校企联合委托培养，推行新型学徒制，壮大新型建筑产业技工队伍，加快建立以关键岗位自有工人为骨干、劳务分包为主要来源、劳务派遣为临时补充的多元化用工方式。二要增强科技创新力。要充分发挥各建筑企业技术中心在创新和运用方面的支撑作用，加大创新投入，强化与高等院校和科研院所合作，尽快建立技术开发利用、资源共享互通的研发平台。长裕建设、八建集团、恒绿建设等一、二级企业，要加快建立省级技术中心，力争在核心技术、应用技术的研发和技术转化等方面取得实质性突破。三要扩大品牌影响力。要坚持品牌发展战略，积极争创优质工程、标化工地和科技示范工程，力争获得更多的国家级奖项，以品牌树信誉、以品牌赢市场。同时，要在全行业大力弘扬和传承鲁班文化，形成精益求精、追求卓越的文化氛围，展现严守规矩、诚信执业的工匠本色，进一步打响"启东建造"品牌，持续提升"启东铁军"的社会认可度和美誉度。

（三）聚焦转型升级，着力优化产业结构

大浪淘沙，适者生存。各企业要准确把握形势，在转型升级新赛道上抢先领跑，加快实现由传统劳动密集型生产向现代工业化生产方式转变。一要固底板，提高工业化水平。建筑工业化是建筑产业现代化的基础，建筑企业要准确把握建筑工业化转型的大趋势，积极探索和推广装配式钢结构建筑和装配式木结构建筑，加快掌握装配式施工技术要点，围绕设备、连接件、模板等上下游产业，找准定位、精准转型。目前建筑集团在这方面已经开了好头，其他企业要紧紧跟上。二要树样板，加强数字化赋能。当前，数字化发展呈现出全面渗透、跨界融合的特点，建筑业数字化转型势在必行，必须主动拥抱、积极融入。要深化施工现场大数据、物联网、智能机器人等关键技术的集成运用，促进信息化技术与研发设计、开发经营、生产施工、管理维护等各环节的整合融通，加快建立 BIM 技术推广应用长效机制,为项目方案优化和科学决策提供依据。三要补短板,加快绿色化发展。建筑是能源消费的主要领域之一,建筑全过程碳排放接近我国碳排放总量的40%,"双碳"目标下,绿色转型迫在眉睫。各建筑企业要切实将绿色、节能、环保理念贯穿设计、施工、运营全过程,加速新型建造技术、工艺和环保新材料的普及和综合应用,全面提升绿色建造能力。

(四)聚焦体制改革,着力提升管理水平

新常态下,建筑施工企业在建造质量、成本控制和运营能力等方面都面临更严峻的市场考验。大型建筑施工企业作为行业的中坚力量,必须紧扣发展主线,坚持新发展理念,加快转变管理方式,提升自身竞争力。一要提升资质等级。目前,启东市特级和一级资质的建筑企业仍然偏少,2022年二级资质企业产值比重虽然略有上升,但力量仍然较弱。住建局作为行业主管部门,要根据建筑企业培育库白名单,加大服务支持力度,对入库企业资质晋升申请和资质晋升未达标的业绩项目,适当在城建、交通等重大建设项目中,明确一定数量的匹配项目或标段,通过"评定分离""联合体"招投标等方式,对信用好、实力强的企业给予定点政策扶持。二要优化内部管理。加快完善企业法人治理结构,改变传统的粗放型和家族式管理模式,引进职业经理人制度,建立股权合理流动、股东有序进退机制,调动管理人员、技术骨干的积极性、创造性。三要强化总承包能力建设。工程总承包模式将成为未来普遍的发展业态,对启东市一级及以上建筑企业而言,有必要进行资源配置和组织架构的总体优化整合,着力补强建设咨询和建设管理等短板,构建企业内部统一的资源、能力和业务共享共建平台,真正提升以一体化服务为核心的总承包能力,打造具有竞争力的一流建筑业企业。

龚庆庆

2023年4月

通州区建筑业发展报告

通州区住房和城乡建设局

2022年,通州区建筑业面对国内外复杂多变的宏观经济形势,引导各类建筑企业紧紧围绕中央和省市有关战略部署,在通州区委、区政府的正确领导下,凝心聚力、迎难而上,积极应对经济新常态下的各种困难和挑战,全面完成了年初制订的各项目标任务,较好实现了全行业的平稳健康发展。

一、运行质态

（一）综合规模位居前列

2022年,通州区建筑业施工总产值2298亿元,同比增长6.3%,规模总量继续保持全省前列。建筑业实现入库税收22.29亿元,同比增长9.64%,占通州区入库总税收的19.38%。在当前宏观形势下,建筑业展现了极强的韧性。通州区共有资质企业数618家,其中特级资质企业6家,一级资质企业50家,高资质等级企业数量在全国县市区遥遥领先。通州区建筑业获"鲁班奖"总数达66项,其中独立承建鲁班奖44项,占全市该奖项总数的三分之一,通州区已成为全市乃至全省工程创优夺杯的"排头兵"。南通四建、通州建总以783亿元、501亿元的营业收入再次跻身2022年度"中国民营企业500强",分列第117位、第204位。通州区8家企业入围省建筑业百强企业榜,占全市入围企业总数的一半,通州区建筑强区的地位持续稳固。

（二）产业架构更趋优化

通州区建筑业继续扶持本地大型建筑企业与央企在城市轨道交通、高架桥、水利建设等领域采用联合体方式施工,助力本地建筑企业抢占基础设施领域市场份额。同时,积极推进大中型建筑业企业与上下游企业加强产业协同,加快构建现代化建筑产业体系。鼓励房屋建筑、市政基础设施领域的骨干企业加速建筑工业化转型,支持具有产业优势的钢结构、装饰企业走"专精特新"道路,引导企业通过并购重组、专业转型等方式,转向基础设施、绿色环保等国家重点投资领域。2022年,通州完成非住宅类施工产值910亿元,占总产值比重达39.6%,比2021年同期提高了0.2个百分点,通州区建筑业务领域加速向轨道交通、市政桥梁、机电安装等多元板块拓展。

(三)转型升级稳步推进

通州区建筑业涌现出一批专注建筑设计、建筑信息模型(BIM)、集成应用5G、GIS、供应链协同等数字化技术的建筑企业,先后成立了多家BIM技术中心及项目协作团队,持续推进建筑新技术在勘察、设计、施工、运维等工程项目全生命周期中的集成应用。通州建筑企业在数字建造领域积极探索、先行先试,部分项目达到国内领先水平,获得多个国家级大奖,取得可喜成绩。全行业建立多个以建筑材料采购、产业工人培训、财务运行为主题的专业化平台,目前较为成熟的平台有"筑材网"、南通智慧建筑平台、"轩尔网"、NCC云等。其中"筑材网"已入驻商家超5.5万家,累计签订合同额达1311亿元,打通了供应链上下游企业,打造了成熟的企业共生关系,实现信息协同和产业效率的升级。"轩尔网络学习平台"已与江苏省建筑业协会展开合作,线上教育人数达2.8万人。通州建总研发NCC云财务系统,解决了长期以来承包、分包费用滞留账面的问题,助推其近年来的业务量、税收实现翻番。

(四)市场规模平稳增长

通州区建筑企业发扬逢山开路、遇水搭桥的铁军精神,积极应对经济新常态下的各种困难和挑战。区域市场中,通州区建筑企业施工产值达百亿元级的有5个,分别是南通、南京、上海、浙江和山东。50亿元市场有6个,超10亿元市场有35个,以省外市场为主导的市场格局得到进一步巩固。在国际市场中,通州建筑企业新签海外合同额1.4亿美元,全年实现建筑外经营额1.8亿美元,均保持20%以上的高速增长。通州四建在越南深耕多年,凭借优秀的工程质量和施工管理,得到越方的充分肯定,在越项目数同比增长270%,完成销售额同比增长495%,成为通州外经发展的强劲增长极。区内市场中,通州建总、利达市政等本地建筑企业守住"家门口",积极参与江海大道、平潮西站等重点项目建设。区内全年完成总产值达230亿元,本地市场已连续多年成为通州区建筑业在省内的第一大市场。

(五)营商环境持续优化

全行业落实兑现各项奖励扶持政策。全年兑现建筑企业补助资金1.1亿元,建筑业高质量发展奖励达894万元,办理建筑企业留抵退税1.91亿元。通州200多个建筑工地享受疫情影响期间退还保证金、延长工期等多项保障措施,支持区内多家建筑企业独立或以联合体的形式参与区内重点工程建设。积极强化建筑市场和施工现场"两场"联动,实施分类动态监管和差别化管理,对信用较差的企业进行重点监管。完善失信修复机制,引导失信法人和自然人重塑良好信用。依托在通高校和建筑业领军企业,加强本地院校相关学科建设,不断输送建筑业青年人才,营造了良好的校企合作氛围。注重舆论宣传,通过国内多家主流媒体,加强对通州建筑业进行多层次、多渠道、全方位的宣传报道,全面提升"通州建造"品牌影响力,全面提升通州建筑业在国内国际的知名度和美誉度。

二、存在问题

通州建筑业发展虽然取得了不俗业绩,但我们更应清醒地认识到当前建筑业存在的诸多问题。

(一)行业整体实力仍需提升

通州区建筑企业装备机械化、自动化、数字化、智能化程度不高,规模化效应尚未有效形成,BIM、人工智能、大数据等技术应用仍较碎片化。本地建筑企业欠缺咨询、投融资、项目运营管理能力,且从全国来看,通州区龙头建筑企业的规模仍偏小,资本运作能力逊于浙江等地的建筑民营企业,在房屋公建高端项目、制造业领域大型项目等中高端市场上,竞争能力明显不足。

(二)产业工人改革仍需推进

通州区的社会老龄化程度加深、人口长期外流,且因近年来房地产市场趋冷,建筑业对新生代的吸引力正逐年下降。建筑行业的劳动力供需失衡,工人老龄化将对工程的安全生产、质量形成全面的挑战,甚至影响建筑业的可持续发展。

(三)建筑产业结构仍需优化

通州建筑企业绝大部分为低资质企业,业务领域集中于房屋建筑,同质化竞争严重。区内从事公路、铁路、水利等高附加值领域的企业偏少,专业人才偏少,完成施工产值占比偏低。

(四)企业经营机制仍需健全优化

多数企业尚未健全现代企业制度,股权结构不合理,股东进退出机制尚未形成,公司治理机制仍不够完善,选人、用人、留人机制滞后。

三、2023年总体思路

2023年是全面贯彻落实党的二十大精神的开局之年。从建筑业发展机遇来看,我国开启了全面建设社会主义现代化国家的新征程,新型城镇化、新基建、智能建造为建筑业发展提供了新动力。从建筑业面临的挑战来看,当今世界正经历百年未有之大变局,外部环境更趋复杂严峻,市场需求结构变化、劳动力市场供需矛盾、同质化竞争严重,这些都给传统建筑业发展带来了冲击。通州建筑业要正确面对机遇与挑战,继续秉持积极主动作为、迎难而上的奋斗信念,以时不我待的紧迫感、舍我其谁的使命感,过险滩、闯难关,奋力推动通州建筑业在新时代新征程上取得新的更大成绩。

2023年通州建筑业发展的总体要求是:坚持以习近平新时代中国特色社会主义思想为指导,全面贯彻落实党的二十大精神和中央经济工作会议精神,深入贯彻习近平总书记对江苏工作重要指示精神和中央、省市区委决策部署,坚持稳中求进工作总基调,完整准确全面贯彻新发展理念,服务构建新发展格局,以推动高质量发展为主题,以深化供给侧结构性改革为主线,以改革创新为根本动力,以新型建筑工业化为主要路径,以人才队伍建设为支撑,加快建设建筑产业现代化体系,着力扩大市场份额、提升企业竞争力、优化发展环境、强化质量安全,实现建筑业规模总量、质量效益、发展潜力、品牌价值的全面提升,推动中国式现代化通州新实践开好局起好步。

2023年建筑业发展的主要目标是:建筑业总产值达到2400亿元,规模总量保持全省前列;建筑业税收贡献额进一步提高,在全省保持领先水平;转型升级深入推进,企业持续发展能力不断增强,产业现代化水平稳步提高;工程质量持续提升,创成国家级工程奖励20项以上、国家级QC成果30项以上;安全生产保障有力,避免一般等级安全生产事故,杜绝较大及以上安全生产事故。

四、2023年工作举措

(一)推动产业转型,增强发展动能

通州区建筑业必须加快转变依赖要素投入的粗放发展模式,通过加快新一代信息技术、先进制造技术在产业中的应用,走内涵式、集约式高质量发展新路。

一是加快信息技术的全面应用。持续推进BIM、5G、物联网技术在规划、勘察、设计、施工和运营维护的全过程集成应用,实现工程建设项目全生命周期数据共享和信息化管理,为项目方案优化和科学决策提供依据。同时积极支持企业建立智能管理平台,在"筑材网""轩尔网"、NCC云财务等已有平台的基础上,围绕企业的核心业务和内部管理,打造更多行业互联网平台,提升数据资源利用水平和信息服务能力。

二是发展绿色低碳建筑。围绕碳达峰、碳中和的总体要求,提前布局碳达峰"江苏建造"行动方案,抓住绿色低碳建筑发展、研发新型环保材料与绿色建造适宜技术体系带来的新契机,加速推广应用新型建造技术、工艺和环保新材料等,全面深入推动绿色建筑、装配式建筑、智慧建筑、成品住房的联动发展,积极打造区内零碳建筑示范项目,力争在"绿色低碳"领域实现对央企、国企的弯道超车。

三是创新企业发展模式。鼓励企业深化产权制度改革,优化股权结构,创新股权进退和激励机制,完善法人治理结构;支持优势企业生产经营与资本运作两轮驱动,由施工总承包向工程总承包转变,由承包商向服务商、运营商转变;引导企业主动融合数字经济、绿色经济,创新商业模式,推动企业管理模式朝平台化、集约化、标准化、智慧化方向深入推进,打造现代化企业管理制度和体系。

(二)优化市场布局,拓宽发展空间

充分发挥通州建筑业外向度高的优势,紧随国家战略,持续开拓市场,由省内市场为主转向省内外并举,坚定不移地向基础设施领域、境外市场拓展。

一是持续深耕省内市场。省内市场是通州区建筑业传统市场,省内市场每年完成施工产值约占总量的一半,其中南京、南通、苏州等均为百亿元级大市场。随着《长三角区域建筑业一体化高质量发展战略协作框架协议》、沿江沿海开发、南通新机场等国家战略的逐步落地,省内市场即将迎来新一轮发展高潮。区内综合实力强、信用良好的建筑业企业要积极参与省内重大基础设施建设,尤其要鼓励重点建筑企业独立或者以"联合体"方式参与家门口的重点工程建设,持续扩大本地建筑企业的竞争力。

二是扩大省外建筑市场份额。利用好国内大循环的市场新格局,紧抓国内区域化进程的新机遇,积极参与传统基础设施、新型基础设施、城市更新改造,融入长三角一体化、粤港澳大湾区、雄安新区建设、京津冀一体化等国家发展战略大局,进一步做大做强省外市场规模。以绿色、质量、技术、品牌等优势资源不断开拓中西部省会城市等国内新兴市场,持续扩大"通州建造"品牌影响力。

三是积极拓展国际工程承包市场。紧抓"一带一路"、RCEP 等重大国家战略机遇,紧跟政府援建项目,加强与国内外优势企业、知名承包商合作,巩固拓展东南亚、非洲等传统区域市场和行业市场。发挥中国—东盟建筑行业合作委员会的作用,积极推动企业参与东盟互联互通和基础设施建设,促进企业拓展东南亚市场。充分借鉴通州四建在越南市场的成功经验,积极向其他东南亚国家拓展市场。

四是拓展基础设施市场。鼓励本地建筑企业独立或者以"联合体"形式共同承建重大基础设施项目,支持本地建筑企业对接新型基础设施领军企业,参与城际高速铁路和城市轨道交通、大数据中心、人工智能、工业互联网等新型基础设施建设。

(三)加强金融扶持,提升保障力度

近年来,随着复杂多变的国际形势和房地产市场低迷等因素叠加,通州建筑业企业也面临着诸多风险挑战,亟需金融机构的有力信贷支持。各金融机构要进一步优化信贷资源配置,加大对建筑企业的金融支持。

一是积极做好建筑企业纾困工作。各金融机构在面对整体经营质态良好、有市场前景、暂时遇到流动资金周转困难的重点企业时,要积极争取上级支持,不得单方面压贷、抽贷,不得无故缓贷、停贷,要审慎加快贷款审批及发放进度,支持企业渡过难关。

二是充分满足建筑企业的新增合理融资需求。各金融机构要进一步提升服务意识,对符合条件的贷款申请企业,要合理确定授信额度,加快授信审批流程;对已授信的企业,满足用信条件的要加快放款速度,及时足额发放贷款;对发展质态较好的企业,适当放宽抵押担保要求,鼓励金融机构对优质建筑企业发放免担保、免抵押的信用贷款。

三是积极拓宽建筑企业融资渠道。各金融机构要"一企一策"帮助企业优化融资方案,针对建筑行业特点,提供贷款、保函、信用证等金融产品和服务,鼓励开展建筑业供应链金融业务。

四是强化资本运作化解融资难题。建筑企业融资难的问题一直存在,单纯依靠银行贷款的模式恐难以为继,要转变发展思路,深化资本运作,在化解融资难的同时,带动企业核心竞争力提升。建筑企业应尽快从项目施工者转变为项目建设投资人,积极与金融资本合作,主动参与更高层次的市场竞争。

(四)注重人才培养,厚植发展优势

人才是建筑业发展的第一资源,要积极推动政行企校协同育人,营造一流人才发展环境,加快构建符合建设领域转型升级需求的人才发展格局,为建设中国式现代化通州新实践提供人才支撑。

一是加强技能工人队伍建设。依托通州建校等专业学校实训基地,积极推进建筑产业工人队伍培育试点工作,深化建筑产业工人改革,打通建筑工人职业化发展道路。鼓励社会组织和建筑企业开展就业技能培训、岗位技能提升培训,开展职业技能评价工作。大力开展装配式建筑、BIM等新兴领域技能人才培养,探索建立装配式建筑施工等关键岗位持证上岗制度。

二是加强企业经营管理队伍建设。依托张謇企业家学院,不断完善通州建筑企业家培训体系,培养一批拥有实业强国情怀、创新创业精神、现代化管理能力、勇担社会责任的领军型企业家。加大对建筑施工领域经营管理人才培养力度,着力造就一批具备多学科知识和技术能力,熟悉资本运作与法律法规,懂经营善管理的高端经营管理人才和项目经理人才。

三是提高建筑工人权益保障。全面推行建筑工人实名制管理，建立技能导向激励机制，鼓励建筑企业建立自有和稳定的核心技术工人队伍。探索建立劳务供需双方双向信用评价制度，完善失信联合惩戒机制，健全工程建设领域保障薪酬支付长效机制，切实维护建筑工人的合法权益。

(五)优化营商环境，打造发展高地

建筑业是通州区的支柱产业、富民产业，多年来在助力地方城镇化建设、经济发展、服务民生等方面发挥了重要作用。要把建筑业摆上更加重要的位置，以更强的举措、更优的服务、更好的条件促进建筑业快速发展。

一是优化服务环境。推广工程建设领域各项保函制度，最大限度地为企业节约资金成本、管理成本和交易成本；落实各项农民工保障制度，切实维护广大建筑农民工合法权益，夯实建筑业发展的基础；紧抓全国建筑业资质改革契机，促进通州高资质等级企业数量再上新台阶；继续深化建筑市场"放管服"改革，营造公平、公正、公开、诚信的市场体制，让广大建筑企业家轻装上阵。

二是加强政策激励。结合通州区实际，继续完善建筑业各项扶持办法，切实加大对建筑业的科技创新、转型升级、市场开拓等方面支持力度，助推企业改革发展。积极落实《区政府关于进一步推进建筑业高质量发展的实施意见》及其补充意见、建筑产业专项扶持资金等政策，确保落地见效。建议区地方金融监管局和税务局等部门，要从自身业务出发，加大对建筑业金融扶持力度，做好小微建筑企业留抵退税工作，助推企业"走出去"。

三是创新监管模式。加大执法力度，严厉打击在招投标、施工许可、工程款结算、农民工工资支付等过程中的各种违法违规行为，严格责任追究，为企业发展营造良好的营商环境。各部门要加强信息共享、互通，逐步扩大信息数据在工程建设各环节的应用，切实减轻建筑企业负担。

周　峰
2023 年 4 月

海门区电碳业发展报告

海门区工商业联合会

电碳行业是海门区传统产业之一。海门区电碳行业的发展始于20世纪70年代,经过多年的发展,已经形成了完整的产业链和较为完备的产业体系。

一、海门区电碳行业发展基本情况

海门区电碳行业企业数较多,以中小企业为主,厂区集中在海门北部区镇。据统计,当前海门区的电碳行业企业数量超过100家,其中规模以上企业超过15家,年产值超过50亿元。以华宇碳素、海菱碳业等为代表的电碳企业已经逐步成为中国电碳行业的领军型企业。

海门区电碳行业的发展历程可以分为以下几个阶段。

(一)初始起步阶段(20世纪70、80年代)

海门区的电碳行业起步于20世纪70年代,以粗放式、作坊式加工生产碳制品为主,外购材料,没有自行制备碳制品原料的能力。

(二)快速发展阶段(20世纪90年代)

随着国内外市场的需求增加,海门区的电碳行业得到了快速发展。企业数量逐渐增多,产品种类不断丰富,产业规模不断扩大。企业开始引进新技术、新设备,提高生产效率和产品质量。

(三)转型升级阶段(21世纪初)

在这一阶段,海门区的电碳行业逐步向高端化、智能化方向发展。一些企业开始研发新产品、新技术,提高产品附加值。同时,一些企业开始进行产业转型升级,向新能源领域拓展。

(四)新发展阶段(21世纪以来)

海门区电碳行业进入了新的发展阶段。一些企业开始进行技术创新和产业升级,推动行业向高端化、智能化方向发展。同时,一些企业开始拓展海外市场,拓展产业发展空间。

二、海门区电碳行业发展特点及优势

(一)产业发展较快,具有一定规模和市场影响力

海门区的电碳产业在过去几十年中得到了较快发展,产业规模不断扩大。目前,海门区已经成为全国最大的电碳生产基地之一,产品种类涵盖了6大类,30多个系列,制品包括电机用电刷、触头、机械用碳、碳棒、高纯石墨、石墨制品等。华宇碳素、海菱碳业等龙头企业,通过吸纳引进人才、做好产学研科技成果转化、加强设备工艺迭代升级等举措成功实现了规模化、绿色化发展,提升了企业抗风险能力,也带动了行业内其他企业的发展。

(二)技术水平较高,创新能力强

海门区电碳行业在技术研发方面不断加大投入,并积极参加新材料、新技术的交流活动,持续为电碳行业注入新活力。

其中,借鉴、利用相关行业的技术,消化吸收外行业、外(国外)来的技术知识,结合市场研发产品,生产一代、研制一代、开发一代,不断改进生产工艺、设备,稳定产品质量,提高工作效率,是不少电碳企业共同的经营策略。例如,采用微机控制技术,对焙烧、石墨化等工序的控温实现微机化管理;采用双螺旋挤压机和振动球磨机生产的粉料,改善材料性能;采用超细粉制造产品:使用气流粉碎机可制造粒度 $5\mu m$ 左右的超细粉,以大幅度提高制品的致密度、强度和耐磨损性能,并减少制品性能的各向异性;大胆采用新材料,加强不同领域的技术合作,提高传统产品的技术性能,适应不同应用场合的要求;开展复合材料的开发,采用碳和其材料的复合技术,改善材料的机械强度、耐磨损、耐烧蚀、各向异性、体积密度等性能,使材料的适应性更宽。

(三)产业发展较为集聚,配套完备

海门区电碳行业经多年发展已经形成了一定的产业集聚效应,形成以电碳为主,囊括电器等上下游产业的较为完整的产业链。企业主要集中在包场镇和正余镇,其中包场镇是海门区电碳产业发展的主阵地。

三、海门区电碳行业发展存在的问题

(一)技术创新力度不够

电碳行业同样遵循优胜劣汰的法则,要生存发展必须稳定提高产品质量,开发新材料、新产品,提升产品科技含量,打造适合海门电碳行业技术、设备环境的产品。要目标明确,由粗放式发展转向集约化、专业化、规模化发展。

目前,制约海门区电碳行业技术发展的原因主要是信息不畅通,同行间技术绝密,对国外的新技术更是知之甚少;在新技术、新材料、产品科技含量等方面投入不足;没有形成全局意义上的产、学、研氛围和成长环境;骨干企业没有切实良好的机制,未能充分发挥自身的技术、人才、设备等优势。

(二)规模以上企业数量少,出口产品结构单一

目前,海门区电碳规模以上企业仅有 15 家,全区规模以上电碳企业数量增长乏力。大部分企业规模仍然偏小,以个体工商户形式存在,年销售额有限,且自主研发等实力尚显不足,呈现附加值不高的发展状态。

随着疫情后对外贸易的增加和产品质量的稳步提高,出口量已有幅度增加,但出口几乎均是中低档的产品,此局面亟待改变。

四、海门区电碳行业发展对策

(一)智能化生产

随着科技的不断进步,电碳行业的生产方式也在不断升级。未来,智能化生产将成为电碳行业的重要趋势,海门区电碳企业需要采用先进的生产工艺和设备,提高生产效率和产品质量。

环保化发展是电碳行业未来的重要方向。随着国家对环保的重视程度不断提高,电碳行业需要采用更加环保的生产方式和技术,降低对环境的影响。

(二)国际化发展

随着全球化的不断推进,电碳行业也需要逐步走向国际化。企业需要加强与国际企业的合作,提高产品质量和技术水平,拓展国际市场。近年随着跨境电商的兴起,海门区电碳企业要提升对 9710 和 9810 贸易方式的了解、参与度,依托海外仓扩大跨境电商销售,降低过度依赖传统一般贸易的风险。

（三）创新化发展

海门区电碳行业一定要坚持创新在发展全局中的核心地位，深入实施创新驱动发展战略，加快推进高水平科技自立自强，强化科技与产业深度融合，持续推动以科技创新为引领的全面创新，让科技创新这一"关键变量"成为推动行业高质量发展和现代化建设的"最大增量"。

1.要聚焦主线，持续提升科技创新体系化能力

坚持顶层设计牵引，更好发挥科技创新规划政策引领作用，推动关键核心技术攻关在行业落实落地，形成体系化全局性科技发展新格局；坚持重大任务带动，聚力打好关键核心技术攻坚战、应用基础研究持久战、产业技术升级主动战，积聚力量进行原创性引领性科技攻关；坚持基础能力支撑，统筹加强科技基础能力建设，在创新平台、创新人才、质量基础设施、科学数据、知识产权等方面进一步夯实基础。

2.要锚定重点，不断强化科技与产业深度融合

坚持用现代科技改造提升电碳产业，更多站在破解产业发展难题的角度，加大行业重点领域关键环节技术攻关力度，加快科技成果转化应用，进一步打通科技与产业融通的堵点，推动行业创新链、产业链、资金链、人才链深度融合。牢牢掌握产业创新发展的主动权，在更高水平上实现科技与产业的良性循环，通过科技促进产业发展、产业牵引科技创新，推进行业产业基础高级化和产业链现代化，走出一条从科技强到产业强的海门电碳自主创新之路。

3.要抓住关键，坚持企业科技创新主体地位，发挥人才"第一资源"重要作用

发挥电碳企业各自优势，打好创新"组合拳"，打造原创技术策源地，加强知识产权保护，提升企业核心竞争力和产业发展源动力；加强行业共性技术平台建设，组建高水平创新联合体，推动企业与科研院所协同创新，推动产业链上中下游、大中小企业融通创新。遵循科研规律和科技人才成长规律，进一步完善科技人才培养、使用、评价尤其是激励机制，更好激发人才创新创造活力，筑牢创新发展的人才根基。

徐　婷
2023年4月

海门区汽车业发展报告

海门区三和汽车业商会

一、海门区汽车行业发展的基本情况

汽车产业是国民经济重要支柱,对上下游的产业关联带动能力非常强。海门区汽车行业目前拥有规模企业42家,主要集中在三和汽车产业园一带,配套服务项目齐全,主要涉及汽车销售、新能源汽车、二手车、汽车维修、汽配汽保、汽车用品、汽车装潢美容、汽车金融保险、汽车文化及汽车业相关配套服务等领域。

二、海门区汽车行业发展的特点及优势

(一)行业发展较为规范、服务链完善

存量时代,经销店都想争取消费者进店,因此争相提高服务态度、服务质量。因各店位置集聚,服务比拼更加明显。此外,经销店都有售后维修、客户投诉、理赔服务等一系列完善的管理系统,车主到店消费较为放心。二手车买卖当前发展也比较规范,遵循《二手车流通管理办法》,具备完善的售后服务,能较好维护消费者权益。

(二)专业性较强、技术好

大部分经销店只针对一个厂家的系列车型进行销售、提供售后服务。厂家会为经销店配套员工培训和产品技术支持,帮助经销店提供更加专业周到的服务。在销售环节,销售顾问对车型掌握全面,能进行有针对性的讲解,让客户了解汽车各项性能;在售后维修保养环节,店内有经严格培训的维修工人、先进的维修和检测设备、纯正的原厂配件,从维修技术、配件质量等方面确保了汽车的维修质量、稳定了客户使用安全系数。

(三)增值服务丰富

客户在经销店购买汽车后,店内员工会根据客户不同需求提供一系列针对性的增值服务,加强与客户的联系,提高客户满意度。比如邀请客户加入爱车俱乐部、举办爱车课堂等活动,让客户了解平时用车小知识,帮助客户延长使用寿命,让客户能有更好的用车体验,增加售后黏性。

三、海门区汽车行业发展存在的问题及原因

(一)规划布局不尽科学,恶性竞争时有发生

近几年,市场利好消息不断冲击汽车生产商和经销商的理性。经销商们想尽一切办法拿取4S店的代理权,有的甚至不考虑投资风险。此外,汽车生产商不顾区域市场的实际容量,原本只能容纳一、二家经销店的区域,扩展到三、四家,甚至更多,为后期恶性竞争的发生埋下了隐患。加上之前三年的特殊情况,客户量骤减,销量急转直下,导致各经销商为了抢客户而把车价一降再降,直到把生产商的折扣全部让给消费者,经销商之间一轮又一轮的降价使得同品牌之间产生恶性竞争,最终损害了经销商的利益。

(二)运营成本过高,销售利润偏低

在海门区开一家汽车经销店固定资产投资一般在800万~1000万元,流动资金要求在500万元以上,但面对高达数千万元的营运资金,经销商只能大量向银行举债,这必然大量增加企业的财务成本。为了保证经销店环境整洁优雅、设备先进齐全,其管理费用、人员工资、展厅等日常营运费用也非常高。高昂的前期投入和后期的日常高成本维持,在前几年车市火爆的时候并未显现出来,但随着市场的逐渐冷清,经销商发现自己的成本回收和日常经营的维持越来越难。

近两年新能源汽车发展迅速,根据乘用车市场信息联席会统计,2023年2月新能源车国内零售渗透率为31.6%,环比提升近7个百分点,同比提升10个百分点,这一指标直接体现了消费者的购买意愿。再加上被称为"全球最严排放标准"的国六B政策将在2023年下半年开始实施,加剧了燃油车的库存,另据中国汽车流通协会统计,2023年1月国内汽车经销商库存预警指数为60.8%,1月为58.1%,均高于50%荣枯线。

(三)依靠汽车品牌,缺乏自身的品牌形象

在我国,因为规模大、资金实力强、营销手段多样化,汽车生产商的地位远远大于经销商。经销商必须按照生产商的统一标准建设,这在提升生产商品牌的同时严重限制了经销商品牌的建立。对于客户来讲,他们选择去哪一家经销店购车只是知道这个汽车品牌,而不知道这家店的名字。在价格水平差不多的情况下,客户最终选择哪家店实际上是取决于这家店的增值服务或者差异化服务,这样,经销店要吸引消费者只有建立自己的品牌,形成自己独有的销售服务特色,以此来赢得更多消费者的认可信赖。除此之外,经销店对生产商有极为明显的依附性,其经营的优劣,除了经销商自己的努力外,更受汽车生产商品牌的影响力、市场策略的灵活性、经营管理的支持度等因素的影响。

(四)管理层次低,销售经验缺乏

目前的经销店大多管理随意,营销队伍专业化程度较低,对现代汽车营销更是知之甚少。我国汽车营销是一种新兴产业,在迅速发展过程中,汽车销售业务人员专业素质不高的现状越来越显现出来。就海门区的经销店而言,销售人员中大专以上文化程度的占50%,并且很少是汽车相关专业毕业的,接受过系统汽车营销专业培训的人更加少之又少,一般销售员仅接受过厂家针对自己品牌的销售培训。由于营销队伍专业化程度低,高素质的营销管理人才奇缺,品牌专卖所倡导的营销理念、营销战略以及营销手段也难以贯彻执行。

四、海门区汽车行业发展的对策和建议

(一)开创多样化的营销模式,实现联盟化

汽车市场是一个需求决定生产的市场,引导汽车生产和销售,结合各区域经济发展现状、消费偏好以及未来预期等因素,合理规划布局。过多的汽车经销店形成资源浪费,而且造成经销店经营举步维艰,难以生存。尽管经销店这种汽车营销模式是目前比较普遍的经营形式,但也不是唯一的汽车营销模式,根据各汽车生产商、经销商以及区域社会经济的具体情况,也可以采取设立3S店、2S店等汽车营销方式,甚至也可以尝试汽车超市模式,让消费者可以只去一个地方就能有更多的选择,这样可以减少资金投入、降低运营成本、避免恶性竞争、符合不同区域社会经济发展的同时,也能建立起多层次的、更加丰富的汽车营销体系。

随着互联网技术的飞速发展,新媒体应运而生,新媒体运营最大的特点就是互动性强、传播快。我们可以在传统销售模式的同时利用新媒体的力量,在网络上进行产品介绍和销售,增加企业的曝光率、客流量和订单转化率,不仅限于在当地销售。

为了保持良性竞争优势,经销店必须转变观念,积极加快行业整合,首先经销店之间的协作必不可少,避免恶性竞争,以共同利益为基础逐步走向战略联合,在竞争与合作的过程中不断得到发展,实现联盟化;其次,经销店与市场后市场必须协作,汽车"后市场"不仅是指维修、配件,还包括汽车用品、汽车改装、汽车救援、二手车交易、物流运输、金融服务、出租和租赁、汽车俱乐部、汽车检测、汽车认证等,为消费者提供及时快捷、方便周到的优质服务,只有把目光放在建立战略伙伴关系上面,才能享受到资源整合的益处。

(二)提升管理理念,加强经营管理

汽车经销商大多是民营企业,随着企业规模的扩大和市场的成熟,管理层次的提升尤为重要,必须从管理手段、管理方法、管理理念上进行调整,要用现代企业管理理念来经营管理,随意性管理转变为规范化管理,从单一追求短期利益转变为谋求企业的长期利益。否则,当利润空间变小时,管理问题会一一表现出来,如缺乏凝聚力、留不住人才、管理机制乏力、资金周转不畅等,企业运作成本过大,经营风险很高。

经销店要改变重销售轻维修的想法,销售车辆的时候不能局限于赚多少钱,更重要的是提供服务和技术,即使销售是一次性的,也要维护好客户关系,否则只会将客户往门外推,我们必须要树立长远发展观念,那就必须依靠积累人才和经验。据统计,一辆车从购买到报废,除了车价以外的开销将是汽车原价的两倍,其中售后利润占了很大一部分。在整个汽车4S店经营获利过程中,整车销售、配件、维修的比例结构大致为2:1:4,维修服务获利是获利的主要部分。因此,我们必须打造出一支专业的售后服务队伍,即使卖车没有利润,经销商依然能从售后上赚取利润。

(三)打造自身服务品牌,树立企业新形象

在整个汽车产业链中,售后服务是最重要的环节。企业必须建立起包括保养、维修、美容、理赔、咨询等完整售后服务体系,才能在众多品牌中保持竞争优势,这是汽车行业做大做强的基础。没有自己的品牌优势就没有市场竞争优势,所以我们必须做出自己独特的企业文化,树立良好的企业品牌形象,增加企业的知名度和美誉度。

(四)吸收人才,建立完善机制

汽车经销商大多是民营企业,随着企业规模的扩大和市场的成熟,人才的储备和管理能力的提升尤为重要。我们必须加强院校合作,将最专业的人才吸引到我们的团队中,我们必须建立完善的人才机制,让他们感受到家的温暖。对于管理层,我们必须从管理手段、管理方法、管理理念上进行提升,要用现代企业管理理念来经营管理,从随意性管理转变为规范化管理,从单一追求短期利益转变为谋求企业的长期利益。

(五)紧跟时代步伐,响应绿色发展

随着科技的不断进步和人们对环保、节能等问题的日益重视,汽车产业正在发生着翻天覆地的变化,《中华人民共和国国民经济和社会发展第十四个五年规划和2035年远景目标纲要》强调了绿色发展的重要性,新能源汽车的市场竞争力将逐渐提高。我们在做好燃油车销售、维修的同时,积极跟上国家步伐,做好原有品牌新能源车型的销售和维修工作,另外也要积极吸收更多新能源品牌的加入,壮大我们的团队。

徐　婷

2023 年 4 月

南通高新区"一主一新一智"产业发展报告

通州区政协经科委　通州区发改委

推动产业集群集聚，是有效利用地方资源，实现规模高效发展的重要途径。当前，长三角一体化发展进入加速期，南通新机场、北沿江高铁等一系列重大交通项目的规划建设为南通高新区的产业发展提供了更高的平台和更广阔的空间。在此背景下，作为南通市唯一的国家高新区，南通高新区紧盯"一主一新一智"（汽车及零部件、新一代信息技术和智能装备）产业，具有十分重要的意义。

一、三大产业发展特点

（一）综合实力迈上新台阶

2022年，面对经济下行压力和国内外疫情双重挑战，南通高新区"一主一新一智"三大产业实现了快速增长，产业规模不断扩大。三大产业规模以上工业企业80家，累计实现规模工业产值364.7亿元，增长22.2%，增速高于规模工业平均增幅5.4个百分点，占规模工业产值比重75.7%。其中，汽车及零部件完成产值116.4亿元，增长32.9%；新一代信息技术完成产值109.2亿元，增长17.2%；智能装备完成产值139.1亿元，增长17.3%。

（二）规模集聚呈现新发展

新一代信息技术产业规模优势、集聚效应加速显现。汽车及零部件产业，特别是在汽车铝压铸方面形成了规模和特色，园区10平方千米内集聚了20多家汽车零部件企业，2022年重点骨干企业均保持稳健增长。智能装备产业拥有规模以上企业 30 多家，参与了多项国家或行业标准的制修订，推动智能装备产业补链强链，促进智能电网装备、工业自动化及仪器仪表智能化装备、冷链物流仓储装备等领域发展。

(三)产业延伸呈现新局面

新一代信息技术产业从超级电容器、PCB 覆铜板、印制电路板，到芯片设计、封测，产业链进一步延伸。智能装备产业集聚加速发展，主要包括机械装备、新能源装备、节能环保装备、包装机械装备等，产业链快速延伸，正逐步成长为通州经济的新支撑。

(四)平台建设彰显新活力

近年来，高新区产业平台能级不断提升。载体面积超 100 万平方米江海智汇园、江海圆梦谷、聚恒科技园等孵化器、加速器先后建成运行，全省领先。研发制造一体化大势初成，企业研发机构覆盖率大幅提高，拥有市级以上工程技术研究中心 96 家，企业技术中心 42 家，企业发明专利拥有量 2738 件，万人发明专利拥有量从 49 件增至 119 件。截至 2022 年年底，"一区多园"共有高新技术企业 322 家，其中主园区共有 115 家，高企中 43 家入选"瞪羚企业"，14 家入选南通市科创企业培育库。

(五)创新能力实现新突破

强化创新驱动发展的人才支撑，实施"政策+平台+资本"三位一体引才模式和"双招双引"，近年来累计引进高层次人才 500 多名，其中顶尖人才 66 名，海外高层次人才 150 名。自主培育国家级人才 3 名，省"双创计划"人才 77 名，其中"双创团队"2 个，南通市"江海英才计划"118 个，通州区"510 英才计划"200 个。以产学研和校企合作为纽带，建成院士工作站 5 家，博士后科研工作站 13 家，引进博士后 20 余人。科技服务业加速集聚，技术转移、检验检测认证、创业孵化、科技咨询、商务服务等专业化服务机构达 48 家，入选国家第二批科技服务业示范区试点单位。

二、三大产业发展瓶颈

(一)产业集聚不够明显

三大产业中无企业上榜"中国 500 强"，尚未真正能够有引领产业发展的大企业(集团)。从 2022 年企业产值规模看，三大产业还没有百亿级企业,20亿~50亿元企业仅有3家,10亿~20亿元企业7家。与发达地区等地涌现的百亿级企业相比,南通高新区企业单体仍然势单力薄,产业规模不大,缺乏有力竞争。从企业间协作关系来看,大企业(集团)往往自成体系,与本地企业的产业链关联度不强,难以形成有效的产业联动效应。

(二)产品层次不够高端

三大主导产业企业整体创新能力较低,附加值的核心链条薄弱,企业创新动力较弱,整体素质还有待提升。相当一部分中小企业对产业关键技术、核心技术的掌握还不够,大部分企业研发投入不到主营收入的1%,85%左右的企业未建立产学研合作机制,行业领军型研发创新人员比较缺乏,产业竞争力整体偏低,严重制约核心装备技术、关键共性技术、工业设计等技术研发,阻碍价值链高端跃升。从制造生产产品看,三大产业仍处于产业配套体系之中,汽车及零部件产业集中在零部件压铸板块,新一代信息技术产业集中在PCB印制线路板,中间产品多,成套装备、终端产品极少,产业结构层次整体偏低,较难带动产业链整体竞争力提高,不易形成规模效应,难以形成产业竞争优势。

(三)载体支撑不够有力

创新创业载体质效还不高,科技新城对转型发展的核心支撑作用还不强,对高精尖项目的吸引力、孵化能力有待提升。南通高新区已建设了船舶海工研究院、现代建筑研究院、纺织丝绸研究院等一批特色产业研究平台,但与三大产业的匹配度不高,对产业快速发展助益有限。一方面,产研创新平台的能级不高,国家级创新平台数量偏少;另一方面,创新平台与三大产业的关联度不高,缺乏针对性。在建设特色产业园区、打造针对性产业研发平台方面,与先进园区相比还存在一定差距。高新区虽已形成了若干特色产业园区(基地),但园区(基地)内还布局了非关联企业,产业园区(基地)特色化发展相对较弱。

三、提升三大产业发展能级路径

(一)明确发展定位,找准产业路径

1.突出规划引领

以更宽广的视野融入国家战略,依托南通新机场规划、北沿江高铁建设、通州湾海港开发等大型交通枢纽能级提升，坚持高质量发展要求和"一主一新一智"产业定位不动摇，在"一带一路"交汇点建设、长三角区域一体化发展中体现南通高新区担当作为，努力打造高质量产业发展样板。深入落实国家高新区高质量发展新导向，统筹推进科技成果转化、产学研合作、创新梯队成长培育、产业数字化、区域产业合作等工程，培育一批具有区域影响力的科创型链主企业，促进"一主一新一智"产业集群能级倍增，推动主导产业研发制造一体化发展，打造区域"产业地标"，创建以科技为主要支撑、以产业质量效益为显示度的国家创新型特色园区样本。

2. 突出发展重点

推动新一代信息技术产业向价值链高端拓展。依托集成电路零部件产业园、半导体光电产业园，加快向芯片设计、制造、检测、集成电路零部件、半导体光电等领域拓展。聚焦产业链全景图谋篇布局，推动产业链上下游向技术研发和配套制造两大环节延伸，加大培育大型智能成套装备企业力度，加快引进集成电路设计、制造、封装、测试、材料、装备等关键项目，激活链式发展的聚变效应，形成完整配套、相互支撑的电子元器件和集成电路产业体系。推进汽车零部件产业向前沿领域延伸。按照"强化优势、填补空白、挺进前沿"的产业发展思路，抢抓汽车电动化、网联化、智能化、共享化新风口，推动汽车产业与新一代信息技术、新能源、新材料等新兴产业深度融合，依托安波福、博沃等重点企业，做强做精汽车电子以及新能源汽车等产业板块。推动智能装备产业向系统集成迈进。对接长三角智能装备制造产业，以非标准化成套自动设备为重点，提升拓展智能电网装备、工业自动化及仪器仪表智能化、高效节能环保装备、冷链物流仓储装备等细分产业，强化技术研发和配套制造，实现智能装备产业数字化、集成化、高端化发展。

3. 突出协同发展

抢抓长三角核心城市产业转移机遇，充分发挥招商引资主平台功能，加快承接产业转移进度，建设沪苏产业北拓第一门户。坚持市场机制主导和产业政策引导相结合，围绕"一主一新一智"产业，坚持走"科创+产业"道路，以市场化方式主动嵌入沪苏浙产业链，强化产业协同、错位发展。按照"多规合一"要求,将产业集群规划纳入本地发展规划,与城市总体规划、土地利用规划和重大项目布局、园区基础设施、公共服务平台建设等相衔接,统筹规划、协调推进。

(二)壮大产业规模,构建产业生态

1.抓好补链强链

建立园区领导干部担任产业链链长为主导,产业集群群长、产业联盟盟长协同推进的"三长"工作机制,建立每月一次产业链链长制工作联席会议制度,定期调度各产业链工作进展情况,统筹协调各方资源支持产业链发展。逐一梳理三大产业链上下游企业现状、关键环节、薄弱环节,建立产业链供需配套机制,设立专项资金,促进产业链、资金链、技术链、人才链、政策链、服务链等"多链合一",推动产业链健康发展。

2.抓好培大育强

加强专业机构与重点产业优势企业深度合作,调研诊断企业发展现状和未来发展趋势,帮助企业扬长避短、提质增效。借助先进制造业和高新技术产业发展,促进工业降低耗能、提高产出,推进企业节能绿色生产,建立高效率、低能耗的生活方式。支持龙头骨干企业与大型央企、国内外500强企业、行业领军企业、上市公司强强合作、延链强链,持续开发附加值高、带动作用大的新产品。鼓励企业通过兼并、收购、参股等形式开展跨地区、跨行业、跨所有制和跨国(境)兼并重组及投资合作。支持产业链上下游企业间产业协作、产品配套、资源共享,提升本土企业的产品市场占有率和竞争力。高度重视"二代"企业家培育,积极组织开展一些高规格、有针对性的学习培训、联谊活动,鼓励引导企业用现代企业制度改造家族型结构,积极为"创二代"传承创业精神搭建平台、营造氛围、拓展空间。

3.抓好双招双引

以三大重点产业为主线,逐一细化各产业的链接点、发力点和制高点,抓紧编制各产业的"两图两库",全面实施"链条式"招商,严格执行能耗限额和产品能效标准,集中精力招引一批产业链标杆性企业、靶向优质企业和高端人才团队,真正以"双招双引"促主导产业壮大。规范完善现有行业协会商会,推进三大产业有条件的产业链上下游和关联企业成立行业协会商会,搭建政商企沟通协商和以商招商对接交流平台;鼓励行业主管部门退休骨干等在行业协会、商会发挥更大作用,鼓励其参与政商企沟通协商和招商洽谈,不断以优质服务吸纳新会员、扩充新能量、提升影响力。

(三)提升产业层次,打造发展硬核

1.注重数字赋能

聚焦重点产业,以数据驱动生产流程再造,探索实施"产业大脑+未来工厂"等新模式,加快实现从"互联网+"向"云+"迈进,着力推动重点产业加快向数字化、网络化、智能化方向深入演进。树立共享思维,以工业互联网标识解析国家顶级节点落户上海为契机,加快推动标识解析在新能源、新材料、电子信息等领域的试点应用,推动产业统筹协作、技术转化、共建共享和优势集聚。加大对各产业头部企业智能化制造、数字化车间、个性化定制、规模化生产等试点示范项目的支持和推广力度,为有条件的企业量身定制信息智能管理方案,不断满足企业数字化转型需求,实现企业系统与设备互通,产业链上下游信息协同。

2.注重创新驱动

统筹高等院校、优势企业、产业联盟、产业集聚区等创新优势,组织实施若干科技重大专项和重点研发计划项目。突出重点产业、重点企业、重点方向,启动汽车轻量化研究院、储能研究院等创新中心等建设,加快建成一批行业制造业创新中心。瞄准重点产业基础领域存在的薄弱环节,制发关键基础技术和产品创新目录,滚动实施一批关键技术攻关项目,培育一批自主可控、安全高效的"五基"产品,实施产业基础再造工程,推动重点产业链稳链固链。支持重点产业骨干企业牵头建立产业技术创新联盟,鼓励有需求的企业积极引入外部创新资源,主动加强与国家部委、科研机构、高校院所对接。围绕三大产业链,着力加强与国内外一流高校、科研院所、高层次人才团队的战略深度合作,重点建设产业技术研究院、企业实验室等研发创新平台,争取重点项目及时纳入江苏综合性国家科学中心建设,推动关键共性技术研发和推广应用。

3.注重深度融合

依托上海、深圳在人才、项目上的资源优势,探索与上海等地建立异地孵化、伙伴园区等多种合作机制,依托上海等地丰富的创新资源,实现科技资源研发孵化在外地、产业化的引育机制。也可将部分载体、空间交由科研院所托管,由科研院所实施创新项目、招引科技团队,提高载体入驻率和运营质效。引导各个产业骨干企业通过创新优化生产组织形式、运营管理方式和商业发展模式,不断增加服务要素在投入和产出中的比重,推动以加工组装为主向"制造+服务"转型,从单纯出售产品向出售"产品+服务"转变。依托国家电机质检中心、芯片设计等公共服务平台,为企业提供技术研发、攻关、试验检测、标准制定等综合性服务,推动先进制造业与现代服务业深度融合。

(四)优化营商环境,提升服务质效

1.强化政务服务

强化工作状态、业务水平、服务能力接轨,推行营商环境"指标长"工作机制,完善"四送一服"(送理念、送政策、送项目、送要素,服务实体经济、构建亲清政企关系)联系包保机制,常态化进企入园摸排重点产业、重点企业实际需求,线下组织银行、自然资源、人力资源等单位"集中赶集",线上创新"互联网+政务服务"手段,探索推行"企业码",变"企业跑为数据跑"。坚持领导联系重点企业制度,围绕服务重点产业及头部企业发展需求,设立3~5人产业链推进工作专班,变"人找政策"为"政策找人",着力打造服务品牌。通过政府购买服务、资助补贴等方式,设立由国内外产业界、学术界相关权威专家组成的专家咨询委员会和发展顾问,为推动重点产业高质量发展提供智力支撑。

2.强化人才支撑

围绕产业规划精准引进高端人才。围绕"产业链"打造"人才链",形成分类化精准招引,重点对接与主导产业关联度高的紧缺型产业人才、创新人才和创业人才,实施人才和项目双向选择,提高人才的实用性和对接的成功率。建立人才吸引留住政策机制,要为高端专业人才提供安家启动资金、技术入股、返税补助等多项奖励,并在户籍、住房、配偶就业、子女入学、医疗保健、出国签证、专业技术职务评定等方面给予优惠待遇。巧用"外脑"构建人才柔性流动机制。在引进、培养高端人才的同时，坚持"不求所有，只求所用"的理念，建立灵活的柔性人才引进、流动及使用机制，巧借"外脑"进一步集聚人才资源，助推通州强链补链。

3.强化要素保障

引导各类资源向三大领域倾斜，强化统筹政策资源保障，全面建立"要素跟着项目走"机制，协调涉及三大发展领域的各部门政策要素形成合力。加大金融支持力度，探索多元化融资政策组合。研究主导产业主体资本市场化重组的具体方式，实现资本更广泛的多元结构，逐步形成"以政府投入为引导，企业投入为主体，银行贷款为支撑，广泛吸引社会投资和境外投资"的多元化投融资机制。优化配置土地资源，牢固树立全区一盘棋意识，集中有限土地等生产要素资源，对新增建设用地指标主要向主导产业倾斜，向特色产业基地集中，对重大主导产业项目实行区"点供"用地指标，支持标准化厂房、公共服务平台和科技孵化器建设。

江华 凌华
2023年4月

沪通重点产业链供应链发展报告

南通市工业和信息化局

随着长三角一体化发展国家战略深入实施,沪通产业合作也将更加紧密。围绕南通市船舶海工、新一代信息技术、高端装备、新材料、新能源、生物医药6条重点产业链,深入剖析产业基础、发展前景、产业链供应链配套情况,形成如下调研报告。

一、上海重点产业链基本情况

上海工业以汽车制造、电子信息、石化及精细化工、精品钢材、生物医药为主,6大行业产值占上海工业的三分之二。近年来,根据"高端化、集约化、服务化和二三融合"的发展方针,上海积极推动制造业转型升级,不断提升发展质效,形成了门类齐全、结构完善、技术装备先进、布局合理、大中小企业相结合、协调配套能力强、经济效益高的现代工业体系。

"十三五"时期,上海工业总产值从3.3万亿元提高到3.7万亿元,工业增加值从0.7万亿元提高到0.97亿元。同时,战略性新兴产业保持快速增长,增加值由2015年的0.38万亿元增长至2020年的0.73万亿元,占全市GDP比重从15%提高到18.9%。其中,战新制造业增加值由1673亿元增长至2960亿元,年均增速12.2%,比同期全市增速高5.8个百分点;战新制造业产值从8064亿元增长至1.39万亿元,占全市规上工业比重从26%提高到40%。2021年,上海规模工业战新产业总产值达1.63万亿元,同比增长14.6%。(见表1)

表1 2021年上海规模工业战新产业总产值及增速情况表

序号	行业名称	绝对值(亿元)	同比(%)
1	新能源	582	16.1
2	高端装备	2597	10.3

续表

序号	行业名称	绝对值（亿元）	同比（%）
3	生物	1619	12.1
4	新一代信息技术	5422	0.9
5	新材料	3247	6.6
6	新能源汽车	1773	1.9倍
7	节能环保	940	8.8
8	数字创意	145	11.5
	合计	16325	14.6

"十四五"期间，上海将以集成电路、生物医药、人工智能3大先导产业为引领，大力发展电子信息、生命健康、汽车、高端装备、先进材料、时尚消费品6大重点产业，构建"3+6"新型产业体系，培育具有国际竞争力的高端产业集群，打造联动长三角、服务全国的高端制造业增长极和全球卓越制造基地。同时上海正深入推进长三角产业协作，聚焦集成电路、生物医药、人工智能3大先导产业，以及智能机器人、新型电力装备、节能与新能源汽车、新型显示等重点领域，加强区域协同布局，推进产业链"补链固链强链"，促进产业优势互补和联动发展。

与周边其他城市相比，南通与上海在产业基础、发展方向方面具有较强的互补性，拥有更加明显的优势，在协同发展方面具有较大空间。随着产业能级不断提升，上海逐步进入后工业化时代，产业组织和分工体系发生明显变化，面临人口、土地、环境、安全等底线约束，经济发展综合成本持续上升，正在着力改变依赖低成本要素投入的传统制造业发展模式。

一是从所有制结构看，上海所有制结构国企占了50%，面临深度改革的重大压力和内生动力，为打造"江苏民营经济第一大市"的南通留下了巨大空间。

二是从发展方向看，上海未来将重点突破新一代信息技术、生物医药、高端能源装备等行业重大装备、关键领域的核心技术，新产业的发展必将挤压原有产业空间。

三是从承载空间看，上海土地开发强度已近极限，每平方千米陆域面积支撑工业产值达到4.9亿元，相当于南通的2.7倍。2021—2035年，上海建设用地增量仅有15平方公里,建设用地供应面临"天花板",产业承载空间大幅压缩。

四是从产业链供应链特征来看,供应链会因突发事件和不可抗力而中断,具有一定的不稳定性,需要跨区域多点布局、融通协作,沪通开展产业链供应链的深度配套融合是大势所趋。

五是从产业转型升级来看,上海做法体现为"四个一批":壮大一批,聚焦发展新一代信息技术、智能制造装备、生物医药等战略性新兴产业,成为世界级新兴产业创新发展策源地之一。提升一批,加快推动汽车、船舶等传统优势产业技术升级改造,加快向数字化、网络化、智能化、柔性化转变。调整一批,加快实施腾出土地再利用政策,为战略性新兴产业发展腾出土地和资源环境空间。退出一批,加快调整电子信息劳动密集型产品、低端仓储物流企业,基本完成有色金属冶炼等行业整体退出。

发展需要配套,调整需要腾挪,退出需要空间。南通重点发展的船舶海工、新一代信息技术、高端装备、新材料、新能源、生物医药等产业,均与上海"3+6"重点产业相匹配,两地交往多、黏性足,产业链供应链配套协作前景广阔。虽然现阶段上海制造业调整还主要停留在小而散企业层面,但南通应做好充分准备,保持战略定位,提前布局谋划,留足承载空间,持续承接好上海结构调整和产业转移。

二、南通市产业链供应链存在的问题

2022年,南通市货物运输和人员流动明显受阻,产业链供应链受到较大影响:一是因上海方面的上游原材料、零部件供应商尚未完全复工复产,部分企业供应链受阻被迫减产,由于原材料、零部件短缺,企业生产进度被迫延后;二是由于上海洋山港、虹桥和浦东机场等国际货物流通渠道仍未完全畅通,造成部分企业原材料进口、产成品进出口受阻;三是上海尚未完全复市,部分以上海为主要销售市场的企业受到极大影响。

从2022年4月18日调研情况看,88.4%的企业反映原材料运输困难,73%的企业反映产成品运输困难,69%的企业反映运输成本增加,58%的企业反映疫情导致订单减少或被取消,41%的企业反映上游原材料即将断供,22.5%的企业反映员工无法到岗上班。2022年4月,全市规模工业增加值、规模工业总产值、工业用电量同比分别下降8.5%、3%、14.6%。2022年5月份以来,工业经济逐步复苏,当月规模工业增加值、规模工业总产值、工业用电量增幅由负转正,同比分别增长0.6%、9.9%、2.2%。2022年1—5月,规模工业增加值、规模工业总产值、工业用电量同比分别增长2.1%、10.7%、0.7%,但较一季度分别回落4.1、2.5、5.2个百分点。

2022年,南通市16条产业链总体呈现平稳发展态势,但仍然存在以下薄弱环节:一是供应链本土化程度不够,关键环节对外依赖性较强。南通市在产业链"核心基础零部件、关键基础材料、先进基础工艺、产业技术基础和基础软件"五基领域分布不多,实力不强。二是产业链环节较多集中在中段,高附加值环节不多。南通市制造业存在"三多三少"的现象,即"中间产品配套产品多,终端产品整机产品少;产业门类多,龙头骨干企业少;生产资料产品多,消费资料产品少",导致产业链高附加值环节少,处于价值分配环节中段。三是产业生态体系不够完善,高端人才、共同平台、专业平台稀缺。产业链的健康发展需要良好的生态体系,目前南通市重点产业链均存在生态体系不够完善,人力资源结构性短缺,高端经营和科创领军人才不能满足产业发展需求,操作熟练的技术工人紧缺等困难。大多数产业链科研平台处于成长阶段,缺少行业知名的国家级研发服务机构和载体,特别是产业链共性研发中心、检测中心等公共服务平台普遍紧缺。

三、重点产业链供应链基本情况和发展路径

针对目前产业链存在的短板,为积极应对新形势带来的新要求,全力拼抢上海新一轮溢出新机遇,建议进一步完善产业生态体系,增强产业链供应链抗风险能力,努力实现弯道超车。

(一)船舶海工方面

南通市船舶海工拥有规上企业300余家,规模约1400亿元。产业链由研发设计、总装制造、配套设备制造、产业辅助配套等4大领域组成,南通在总装制造、船舶配套设备制造等方面具有优势,形成了动力配套、甲板机械、舱室辅助机械、船用电气、舾装设备、通信导航和自动化设备、海工装备配套、关键零部件等9个细分配套产业链。

供应链情况:本次共调研20家重点企业,年采购额约86亿元。从调研情况看,总装企业拥有设备供应商最多达到约500家,拥有合格设备供应商1800多家,主要分布于长三角地区的江苏、上海等地,在沿海、长江经济带广泛分布。由于船东普遍选择上海中涂等品牌涂料,上半年中远川崎因疫情导致涂料工序拖期,需要半年多时间才能消化。

相关举措:一是原材料领域,加强与宝钢股份、上海中涂、神钢焊材等企业对接,探索南通设立生产保障基地,保障钢材、油漆、焊接等原材料的供应链稳定。二是配套领域,加强与鹰觉科技、智森航海、艾默生电器等配套企业合作,加大绿色动力与减排系统、控制系统等弱势领域关键技术攻关和产业化支持力度。三是研发设计领域,加强与中船海工设计院、上海船舶设备所、上海船舶工艺所、中船勘察设计院等机构合作,提升LNG装备、绿色船舶、豪华邮轮等设计水平。

(二)新一代信息技术方面

南通市新一代信息技术产业规上企业500余家,规模约1700亿元,在集成电路、光通信、电子元器件等细分领域具有优势。

供应链情况:本次共调研18家重点企业,年采购额约80亿元。从调研情况看,南通市新一代信息技术领域前20强企业的大宗原材料和关键设备供应商主要为江浙沪三地,拥有140多家重点供应商(上海30多家)。通富微电反映进口冷链等海运货物不能直接到达上海口岸。江海电容器反映国际物流不畅导致进口原材料供应不足,企业被迫减产。

相关举措:一是集成电路领域,与上海中芯国际、韦尔股份、中微半导体、芯原微电子等企业加强合作,完善集成电路设计、制造、封装测试以及感知元器件产业链条。二是电子元器件领域,引导本地材料企业与SQM上海、小里机材、上海华奥等电子元器件和电子专用材料企业开展合作。推进昭和等日资元器件企业在通扩大产能,进一步优化本地产品结构,丰富产品种类,做出特色。三是光通信领域,提高行业集中度,将企业产业链向上下游延伸,加强与光通信领域瀚森尤为、上海飞凯等光纤涂料企业的交流对接,实现产业优势互补、共同提升。

(三)高端装备方面

南通市高端装备产业规上企业900余家,规模约1000亿元。其中,关键零部件产业约170亿元,高端成套设备产业约550亿元。

供应链情况:本次共调研21家重点企业,年采购额约35亿元。从调研情况看,南通市高端装备重点企业主要采购钢材、铸锻件、控制系统及伺服电机、高中低压电机、减速机等产品,拥有大中小供应商100多家,主要分布于江苏、上海等长三角地区,少量原材料供应商分布于日韩,少量关键部件供应商分布于中国台湾、英国。国盛智科、佳达精工等企业反映,因上海上游供应商复工复产缓慢,导致原材料、零部件出现短缺,企业生产进度被迫延后。

相关举措:一是高端机床和机器人领域,加强与上海ABB、发那科、山崎马扎克等企业对接,以海门正余机器人产业园、海安机器人产业园为载体,发展工业机器人、高档数控机床与基础制造装备。二是仪器仪表与控制系统领域,加强与上海电气、上海仪电、施耐德工控等企业对接,推动仪器仪表与控制系统等智能装备关键部件产业发展。三是传动滚动部件领域,加强与上海减速机、上海联合滚动轴承等企业对接,突破关键核心技术,发展传动滚动功能部件。

(四)新材料方面

南通市新材料产业规上企业400余家,规模约1400亿元,涉及领域包括先进高分子材料、金属新材料、光电信息材料、新型无机非金属材料、高性能纤维复合材料、新型纺织材料和前沿新材料等。

供应链情况:本次共调研25家重点企业,年采购额约240亿元。从调研情况看,南通市先进高分子材料领域重点企业采购的丙烯酸、丙酮、丁二醇、正丙醇、乙酰苯胺、对硝基苯胺、聚酰亚胺等原材料的供应商以贸易企业居多,主要来源为上海石化、高桥石化。金属新材料领域重点企业原材料供应较为分散,位于上海的企业主要为总部经济,发货地在江阴等地,受影响较小。行业在检验检测、设备调试维护、知识产权等方面对外依赖较大,其中检验检测企业主要集中在上海、苏州等地。因上海等地交通管制,人员流动受阻,检验检测等环节受到较大影响。

相关举措:一是金属新材料领域,对接上海宝钢、上海联磁等企业,发展高性能特种钢铁材料、特种合成材料、磁性材料等新型合成材料。二是纺织新材料领域,对接申达科宝、特安纶纤维、上海里奥纤维等龙头企业,做大做强特种纤维等新型纺织复合材料产业。三是化工新材料领域,加大与上海石化、高桥石化、申桥工业气体、浦晓化工、杜邦中国等上海化工原料、中间体、产成品企业合作,丰富化工新材料产业链原材料供应体系,重点发展高端化工产品。

(五)新能源方面

南通市新能源产业拥有规上企业100余家,规模约700亿元,主要涉及风电、光伏、氢能及燃料电池汽车、储能装备等重点领域。

供应链情况:本次共调研22家重点企业,年采购额约420亿元。从调研情况看,南通市新能源产业上游供应商主要分布在上海、苏南以及江西、湖北、安徽等长江经济带沿线地区,考虑物流成本、质量品牌等方面问题,除一些矿产原材料需要向内陆地区采购外(如石墨、磁钢),南通市产业链企业倾向于向上海、苏南等地就近配套。下游客户遍布西部、东北、长三角以及珠三角地区;新能源汽车企业与上海、苏南等地的整车企业上汽集团、苏州金龙、南汽集团等合作较为紧密。因关键核心技术和产品对外依赖程度较高,企业在上海、苏南的配套受到较大影响。

相关举措:一是在风电领域加强与上海电气、上海玻璃研究院等企业和机构对接,重点发展大容量海上风电整机及碳纤维风机叶片、高性能复合材料等产品,搭建风电公共检测试验平台。二是光伏领域,支持中天、韩华等企业巩固光伏电池及组件产品制造能力,与晶科光伏对接,积极研发新一代光伏核心控制技术及产品。三是储能领域,推动沃太能源、上海电气国轩等本地企业积极吸引上海科创、金融等资源,协同参与上海企业关键核心技术攻关,推动产业链向价值链中高端提升。四是氢能和燃料电池汽车领域,加快与上海捷氢、韵量、东岳等电堆、膜电极、质子交换膜企业对接,加快发展南通市燃料电池产业。在汽车车身轻量化、汽车电子等方面,加强与上汽集团、特斯拉等上海整车企业开展供应链合作,引导南通市企业向一级供应商、产品向零部件总成转型。

(六)生物医药方面

南通市生物医药产业拥有规上企业100余家,规模约280亿元。初步形成海门东布洲科学城、市开发区、市北高新区、启东生命健康城、如东生命健康园、如东洋口化工园等产业集聚区。

供应链情况:本次共调研22家重点企业,年采购额约6.5亿元。从调研情况看,南通市生物医药产业(原料药、化学药、中药、生物制品、医疗器械等)头部企业主要采购乙醇等原料、铝箔袋等辅料及离心机等设备,有各类供应商120余家,主要分布于江浙沪等长三角地区。在检验检测、设备维护、资质认证、产学研等方面,较依赖上海及苏南的单位,依托上海的检验检测服务、资质认证、专业设备安装等方面存在困难。

相关举措:一是化学药和制剂领域,积极对接上海医药、复星医药、药明生物等龙头企业,在巩固和发挥南通原料药产业优势的同时,培育基因药产业链,重点发展靶向性治疗药物,开发形成防治肿瘤、心血管疾病和自身免疫性疾病等重大疾病的化学药替代新药。二是合成、中试、检测领域,加强与上海创诺、南模生物等单位合作,提升基础研究和原始创新水平。三是医疗器械领域,加大与联影医疗、凯利泰医疗等大中型、植入型医疗器械企业合作,推进体外诊断设备和配套试剂、高值耗材等重大产品攻关,做大医疗器械行业规模。

四、相关工作机制

进一步发挥南通制造强市建设领导小组功能,强化组织推进,从提升区域整体竞争力出发,以体制机制改革创新为抓手,发挥比较优势,优化错位发展,形成优势互补、各具特色的沪通产业链供应链协同发展的新格局。

(一)强化组织推进

一是加强产业协作。市级层面组建沪通产业链供应链配套协同服务中心,整合零散资源,整体推动沪通产业链供应链配套协同发展工作。加强与上海市经信委、商委等单位对接,建立系统化协作关系,及时沟通沪通产业合作信息。二是提升专业招商。市相关部门会同各板块,组建由主要负责人任组长,分管负责人挂钩联系的沪通产业链供应链配套协同招商小组,走访在沪跨国公司、央企、国企、优质民企、行业协会、科研院所、行业龙头及产业链上下游企业,针对6条重点产业链薄弱环节开展针对性招商,补齐关键核心配套体系。三是加大园区共建。引导各县(市、区)根据自身产业基础、发展优势,自主选择与上海产业合作区域和方向,实现沪通合作园区在通全覆盖、再提升。

(二)加大要素支持

一是提升产业投融资服务。完善产业创投风险补偿机制。探索设立南通产业母基金和若干沪通产业合作子基金,积极参与沪通产业链并购重组和重大项目的招商推进。二是创新科创人才合作模式。鼓励企业依托上海科创、人才资源,建设离岸孵化服务中心等企业驻沪研发机构,探索户口社保在上海、工作研发在南通,以及工作在上海、收益在南通的新型科创模式和柔性引才模式,将上海尖端科技和优秀人才资源为我所用,实现区域联动协同发展。三是做强行业公共服务平台。借力上海科教优势,聚焦全市16条优势产业链,整合技术研发、成果转化、标准推广、计量检测、知识产权等资源,支持沪通产业链研发中心、检测中心、信息中心、管理咨询、技术专利、人力资源、协会联盟、党建联盟等中介服务体系加快建设。四是打造会展品牌。组织召开2022沪通科技创新、产业合作、人才交流大会。邀请上海市有关地区、部门参与南通江海国际博览会、新一代信息技术博览会,共同打造区域产业会展新品牌。

(三)完善制度体系

一是提升合作层级。积极向上汇报,争取国家和部省层面的大力支持,立足环沪区域的产业体系完整和产业安全稳定,加强推动沪通在产业、能源、交通集疏运体系等方面全方位多层次的合作,探索沪通产业片区、项目转移存量、增量的利益分配新机制。二是强化目标管理。充分发挥考核导向作用,细化各项目标,将沪通产业链供应链配套协同发展纳入全市招商考核体系,加强督查督办,推动各板块按序时进度组织推进。三是推进共建共享。持续引进上海各地区、相关主体和南通各板块开展园区共建,创新园区建设管理模式,实现两地收益共享。

葛 蕾 周楚杰 李 磊
2022年7月

县(市)区篇

海安市民营经济发展报告

海安市发展和改革委员会

2022年,海安市坚持稳中求进工作总基调,稳步实施民营经济转型升级。民营经济成长势头迅猛,已成为海安经济发展的主力军、创新转型的主动力、就业增收的主渠道。

一、民营经济主要工作推进举措

(一)加强运行监测,民营工业企稳向好

加大对重点指标、重点行业、重点企业监测力度,紧盯规模以上工业企业,紧紧围绕培育目标,分类指导,超前研究。申报期1—10月,完成全部工业开票销售1894.41亿元,同比增长4.23%(不考虑调库因素,同比下降3.84%;剔除金属贸易企业锁盘控票同期数影响,同比增长8.19%),预计2022年完成2300亿元。所属期1—9月,完成规上工业应税销售1358.84亿元,与同期持平(剔除金属贸易企业锁盘控票同期数影响同比增长5.90%),预计2022年完成1850亿元。1—10月份,实现规上工业总产值1727.82亿元,同比增长11.31%,总量列南通第1、增幅第2,预计2022年完成2080亿元;累计工业用电量42.85亿千瓦时,同比增长2.52%,总量、增幅均列南通第4,预计2022年工业用电量46.5亿千瓦时;新增规模工业企业171家,预计2022年新增220家。

(二)强化政策扶持,全面助企纾困解难

从政策的稳定性、延续性、导向性出发,立足新形势、新产业、新模式,在2021年普惠政策的基础上,对相关条款进行优化、补充及调整,重点突出数字化转型、单位产出效益提升等内容。牵头草拟《关于进一步帮助市场主体纾困解难着力稳定经济增长的若干政策措施》并经市政府发文公示,从九个方面提出54条政策措施,努力帮助企业解困难、稳预期、强信心,累计减免"六税两费"超1亿元,国家阶段性降低失业保险费率减征超4200万元,办理留抵退税超17亿元。出台《关于增强制造业内生动能 实现更高质量更有效益发展的若干政策意见》,从6个部分激励重点企业提质增效、加快投入,积极应对经济下行压力。

(三)项目建设难中有进,民营投资强而有力

2022年,海安市入选省级重大项目3个,开工率100%。入选南通市级重大项目23个,其中新开工项目19个(开工率100%)、竣工达产项目4个。东材新材料获省级战略性新兴产业资金1800万元,助推海安市战新产业蓬勃发展。腾海污水处理中心等9个项目获政府专项债券资金10.43亿元;人民亿元入围设备购置与更新贷款财政贴息项目,已签意向协议(光大银行5000万元、建设银行2660万元)。

一是冠军培育成绩斐然,龙头民营企业实力不断提升。鹰球集团、兴华胶带获评国家级制造业单项冠军企业(产品),威尔曼、鹰球集团、东材新材料、兴华胶带入选中央财政支持的重点专精特新小巨人企业,跃通数控、浩驰科技、中机锻压、江中光电、万力机械、飞亚化工获评国家级专精特新小巨人企业,"国家队"总数达到19家(单项冠军8家、专精特新11家)。新增省级专精特新小巨人企业43家,总数达到71家,位列南通第一。第七届"创客中国"暨2022年江苏省中小企业创新创业大赛,海安市8家企业获奖,占南通获奖企业数的73%。获评创新型企业363家,南通第一。高新区科创园获评国家级小型微型企业创新创业示范基地,国字号、省字号基地累计达到60余个。承办了长三角国防科技成果转化大会和创客中国新材料专题赛两场省级活动,海安产业形象不断提升。

二是聚力降本增效,营造民营发展宽松土壤。坚持把降低制度性成本作为主攻方向,用改革的办法疏通瓶颈,让企业轻装上阵、充分竞争。在土地供给上,深化亩均论英雄改革,建立健全工业企业亩均绩效评价体系,认定盘活闲置低效用地21宗771亩。在金融服务上,探索开展海安市供应链金融公共服务平台建设,平台平均融资成本为4.51%。在南通地区设立首支"信保贷"基金,基金规模达3亿元。在人才支撑上,共有24人入围

"省双创计划",32人入围"江海英才计划",入选数在南通市处于领先地位,研究出台"助才抗疫十二条",为65家人才企业减免各项费用1205万元。全面落实国家关于普惠性减税和结构性减税降费政策,海安市一般退税时长压缩至3.37小时以内,退税时长缩短30%以上。目前累计共办理增值税留抵退税17.7亿元,缓缴中小微制造业税费8.61亿元。深化公共资源"不见面"交易,免收建设工程交易服务费105.46万元,利用保函提供投标担保服务11.44亿元。

三是巩固放大枢纽优势,不断提高民营经济互联互通水平。持续打造以现代物流为重点的商贸物流园板块,不断提升物流产业能级。铁海班列、中欧班列、凤山港ICT项目常态化开行,海安至洋山港的班列增加到每周10列,洋山港、宁波港两个方向的海铁快线班列累计开行515列18660车。ICT项目新增1条航线,开行驳船23个航次634箱。"海安—越南"中欧班列常态化开行,累计开行34列1289车次,海安正式纳入全省国际班列5个开行城市统筹管理。铁路物流基地到发量156万吨,凤山港集装箱吞吐量1.99万标箱,保税物流中心进出口贸易额1.16亿美元,进出区货值2.42亿美元。进境肉类指定监管场地正式运营,玉米、小麦交割库获批。

四是智能化改造数字化转型,扩大民营企业转型升级优势。①企业上云抢先机。结合"智能化改造和数字化转型"宣贯活动,鼓励企业践行信息化生产管控,不断提高生产元素管理之间的协同性。2022年,认定省星级上云企业31家,其中三星级上云企业20家,四星级上云企业8家,五星级上云企业3家,五星级、四星级上云企业数均列南通市第一。②两化融合强引领。分行业组织重点企业与两化融合管理体系贯标服务机构开展对接活动,进一步明确企业信息化发展的战略目标和实施步骤。6家企业被认定为2021年南通市工业互联网融合创新试点示范企业;5家企业入选2022年江苏省两化融合贯标示范企业培育对象名单;11家企业通过工信部两化融合管理体系贯标认证,另多家企业正在进行贯标认证工作。③技术创新争一流。鼓励引导企业有效整合产品设计、生产工艺、设备运行、运营管理等数据资源,开展面向不同行业和场景的应用创新,促进企业发展壮大。铁锚玻璃获得国家级技术创新示范企业认定，南通唯一；飞亚化工等4家企业获评省级企业技术中心；通润汽车获得省工程研究中心评定；天楹环保等9家企业获得南通市首台套认定，数量海安市第一。其中，天楹、超力2家企业正在申报省级首台套。

五是扎实推进节能降碳工作，突出绿色制造体系建设。对28家重点用能企业开展节能专项监察，推动企业节能改造能效提升。助推项目节能审查申报，加强兴鹿、捷安特、海威光电等8个5000吨标煤以上项目报省节能审查指导，所有项目均已获批；联合行政审批局、属地政府，指导办理新建项目和存量项目节能审查意见，加强事中事后监管，助力项目落地生效。繁华玻璃节能调光特种玻璃生产项目获批2022年第三批省工业和信息产业转型升级专项资金2000万元。鹏飞集团节能焙烧回转窑绿色制造系统解决方案供应商项目和瑞恩电气智能电力变压器绿色技术应用提升项目完成验收。常安能源有限公司热电联产项目完成验收销项工作。组织双弘公司和天楹成套设备申报国家绿色工厂，康桥油脂、鹏飞集团、科达建材和飞亚化工申报省级绿色工厂。

二、民营经济整体情况

海安市民营经济增加值占GDP比重71.9%，民营企业税收额占税务部门直接征收总额比重达85.22%，民间投资占全社会投资比重达89.6%，民营经济市场主体数量占市场主体比重超98%，拥有江苏省民营企业200强企业8家，民营上市公司3家（江苏联发集团股份有限公司、中国天楹股份有限公司、江苏鹏飞集团股份有限公司）。

经过多年发展，海安民营经济发展成绩显著。一是民营市场主体活力不断激发。2022年，海安市民营市场主体累计达到12.49万户，私营企业累计超过3.26万户。二是民营资本投资热情不断高涨。近五年来，新开工亿元以上民营产业项目501个，其中10亿元以上重特大项目74个，累计实现投资1091.25亿元。三是民营企业社会贡献不断提升。在疫情等超预期因素的冲击下，海安市民营企业展现出强大韧性，2022年，上缴全口径税收76.39亿元，吸纳52.8万人就业，占海安市91%，成为海安市经济稳中向好的关键支撑。四是亲企爱企氛围不断形成。年均举办政策宣讲100

场次以上,发放"政策一本通"10000 册,服务企业科技行、项目建设四方联动等服务民营企业工作举措成效显著。

在各个领域,海安市民营企业经济综合实力不断攀升。民营工业已建成国家级新型工业化产业示范基地,入选省民营经济高质量发展示范市、省制造业高质量发展示范区,高端纺织、高端装备 2 个千亿级龙头呼之欲出,节能环保、现代医药等 8 个百亿级骨干冉冉升起。打造了 8 个国家级单项冠军、11 个国家级专精特新小巨人、2 个中国质量奖提名奖、4 个国家科学进步奖的民营国家队方阵。民营建筑业 2022 年完成施工产值 2075 亿元,总量在全省、海安市均处于第三位。拥有特级资质民企 4 家、一级资质民企 62 家、二级资质民企 134 家、三级资质民企 259 家。3 家企业进入江苏建筑业百强企业"综合实力类"50 强。在国内外形成超 100 亿市场 3 个、超 50 亿市场 8 个、超 20 亿市场 12 个。民营服务业,2022 年实现应税销售 1065.4 亿元、社会消费品零售总额 421.5 亿元,完成服务业增加值 546.7 亿元。创建省两业融合企业重点企业 4 家,东部家具城创成省级现代服务业高质量发展集聚示范区,江淮文化园、乐百年小镇康健文化苑分别创成国家 4A 级和 3A 级景区。中大街获评首批省级高品位步行街培育街区,万达广场、星湖 001 等一批商业综合体消费拉动作用明显。

三、主要不足

当前,市场对供给质量和水平提出了更高要求,不少民营企业过度依赖低成本要素投入的粗放发展模式,创新意识和创新能力不强,转型升级的积极性主动性不够。

部分民营企业对"一带一路"重视不够,没有及早探索多元出口市场,在单边主义抬头,外部环境发生深刻变化后,企业受挫严重。

部分民营企业仍是家族式管理,不完善的法人治理结构、现代企业制度限制了企业在市场竞争中发展壮大。

四、下一段工作思路

(一)明确目标,抓住关键,全力支持民营经济实现大发展新发展

实施产业焕新空间再造三年行动、"单项冠军、专精特新"双名城三年行动、智能化改造数字化转型三年行动。走好专精特新发展之路、节约集

约发展之路、技术改造发展之路、创新驱动发展之路。

(二)创新引导,优化服务,着力营造亲密有间、清廉有温的营商环境

建立九大专班、开展六大行动,深化市场主体服务。完善更加有效的专项政策体系,切实提高民企对支持政策的信任感、获得感和满意度,打响"海心安"营商环境品牌,强化亲清政商关系。

(三)加强领导,落实责任,为民营企业的发展提供坚实的保障

提升组织水平,力争将促进民营经济高质量发展情况纳入海安市考核评价体系,探索实施政企会、早餐会。建立重点任务清单,挂图作战、跑表计时、系统推进。强化政治引领,加强民营企业家培训,进一步弘扬张謇企业家精神。

新的征程,我们将以13万家民营市场主体为基础,充分围绕"枢纽海安,科创新城"定位,把市场打得更开,把环境做得更好,把政策调得更优,把特色变得更亮。

刘华骥
2023年4月

如皋市民营经济发展报告

如皋市发展和改革委员会　如皋市工商业联合会

2022年,面对复杂严峻的国际环境和多重超预期困难挑战,如皋市在南通市委、市政府的正确领导下,深入贯彻落实"六稳六保"工作任务,高效统筹疫情防控和民营经济发展,持续探索优化民营经济营商环境路径方法,充分激发民营企业发展的活力和创造力,圆满完成民营经济发展各项年度目标任务,如皋市民营经济交出了一份"稳中有进、难中有为、干中有成"的发展答卷。

一、2022年如皋市民营经济发展情况

(一)民营企业规模量质齐升

2022年1—12月,如皋市个体工商户达15.88万户,比年初增长6.47%,私营企业达3.91万家,比年初增长0.41%。规模以上民营工业增加值同比增长7.7%,完成产值同比增加8%。日达智造销售首超150亿元,新增40亿元企业1家、10亿元企业6家、亿元企业40家,新增新开业规模工业企业41家、位列南通第一。

(二)项目投资大有可为

2022年1—12月固定资产投资增幅和工业投资增幅分别为6.4%、9.8%,均位列南通第二。新开工5亿元以上工业项目27个,省、市级重大项目全部开工建设、完成投资60.1亿元。完成技改投入134.51亿元,占工业投入37.2%,其中亿元以上技改项目达30个,实现纳税500万元以上企业技改实现全覆盖、规上企业技改面60%以上。

(三)税收贡献持续凸显

2022年1—12月,民营经济入库税金64.79亿元,民营经济税收占全部税收的比重为66.45%,纳税超5000万元企业18家、超亿元企业6家。

实现规模以上工业总产值1550亿元、增长7%,规上工业应税销售1480亿元、增长8%,六大优势产业链应税销售同比增长20.1%、占规模工业比重上升到84%。完成服务业应税销售1700亿元,规模以上服务业重点行业营业收入同比增长14.4%,新增规上服务业企业92家。

二、推进民营经济发展主要举措

(一)全力以赴抓产业发展,着力优化产业链结构

做大做强产业集群。大力实施"产业强链"行动计划,建立市领导挂钩联系机制,紧扣关键领域、关键环节、关键产品,研究制定产业链条图、市域分布图、重大项目图、重点企业图、产品品牌图,实施"挂图作战",优化产业配套半径,建立龙头企业配套备选清单,支持优势企业通过并购、引进、参股等方式补链强链扩链,提高产业垂直整合度。如皋市战略性新兴产业产值增长27.7%,占规上工业比重分别达48.3%。助推实现创新转型。出台《如皋市专精特新"小巨人"企业培育三年行动计划(2021—2023)》,建立市级培育库,强化运行监测和动态管理,助力中小企业"专精特新"发展,年度新增国家"专精特新"企业7家,省级24家。大力实施两化融合贯标工程,鼓励存量企业"智改数转",新增国家级两化融合贯标企业23家,省级企业技术(工程)中心4家、省级五星级上云企业2家、智能车间5家。高质量打造资本市场"如皋板块",新增上市公司1家、报会1家、股改2家。助力优化营商环境。高效落实各项惠企纾困政策,上争助企奖补资金2.03亿元,新增缓减退免税费超40亿元,获得退税中小微企业户数占比超99%,企业获得感不断增强。"放管服"改革纵深推进,"证照分离"改革取得阶段性成效,重点企业执法检查"白名单"制度全面实施,市场主体信用分类分级监管实现规上工业企业和在建项目施工企业全覆盖,商事制度改革获省政府督查激励,政务诚信评价综合考评位居全省第一等次,"如意"营商环境品牌效应持续放大。

(二)全力以赴抓项目建设,树立项目为王鲜明导向

全力以赴招大引强。牢固树立"项目为王、招商为先"理念,聚焦六大优势产业链精准出击,深入开展"招商引资突破年"活动,开展"线上+线下"融合招商,组织项目"云洽谈""云签约"等线上招商活动54批次,举办如皋(长三角)投资说明会、"一会两节"等重大活动,签约亿元以上项目

48个、投资额超368亿元。狠抓项目投资建设。持续优化月度观摩、联合预审等"八项机制",完成工业投资额增长10%,新开工5亿元以上工业项目27个、专精特新等高质量制造业项目12个、服务业项目114个,竣工项目8个、转化项目6个。实施亿元以上技改项目30个,省、南通市重大项目完成年度投资计划。提供供给要素保障。全面落实组合式税费支持政策,累计为各类市场主体减负40亿元。新增制造业贷款46亿元,获批省金融生态优秀县,金融服务实体经济获得省政府督查激励。完成"三区三线"划定,盘活低效用地1862亩,租赁集体经营性建设用地593亩,出让南通首例混合产业用地。

(三)助推民营企业科技创新,激活民营经济发展动力

培育创新主体。高度重视企业家在创新发展中的"领头羊"作用,分类实施磐石、雏鹰企业家培养工程,分产业、分层次开展企业家培训活动,企业中高管培训近1000人次,覆盖全部规上工业企业,企业创新意识显著增强。深入实施"高企倍增"计划,净增高企142家,高新技术产业产值占比达51.6%。力星钢球创成国家企业技术中心,实现历史性突破。新增省级企业技术(工程)中心9家。招引、培育科创项目105家和38家。新增潜在独角兽企业1家、瞪羚企业5家。获批省科学技术进步奖4个、重点研发项目4个、成果转化项目2个。集聚创新资源。深入实施"高企倍增"计划,净增高企142家,高新技术产业产值占比达51.6%。力星钢球创成国家企业技术中心,实现历史性突破。新增省级企业技术(工程)中心9家。招引、培育科创项目105家和38家。新增潜在独角兽企业1家、瞪羚企业5家。获批省科学技术进步奖4个、重点研发项目4个、成果转化项目2个。优化发展环境。出台科技创新30条、人才22条,发放科技金融贷款18.3亿元、居南通首位。组建科创投集团,引入科技合作基金5支、股权投资项目11个。新增省外国专家工作室1家,入选国家重点人才计划4名,省"双创计划"10人、"双创团队"3个。编制出台全国首个县域标准化发展规划,在全省县域率先建成知识产权保护中心,主导或参与制定国家、行业标准16项,新增江苏精品2件,力威机械荣获省标准创新贡献奖。新增全国科普教育基地1个。获批"科创江苏"试点县市。

三、2023年目标举措

2023年，如皋市将全面贯彻党的二十大和二十届一中、二中全会精神，坚持稳中求进工作总基调，完整、准确、全面贯彻新发展理念，主动服务和融入新发展格局，持续优化营商环境，保障民营经济发展迈上新台阶。

(一)抓项目、扩投入，促进技术落地转化，着力推动民营经济高质量发展

树立"大抓项目、抓好项目"的鲜明导向，不断扩增量、优存量，全力以赴推进项目建设持续发力。赋能招商引资。创新项目建设体制机制，坚持重大制造业项目与科创项目并重，更加关注投资强度、亩均税收、单位能耗、科技含量等指标，在源头上提升项目质量。精心办好科技人才洽谈会、如皋(长三角)投资环境说明会等品牌节会和各类专题招商活动，加强招商队伍专业化建设，整合优化各类招商平台，全力推进与苏南、上海、深圳等地的精准对接，确保新签约并注册总投资超5亿元项目42个以上，力争在50亿级、百亿级重特大项目招引上再结硕果。发动项目攻坚。严格落实领导挂钩制度和重大项目推进"八项机制"，集中力量突破重特大项目，力争2023年新开工5亿元以上工业项目30个，其中10亿元以上12个，省市重大项目三季度全部开工。咬定关键节点，紧盯实物工作量，重点推动斯堪尼亚商用车及动力总成、金鹰产业园二期、正海磁材二期、康瑞新材等重大项目快开工，力促赛得利白卡纸和莱赛尔纤维、霖鼎光学、势加透博等项目快建设，确保正海磁材一期、如天光电等项目快达产，全力提升项目竣工率和转化率。建立"一项目一策一专班"推进机制，力争超期未竣工转化项目尽快清零销号。强化要素保障。加强项目联合预审，更加突出投资强度、亩均税收、科技含量、能耗水平等关键指标，严格把控项目质量。健全项目推进机制，建立重大项目服务管理平台，强化从签约、开工、竣工到达产的全生命周期服务。探索实施产业用地新政策，盘活低效工业用地1800亩，推动专业园区集中集聚发展。成立园区产业发展基金，充分发挥"政银担"风险分担机制，新增制造业贷款50亿元以上。完善上市企业培育梯队，新培育上市(挂牌)企业2家、报会2家。

(二)调结构、促转型，培育民企创新主体，着力推进民企科技自立自强

深入实施产业倍增三年行动，促进产业链与服务链、价值链精准衔

接、深度融合。①加快发展先进制造业。大力培育生态主导型企业,构建"龙头带动、配套跟进、全产业链发展"的集群式发展格局,重点推动汽车及零部件、高端成套设备及关键零部件、新型电力装备等产业加紧突破关键领域,支持新材料、电子信息产业向高附加值方向提升规模和能级,鼓励生命健康产业围绕健康食品加工开辟新动能,确保六大优势产业链应税销售占规模工业比重85%以上,战略性新兴产业产值占工业总产值比重达50%。加大"2523"大企业、制造业单项冠军、专精特新"小巨人"企业培育力度,新增应税销售超50亿元企业2家、20亿元企业2家、10亿元企业5家、新开业规模工业企业40家,培育省级以上专精特新"小巨人"企业10家。②推动智改数转。坚持把数字经济作为产业转型发展的关键增量,大力开展数字赋能行动。开展智能制造诊断服务,鼓励企业"触网"融合,促进数字技术与制造业融合发展,新增国家级两化融合贯标企业20家、省级工业互联网标杆工厂1家、五星级上云企业3家、智能车间5个。深入实施现代服务业繁荣发展三年行动,大力培育科技服务、现代物流、软件信息和服务外包等业态,新增规上服务业企业60家,创成省级现代服务业高质量发展集聚示范区2家。实施建筑业振兴计划,引导企业向数字、绿色建造转型,力争建筑业总产值1750亿元。③优化营商环境。深入打造"如皋如意"营商环境品牌,纵深推进"放管服"改革,确保营商环境评价保持全省前列。深化"无证明城市"建设,全面加强电子证照应用,扩大"不见面审批""一网通办"覆盖面,推动更多事项集成办理,实现高频政务服务事项"异地通办",不断提升群众办事便利度。完善信用风险分级分类评价指标体系,持续拓展应用场景,深化"信用+双随机"融合监管模式,常态化运行公平竞争审查智慧化监测平台,争创全国社会信用体系建设示范区。

(三)聚资源、引人才,聚力构建科创生态,全面激活民营经济发展动能

坚持创新在全局中的核心地位,以省创新型示范县市建设为引领,加速集聚创新资源,深度推动产创融合。①培育高水平创新主体。深入实施"高企倍增"计划,高企总数突破600家,认定科技型中小企业900家。支持龙头企业参与省市"揭榜挂帅"、开展产业链关键技术协同攻关,引导更多中小企业主动对接大院大所开展联合创新,新增省级企业技术(工程)

中心10家,实施产学研合作项目300个、技术合同成交额超120亿元。深入推进标准化和质量提升行动,主导或参与制定各级标准18项,组建全国标准化专业技术机构1家,每10亿元GDP发明专利拥有量达26.56件。②打造高能级创新载体。加快推进龙游河科创走廊规划落地,启动雉水科学城、龙游湾科创智谷、磨头"科创小镇"建设,加紧青年人才公寓国际社区建设,推动皋加速科创园、氢能产业园等建设专业化"众创空间、孵化器",培育省级以上孵化器、加速器、众创空间超10家,其中专业孵化器3家。支持正海磁材、高压电器建设国家企业技术(分)中心,新瑞药业建设省级企业联合创新中心,鼓励宝众宝达、星球石墨、森松重工等龙头企业建设新型研发机构。发挥"飞地孵化器"优势,深度对接清华大学、上海交大、"大零号湾"等科创资源,加强与东方富海、君桐资本等创投机构合作,落户优质高校成果转化项目30个。③构建高效能创新生态。推进省级创新型示范县市建设,完善科技创新双月例会制度,确保科技重点指标进入南通第一方阵。实质性运行科创投四大业务板块,引进优质股权投资项目12个。持续推进"苏科贷""高企融资服务直通车"和科技担保服务,确保新增贷款20亿元。加快青年友好型城市建设,深入实施"雉水英才"引进计划,力争引进顶尖专家和高端团队6个、高层次创新创业人才50名、高校毕业生4700人以上,培养技能型人才7000人。弘扬沙元炳企业家精神,实施中生代企业家"磐石"工程、新生代企业家"雏凤"工程,全面加强民营企业家队伍建设。

肖莉莉

2023年4月

如东县民营经济发展报告

如东县发展和改革委员会 如东县工商业联合会

2022年,如东县在南通市委、市政府正确领导下,围绕坚持制造立县、制造强县,周密谋划、精心组织,民营经济发展实现"十四五"良好开局,民营经济在如东县经济社会发展中的支撑作用进一步彰显。

一、2022年民营经济的支撑作用进一步提升

2022年,民营经济仍然是推动如东县经济发展的主要力量,是如东县创业就业的主要领域、技术创新的重要主体、如东县税收的重要来源,为如东县经济发展、政府职能转变、农村富余劳动力转移等发挥了重要作用。

(一)民营企业规模快速增长,成为如东县经济的重要组成部分

如东县民营企业已经成为如东县经济的重要组成部分,企业数量持续增多,总体规模持续增长。2022年如东县民营企业总数已达10775户,占如东县企业12088总户数的89.14%(有纳税行为口径);民营企业应税销售总量3147.86亿元,占如东县总量的88.68%;民营企业入库税金59.9亿元,占如东县入库税金总量的91.74%。另外,截至2022年年底,如东县共有纳税行为个体工商户981户,入库税金1.59亿元。

(二)着重抓实体民营经济,成为制造业领域的主力军

如东县民营企业以制造业和实体经济为本。2022年制造业领域民营企业户数4839户,占企业总量5673户的85.3%(有纳税行为口径);2022年制造业民营企业应税销售1404.02亿元,占如东县制造业总量的82.38%;2022年制造业民营企业入库税金32.42亿元,占企业如东县制造业总量的174.77%(外资企业有留抵退税,本年收入为负值)。

制造业领域民营企业是实实在在的"主力军和突击队",不少民营企业成长为较有影响力的企业。2022年规模以上民营工业企业有801家,占如东县规模以上工业企业86.97%;2022年规模以上民营工业企业资产总额1481.75亿元,占如东县规模以上工业企业的56.92%;2022年规模以上民营工业企业营业收入1133.03亿元,占如东县规模以上工业企业的65.73%;2022年规模以上民营工业企业税金及附加5.16亿元,占如东县规模以上工业企业的68.8%;2022年规模以上民营工业企业利润总额94.99亿元,占如东县规模以上工业企业的61.95%。

(三)民营企业成为就业主渠道,"稳就业"作用凸显

今天,民营企业提供八成的劳动就业岗位,民营企业发展对于促进就业和"稳就业"发挥着十分重要的作用。

从就业结构来看,民营工业企业成为如东县就业主渠道。2022年如东县规模以上民营工业企业平均用工人数达到7.84万人,占如东县工业企业平均用工人数的75.89%。

(四)成为科技创新重要力量,战略性新兴产业崛起

2022年,如东县民营经济贡献了70%以上的技术创新成果。一批民营企业,如高新技术产业和新经济领域,快速崛起,推动了如东县科技创新。

2022年,民营企业研发投入力度增强。2022年,规模以上民营工业企业研发费用30.41亿元,占如东县规模以上工业企业的75.81%。

(五)社会贡献持续加大,积极履行社会责任

2022年如东县工业民营企业固定资产投资充当主力军,对于"稳增长""稳投资"发挥了积极作用。

如东县民营经济在快速发展的同时,民营企业家坚持"先富帮后富、最终实现共同富裕",在定点扶贫、公益慈善、"百企连百村"、新农村建设等扶贫事业方面,都烙下了如东县民营企业家的印记。

二、民营经济转型步伐加快,民营经济动能持续增强

(一)创新能力持续增强

认定省工程技术研究中心5家,如东县以上企业研发机构数达101家;认定省众创空间1家,省级以上科技创新载体平台达到30家;技术成

交金额呈现几何级增长,预计2022年超60亿元,与2021年相比翻了一番,与2020年相比翻了两番;新签产学研合作项目51项,实施产学研合作83项;如东县高新技术产业产值占规模以上工业总产值比重预计达47%;现有外国高端人才和专业人才来华工作人数35人。高新技术企业申报152家,比2021年增加22家,申报数再创历史新高;科技型中小企业评价入库418家,比2021年增加85家,创历史新高;认定市级雏鹰企业10家、瞪羚企业5家、独角兽培育企业2家,招引科创项目52项。

(二)产业发展展现韧性

"转型升级攻坚年"强力推进。聚集重点产业链,着力培育链主企业和行业龙头,获评国家制造业单项冠军企业1家、国家专精特新"小巨人"企业2家,29家企业进入省"专精特新"中小企业公示名单。新认定省智能制造示范工厂2家、市级智能车间8个、省星级上云企业6家。实现全部工业应税销售1900亿元,规模以上工业总产值1770亿元,规上工业应税销售1600亿元,三大指标总量均保持在全市前列。新增规上工业企业110家,新培育工业应税销售100亿级企业1家、50亿级企业1家、10亿级企业4家。中天科技上榜全国首批"数字领航"企业,并顺利通过全国质量奖确认评审。

(三)项目建设持续发力

如东县新开工5亿元以上工业项目28个,累计完成投资47.1亿元。实施专精特新项目10个,实施智能化改造数字化转型项目275个。15个项目纳入省、市重大项目计划,累计完成投资92.2亿元,产业项目综合排名继续保持全市第一方阵。重大项目上位审批实现突破,9个项目获省能评批复,4个项目通过市节能审查,计划总投资超400亿元,为经济稳健发展提供强大支撑。

三、如东县开放融合深入推进,民营经济活力加速释放

(一)市场主体活力释放

2022年新发展个体工商户11600家,同比增长21.9%,新登记企业3000家。新增上市过会企业1家,辅导备案企业1家,入轨股改企业4家,入轨企业7家,入围企业17家。银行业各项贷款1540.64亿元,比年初增加 278.85 亿元,增量在全市六县(市、区)排名第一;工业贷款余额 372.56 亿元,排名第二。

(二)营商环境不断优化

持续深化"放管服"改革,全力推动"一件事"落地,推进"拿地即开工"建设模式,试点"住所与经营场所分离登记"改革,全面推进"证照分离"改革。"一件事、一窗办、一次办"得到有序落实。市场活力得到进一步激发。

缪建院

2023 年 3 月

启东市民营经济发展报告

启东市发展和改革委员会　启东市工商业联合会

2022年，面对复杂多变的国内外经济环境以及疫情反复的影响，在市委、市政府的坚强领导下，启东市民营经济战线坚定发展信心、大力弘扬张謇企业家精神，积极为民营企业服务，鼓励和引导广大中小民营企业制度创新、技术创新和管理创新，启东市民营经济运行保持恢复和回稳态势。

一、启东市民营经济主要特点

（一）经济发展稳中有进

2022年，启东市民营经济实现入库税金70.08亿元，同比下降18.5%，占全部税收比重达到75.7%，占比较2021年提升4.3个百分点；规上民营工业增加值同比增长7.9%；高于启东市规模工业增加值4.4个百分点；规上民营工业产值同比增长10%，高于启东市规模工业产值增幅1.6个百分点；规上民营工业产销比达92.6%，高于启东市规模工业产销比0.9百分点。民营经济固定资产民间投资同比0.3%，其中私营个体经济增幅8.1%，增幅在南通八县市区排名第1。2022年启东市个体工商户达到90454户，比年初增长5.0%；私营企业达到26140家，比年初增长6.4%。

（二）新兴产业表现亮眼

2022年，启东市临港、特色、战新等重点产业累计实现工业应税销售1058.1亿元，占启东市规模工业应税销售的92.3%。其中，新能源及装备、电子信息及半导体、生命健康等新兴产业持续保持正向高位增长。新能源及装备产业发展势头强劲，2022年实现工业应税销售247.7亿元，同比增长18%，占启东市规模工业应税销售21.6%。其中海四达电源股份有限公司锂电子电池业务受国内外小动力市场需求提升的带动,产品订单激增,出货同比大幅增长,2022年累计实现工业应税销售26.5亿元,同比增长18.7%,实现增量4.2亿元。电子信息及半导体产业发展活力较强,已逐渐打响具有全国影响力的名牌标签,2022年实现工业应税销售85.1亿元,同比增长3.6%,其中江苏林洋能源股份有限公司、托伦斯半导体设备启东有限公司、江苏启微半导体设备有限公司3家企业累计实现工业应税销售31.1亿元,共实现增量4.6亿元,拉动电子信息及半导体行业增幅5.6个百分点。生命健康产业迭代升级步伐明显加快,2022年实现应税销售69亿元,同比增长20.5%。其中启东盖天力药业有限公司实现工业应税销售8.7亿元,同比增长24.9%;南通药明康德医药科技有限公司实现工业应税销售8.3亿元,同比增长67.6%,高于行业整体增幅47.1个百分点。

(三)部分龙头企业发展较快

启东市列入"1521"龙头企业培育的50家企业(项目),2022年12月实现应税销售67.2亿元,同比增长4.2%;2022年累计实现所属期工业应税销售700.6亿元,同比增长0.2%。在40家现有工业企业中,除寰宇东方(减量32.1亿元)、德威涂料(减量14.6亿元)、泰胜蓝岛(减量9.3亿元)、东成电动工具(减量6.4亿元)等企业应税销售下降较大外,其余龙头企业2022年累计实现工业应税销售492.4亿元,同比增长13.1%,占启东市规模工业应税销售的43%,其中应税销售增幅超过20%的有12家,超过50%的有4家(润邦海洋、振华重工、北新新能科技、中交三航),实现应税销售超20亿元的企业10家。启东市百强工业企业中所属期应税销售实现正增长的共49家,应税销售增幅大于50%的有7家,累计实现应税销售48.8亿元,其中技源健康科技增幅超90%。

(四)创新驱动持续发力

以高新技术企业成长为主线的梯度培育计划已经构建完成并精准开展服务。2022年,科技型中小企业已入库597家,其中高新技术企业167家,进入南通科创项目培育库企业34家(其中雏鹰企业14家,瞪羚企业19家,独角兽培育企业1家)。2022年申报省重点研发计划项目3个,获省重大科技成果转化项目公示2个。神通阀门、风神空调、林洋能源3家企业的4台(套)产品入选省第28批重点推广应用的新技术新产品目录。

启力锻压、中集太平洋2家企业通过南通市首台(套)重大装备及关键部件认定。科本药业、东岳药业、华滋能源、德威涂料、吉莱微电子等5家企业获得省级企业技术中心认定。泰胜蓝岛、久正人体、德威涂料成功入选第四批国家级专精特新"小巨人"企业;吉莱微电子、北新新能科技、美通重工等38家企业成功申报省级专精特新中小企业。

二、推进民营经济发展的主要举措

(一)加强组织推动,实现民营实体大升级

每月组织开展经济运行例会,加强经济运行监测,对启东市重点工业企业、服务业企业、重大竣工项目实行"上旬预警、中旬监测、下旬汇总"制度,科学研判、适时施策;定期组织服务小组下沉区镇和企业一线指导运行指标申报工作,确保相关运行指标报足报好;研究制定2023年工业经济、服务业经济考核办法,形成科学有效的激励机制;全面整合现行的涉企政策,形成覆盖金融、科技、人才、企业培育等多方面的综合性政策文件,及时做好政策宣传和解读工作,确保企业应知尽知;继续配合税务、财政、人社等部门合力推动减税降费等惠企政策落地。研究制定《部门挂钩重点产业发展工作方案》,全面开展部门挂钩重点产业发展工作,梳理启东市工业、服务业"产业链"的发展现状,紧盯产业链细分领域和上下游环节,梳理排定产业强链补链的关键环节、目标客户等;根据的目标任务,倒排序时进度,细化任务节点,保障产业规模扩容增量。强化项目会审制度,加强用地、用能指标管理,以能耗"双控"工作为契机,进一步扩大有效投资,发挥重大项目牵引和政府投资撬动作用,加快打造"百亿领航、十亿带动、亿元支撑"的项目矩阵,促进项目建设高质量发展。

(二)积极营造氛围,优化民营经济发展环境

制定出台"万事好通·益启企"营商环境优化提升举措66条、惠企政策100条、纾困解难10条,围绕鼓励企业扩大规模、支持企业技改投入、给予企业用工补贴等,推动惠企政策"免申即享",全力助企纾困解难。强化政务服务标准化建设,推出启东市政务服务综合标准3.0版,持续完善各类标准774个,标准自订率达94.1%。"启东市政务服务标准化试点"成功获批国家级社会管理和公共服务综合标准化试点项目,"拿地即开工"工作走在南通前列。积极兑现各类涉企奖补,兑现2021年度工业百强、服

务业十强、工业、服务业经济高质量发展、"1521"龙头企业培育等奖补2.2亿元,共惠及企业500多家,真金白银帮助企业缓解经营压力。

(三)注重转型发展,加快民营企业提档步伐

近几年,启东市坚持把发展实体经济摆在更加突出的位置,深入推进"中国制造2025启东实施计划",强化组织推进,加强指导服务,促进经济运行态势保持良好。2022年,启东市先后研究出台了《关于进一步完善启东市"1521"工业龙头企业三年双倍增计划(2021—2023年)》《启东市重点工业企业"百强企业评选"和"争先进位"竞赛活动考评办法》《启东市规模工业企业培育"提转升级"三年行动方案(2022—2024年)》《启东市加快推进工业经济高质量发展若干政策意见的通知》《关于促进启东市服务业繁荣发展的若干政策意见》等引导启东市经济高质量发展的政策意见,从龙头企业培育、优质企业评选、规模企业培育等方面保障启东市各民营经济主体提质增效、稳定发展。制定下发了《启东市工业企业资源集约利用综合评价办法》《启东市工业企业资源集约利用差别化政策实施意见(试行)》,在启东市销售规模超500万元以上的1063家工业企业中深入实施绩效评价工作,倒逼企业提质增效,促进经济转型升级。

(四)开展挂钩帮服,增强民营企业发展信心

全面开展机关领导干部"千人千企"挂钩服务工作,构建市四套班子领导、市级机关部门科级以上干部全覆盖、区镇科级以上干部包干负责的挂钩服务企业、联系企业的帮服网络,常态化开展企业走访调研,集中力量解决企业发展难题。截至2022年12月,市四套班子领导累计收集问题297个,协调解决问题288个,9个问题正在协调推进中。另外,在常规走访服务的基础上,每月增设1~2项企业关心的专题调研活动,先后开展了融资需求、用工需求、营商环境、千人千企满意度等调研专项调研,在千人千企满意度专项调查中,企业评价启东市开展的"千人千企"挂钩服务工作"满意"和"十分满意"的达95.6%。

(五)弘扬企业家精神,培育"张謇式"企业家

深入学习习近平总书记关于企业家精神的重要论述,引导和激励启东市广大企业家学习张謇企业家精神,弘扬张謇企业家精神,贯彻新发展理念,推动企业高质量发展,积极履行社会责任,积极作为,努力打造卓越

企业,东成电动工具、神通阀门、寰宇东方等3家企业荣获"2021年江苏省先锋企业"称号,东成电动工具董事长顾志平荣获"2020—2021年度江苏省优秀企业家"称号。开展"垦牧杯"启东市杰出企业家评选,林洋集团陆永华获评2022年度"垦牧杯"启东市杰出企业家。

三、促进民营经济发展的对策及建议

2023年,启东将继续认真贯彻落实国家、省、南通市的各项决策部署,采取更加积极有效的措施,全力帮助中小民营企业克服困难,勇于转型升级,努力推动启东市中小民营企业高质量发展。

(一)狠抓扶持政策落实,提升民营企业发展氛围

用好"政策计算器",抓好国家、省、南通市扶持政策的落地,推动政策措施在中小微企业生根落地。全面梳理启东市现行的涉企政策,形成政策汇编指南,及时通过"千人千企"等平台送策入企,帮助民营企业及时了解政策信息动态,解决企业对政策不了解而不能享受的问题。通过对政策的贯彻实施,加大财税支持、加快结构调整、缓解融资困难等,进一步营造宽松政策环境,坚定企业发展信心,助推启东市民营经济持续健康发展。继续开展好"垦牧杯"启东市杰出企业家评选、工业百强企业评选、服务业十强企业评选等活动,大力弘扬企业家精神,增强企业家的荣誉感,在全社会形成尊重民营企业和企业家的良好氛围。

(二)重点调优产业结构,促进民营经济协调发展

继续实施部门挂钩重点产业发展工作,深入研究国家和省相关产业政策,结合本地实际,确定有市场前景和发展潜力的优势产业作为民营经济发展的重点,集中人力、财力和物力,将其做大做强。加强产业整合,以产权为纽带,综合运用产权联合、兼并重组、资产分离等手段,鼓励龙头企业吸收兼并其他同类企业,组建企业集团,促进各类要素资源向优势企业和行业龙头集中,实现资源的优化配置,不断壮大企业规模。发挥龙头企业的辐射带动作用,进一步促进中小企业的共同发展。集中力量建设上档次、上规模、有特色的重点产业技术服务平台、重大关键技术创新平台、科技创新创业园区平台以及面向重点行业的知识产权应用公共服务平台,加强与上海交大海洋装备研究院、省产业技术研究院等单位对接联系,加快推进海工产业协同创新服务平台实体化运行。抓紧推进吕四电动工具

检测中心改造提升,争取国家实验室CNAS资质认证。

(三)坚持科技创新赋能,释放民营经济发展动力

建立"科技型中小企业—高新技术企业—瞪羚企业—独角兽企业"全生命周期培育机制,分类分层建立培育方案和培育库,实行"一企一策"培育。实施高企倍增计划,实行动态管理、跟踪指导,加快推动高新技术企业量质并举。激发企业高速成长潜力,集聚优势资源培育一批雏鹰企业、瞪羚企业、独角兽企业。加大扶持力度,着力培育专注于细分市场、创新能力强、质量效益优、市场占有率高、掌握关键核心技术的"专精特新"企业和单项冠军企业,2023年培育省级以上"专精特新"中小企业不少20家。积极推进企业两化融合,深化制造业与互联网融合发展,推动基于互联网的制造业技术、模式、业态等创新和应用示范,开展智能化改造和数字化转型诊断服务。推动企业研发,鼓励企业建立工程技术研究中心和技术中心,提高科技投入占销售收入的比重,加大新产品、新材料、新工艺、新能源的研发力度,形成自主知识产权,提高核心竞争力。鼓励企业大力研发各类节能、节材、降耗、减排的新技术,发展低碳经济。

(四)深入企业挂钩服务,优化民营经济发展环境

提高"千人千企"挂钩服务质量,在每月常规走访服务的基础上,围绕企业关注的重点难点问题,及时开展专题调研,确保对症下药、精准施策。充分利用"千人千企"服务云平台,进一步优化问题解决流程,提升工作效率,提振发展信心。坚持问题导向,继续开展"千人千企"挂钩服务专项督察,确保挂钩干部沉下心、躬下身为企业做好终身服务。积极构建亲清政商关系,加强政府各部门、政企之间的信息沟通,推进政务服务数据资源整合。通过公共数据共享管理平台实现部门间数据共享,充分利用"互联网+政务服务",推进智慧政务服务建设,扩大电子证照在政务服务受理、审批环节中的场景应用,推进线上线下一体化融合。开通退税减税"直通车",确保政策红利直达快享。

(五)强化生产要素保障,提升民营企业发展信心

优化土地指标供给,对相关项目已基本达到前期投资协议的,积极争取土地指标,确保要素供给;对项目达不到前期投资协议的,及时研究调整相关条款,限期退出土地等要素资源,倒逼项目加快转化产出。积极开

展普惠金融风险补偿基金项下的融资产品推广工作,鼓励金融机构为符合条件的中小微企业发放低成本、高效率的贷款,支持企业创新创业和转型升级。强化人力资源保障,建立多方参与的跨区域人力资源合作体系,组织多维度多频次招聘活动,提供"点对点"包车服务,落实人口安居工程等,稳步建立"留得住"的保障机制,实现"引进人才带回项目,项目落户吸引人才"。另外,加快实施《启东市工业企业资源集约利用差别化政策实施意见(试行)》,通过采用市场和行政相结合的手段,促进资源要素优化配置,对企业在政府管理服务要素、金融要素、土地要素、财政奖励补助要素、能源要素、排污权要素等六个方面试行差别化政策。对评为A、B类企业加大要素保障,切实帮助企业做大做强,对C、D类劣势企业形成倒逼机制,引导企业转型升级或主动退出,实现高质量发展。

(六)提升企业家素质,加强民营企业家队伍建设

高度重视企业家队伍建设,引导企业深耕主业,发扬"工匠精神",打造"单项冠军",培育"百年老店"。继续实施好《启东市企业经营管理人才"培育工程"实施办法》,建立完善企业经营管理人才培育机制,创新企业经营管理人才培育方式,更积极、更开放、更有效地开展企业经营管理人才培育工作,努力培养造就一批具有全球战略眼光、市场开拓精神、管理创新能力、社会责任感的优秀企业家和一支高水平的企业经营管理人才队伍。加强人才引进,充分发挥中小企业系统网络优势,适时组织开展网上招聘活动,为民营企业引进更多的高素质人才。人才是企业发展的核心,是企业发展最重要的因素。要制订高层次产业人才引进计划,加快引进具有自主知识产权、拥有核心技术的领军人才和研发团队。对企业急需适用人才,确保各项奖励扶持政策落实到位,努力在住房、就医、子女就学、家属安置等方面提供优质服务,放大人才引进政策效应。同时要积极引导企业灵活开展技能培训,尤其鼓励企业开展订单式、新型学徒制培训,培养自身企业需要的操作型、实用型技工来填补空缺,并给予企业一定补贴。

张 耀 龚庆庆

2023年4月

崇川区民营经济发展报告

崇川区工业和信息化局　崇川区工商业联合会

近年来，崇川区民营企业规模实力不断提升，民营经济实现规模化、集约化发展，在崇川区发展大局中的地位越来越重要。民营经济已经成为崇川区经济增长的"主力军"、科技创新的"主动力"、就业创业的"主渠道"，是奋力谱写"强富美高"新崇川现代化建设新篇章不可替代的力量。

一、发展现状

崇川区注册运营的市场主体90%均属于民营经济。2022年，崇川区私营企业数累计达7.8万家，个体工商户累计达14.3万户。总体呈现三个特点：

（一）创新主体茁壮成长

新增国家专精特新"小巨人"企业4家、省"专精特新"中小企业39家。钰泰半导体获评省独角兽企业，实现南通市零的突破。百优达生命等3家企业被认定为江苏省潜在独角兽企业。通富微电被认定为江苏省创新型领军企业，海容水务在新三板成功挂牌，易实精密等2家企业完成报会。

（二）创新活力竞相迸发

2022年，崇川区个体工商户数和私营企业数分别新增1万户和0.8万家。新引进科技领军人才项目61个，入选国家人才计划2人、市"江海英才"15人。有效发明专利总量和增幅均列全市第一。科技型中小企业评价入库902家，净增国家高企71家，保有量达441家。

（三）创新质态不断优化

启动工业提速增效三年行动，推进智能化改造、数字化转型。电子信息、智能装备等战略性新兴产业产值突破600亿元。信创、车联网等先导性产业产值增速超20%，南通数字交通产业园成功挂牌。实施现代服务业繁荣发展三年行动，聚力推动软件信息、数字文化、服务外包等生产性服务业发展,软信服务业营收同比增长25%。

二、主要做法

(一)强化政策扶持

自合区以来,区政府积极制定出台《关于促进工业和信息化产业高质量发展的扶持办法》《质量发展奖励资金管理办法》等政策,具体内容涉及重点产业扶持、科技成果转换、项目建设、技术创新、企业上市、人才引进等,目的在于推动企业走"专精特新"之路。积极推动崇川"兴企通"平台覆盖辖区企业,实现崇川区涉企扶持政策发布、申报、评审等业务"一网打尽"。

(二)加快项目推进

强化项目建设全流程管理、全方位服务。南通理工学院产教融合项目三天领齐"四证",科凯生命成为全市首个工业用地"带方案挂牌"项目,拿地开工"零时差"。工业项目竣工率保持全市第一。森林野生动物园二期、万豪艾美高端酒店等项目被列入省、市服务业重点项目。

(三)优化企业服务

实施"首席服务员"机制,超400名"首席服务员"实地走访企业900余家,解决问题522个,兑现扶持奖补及退税资金22.8亿元,牵线产学研项目185个。特别是开通书记区长服务专线,365天24小时,全天候为企业家架起和区主要领导"高位互动、在线呼应"的沟通桥梁,解决了一批物流运输、融资贷款、用工招工等难题。

三、存在不足

虽然崇川区民营经济发展取得可喜成绩,但与发达地区相比,无论是产业结构、规模总量,还是技术含量、科技水平、发展环境等方面依然存在着些许不足。主要表现如下:

(一)规模体量不大

民营企业在个体组织形式上呈现偏小、偏弱的劣势。尽管近几年崇川区涌现出一批优质民营企业,但大部分民营企业的规模还较小、竞争力偏弱。从规模工业企业总数看,规模工业企业数仅为先进县区的三分之一左右;从个体实力看,百亿级民营企业仅通富微电1家。

(二)转型升级不快

崇川区民营企业产业层次、产品档次总体上依然不高,管理模式相对落后,市场占有率不高,处于产业链低端。部分民营企业同质化竞争较严重,小而散现象较为普遍。部分民营企业对传统发展路径依赖较为严重,长期以来对人才的储备、培养、引进不够,导致在产品研发、科技创新等方面投入严重不足,抵御风险挑战的能力还不够强,转型步伐偏缓。

(三)龙头带动不强

每个产业板块仅有1~2家龙头型企业"一枝独秀",产业集聚程度不高,与辖区内其他企业关联度不高,协作关系不深,对整条产业链的带动作用不明显,产业链式发展亟待加速。电子信息、新材料等新兴产业板块特色还不够鲜明,产业的集聚度和关联度还有待提高。

(四)发展要素不足

主城区土地资源有限,企业集约发展空间有待提升。企业结构性缺工缺才矛盾和用工成本高问题相互交织,用工招引难、留人难。金融机构对民企贷款依然谨慎,对小微企业的信贷支持不足,隐性成本较高,民企通过股权债券、风险投资、产业基金等途径融资较少。此外,民营企业外来工人就医、子女就学、住房等配套政策推进和落实的力度依旧跟不上企业的迫切诉求。

四、下一步工作

未来,崇川区将继续提升政治站位,充分认识服务民营经济的重要性与紧迫性,坚持稳中求进工作总基调,全面助力民营经济提质增效,进一步有效推动民营经济健康稳定发展。

(一)充分提高民企支撑作用

以稳住市场主体为关键,以企业稳支撑经济稳。推动骨干企业茁壮成长,抓好监测调度和运行调节,支持应税销售50强企业和新转化达产企业稳产满产、扩能增效。聚焦战略性新兴产业补链固链强链,持续培育一批控制力和根植性强的链主企业。加快推动高成长性科技型中小企业上市,推动企业利用资本市场加快发展。推动中小微企业新上规模,深入实施培优扶强工程,围绕个转企、产转法、小升规等梯次培育市场主体。

(二)加快产业转型升级步伐

构建以战略性新兴产业为引领、以先进制造业和现代服务业为支撑的"345"现代产业体系。优先发展信创产业、车联网、数字交通三大先导性产业,重点发展电子信息、高端装备、新材料、绿色建筑四大支撑性产业,稳步发展现代金融、专业服务、高端商贸、文化旅游和生命大健康产业。深入实施工业企业资源集约利用绩效评价,推动企业加大投入,提升亩均销售、税收水平,增强盈利能力和抗风险能力。持续推动产业数字化,加快"智能化改造、数字化转型"进程。深入实施现代服务业繁荣发展三年行动计划,深度培育纺织用品、智能装备等外贸转型升级基地,发展外贸新业态,增创外贸新优势。

(三)不断激发创新创业活力

坚持创新核心地位,补齐短板,加速构建多元、开放、融合、共生的创新生态体系。依托崇川、港闸两大省级经济开发区和省级市北高新区等三大园区,强化企业自主创新的主体地位,发挥南通大学、理工学院等高校、科研院所集聚优势,推动高校科技成果商品化、产业化,引导创新要素向优质企业集聚,不断提高民营科创企业的竞争力、生命力。紧扣集成电路、生命健康等战新产业,积极打造青年和人才友好型园区。加快招引科技领军人才,建设卓越工程师队伍。强化招工引人,建设一批驻外招工引才工作站。优化人才服务,强化人才公寓、职工公寓供给。高标准建设青年人才社区,完善子女入学、人才医疗等政策,打造"崇才无忧"服务品牌。

(四)持续优化营商环境

依法保护好企业合法权益。加大知识产权保护力度,健全司法对民营企业的保护机制。全面落实好纾困惠企政策。不折不扣落实上级减税降费等系列政策措施,并根据市场主体实际需求,不断完善现有政策。进一步深化"放管服"改革,突出改革创新,聚焦要素保障、项目建设、市场监管、政策供给4大领域,进一步优化用地支持和提升集成化服务水平。提升数字化服务水平,扩展便民利企移动应用。鼓励、支持、引导民营企业家弘扬张謇精神,着力打造高素质的一流企业家队伍。持续构建好亲清政商关系,健全"首席服务员"、区长专线电话等制度,充分发扬"店小二"服务精神,做到亲而有度守底线、清而有为敢担当。

许陈萍
2023年4月

通州区民营经济发展报告

通州区发展和改革委员会　通州区工商业联合会

2022年,在通州区委、区政府的坚强领导下,通州区坚定发展信心,坚持稳字当头、稳中求进、以进促稳,大力弘扬张謇民营企业家精神,全面落实国家和省、市系列助企惠企政策,更好服务市场主体、促进企业发展、应对疫情影响,全力保持民营经济平稳运行。

一、通州区民营经济总体发展情况

2022年,通州区个体工商户、私营企业户数、私营企业注册资本累计分别为123628户、33407户、1875.2亿元,全年新增个体工商户14216户,新增私营企业户数4351户,新增私营企业注册资本140.55亿元。规模以上民营工业产值增幅5.0%,全年民营经济入库税金62.05亿元,占全部税收比重的76.07%。民间固定资产投资占比达75.56%;民营高新技术企业超350家,超过总数的95%。

二、主要做法及成效

(一)坚持稳中求进,开创民营经济高质量发展新局面

一是工业经济企稳增长。实施产业倍增、列规增收三年行动计划,工业经济量质齐升,通州区获评省制造业创新转型成效明显地区。通州区规模以上工业企业达893家,规模工业总产值超1200亿元,其中"一主一新一智"三大主导产业产值占比达39%,较2021年度提升3个百分点;高新技术产值占比达46.1%,较2021年度提高4.1个百分点。二是服务业经济回暖提质。近年来服务业增加值年均增长超7%,建成省市服务业集聚区6家,2022年实现营业收入900亿元。举办"520购物节""南通州·欢乐购"等活动,促进消费市场恢复。旅游业收入增幅全市领先,"假日经济"成为消费新热点。新业态蓬勃发展,家纺家居直播电商产业加快集聚,市场

采购贸易、跨境电商试点加快推进,获批省首批跨境电子商务产业园和国家外贸转型升级基地。三是现代农业稳产增效。落实粮食安全各项要求,高标准农田占比提升至71%,特色农机化水平达72%,粮食总产41.9万吨、单产444千克,保持历史高位。通州区现代农业产业园入选省级现代农业产业高质量发展示范园创建名单。2022年新建重大农业项目19个,完成投资19.8亿元,扶持农业产业化项目21个。四是建筑业承压转型。召开建筑业发展大会,支持建筑业加快发展。施工总产值逐年攀升,2022完成2380亿元,增长10%。重点建筑企业积极推行数字建造,加快向轨道交通、市政桥梁、机电安装等领域拓展业务,城市地铁、高架等板块市场份额不断提升。

(二)突出项目引领,构建产业集聚新高地

一是抓项目招引。始终突出"项目为王",全力以赴抓招商、攻项目。强化招商队伍建设,重构招商体系,区投资服务中心整体转隶为区级招商力量。强化驻点招商、产业招商、以商招商和产业基金招商,2022年通州区新签约并注册5亿元和3000万美元以上重大产业项目51个,总投资446.16亿元,其中三大主导产业项目20个、占比达45.5%。二是抓项目推进。组建跨部门项目投资建设首席咨询师团队,推出"预先审+容缺办+承诺制"项目审批模式,工程建设项目审批制度改革多点推进,精准保障项目审批,加快实现"拿地即开工"。完善重大项目挂钩联系和专班推进机制,为恒科新材料、康辉新材料、海星电子、宏德机电等重大项目实施专班服务,2022年新开工5亿元以上制造业项目19个,专精特新等高质量项目8个,实施500万元以上技改项目204个。三是抓载体建设。加速构建"1+3+N"产业承载体系,南通高新区列全省高新区排名第12位,被省政府表彰为"实施创新驱动发展战略、推进自主创新和发展高新技术产业成效明显的地方",入选国家火炬特色产业基地。规划实施石港、平潮、金沙"二级载体平台",推动乡镇工业集聚区提档升级、优化整合,加快形成配套完善、错位发展的特色产业园区。深化工业企业资源集约利用综合评价,探索差别化政策实施运用,加快腾笼换鸟,为优质项目落户腾出空间。

(三)注重创新提质,激活跨越发展新动能

一是激发创新主体活力。截至2022年年底,市级创新型中小企业

186家,省级以上专精特新中小企业53家,国家级专精特新"小巨人"企业6家、国家级制造业单项冠军示范企业1家。创新主体持续壮大,截至2022年,高新技术企业达362家,创建省级以上工业设计中心11家,其中国家工业设计中心1家,省级工业设计示范园1家;省级以上工业类企业技术中心36家,其中国家级1家;省级智能工厂2家、省级智能车间16家;省级首台(套)重大设备13个;省中小企业公共服务平台4家;省服务型制造示范企业10家;省两业融合试点企业5家等。江海电容器承担了国家工信部强基工程,甬金金属承担了中国制造2025重点新材料产业链技术能力提升项目,四方科技承担了省高端装备赶超工程。深入推进产学研"十百千"工程,加强政产学研创新合作,近年来年均新增产学研合作项目超150项。深化智能化改造和数字化转型三年行动计划,2022年行动首年完成智能化改造和数字化转型项目295个。二是提升创新载体效益。围绕产业链布局创新链,积极对接沿江科创带建设,推动创新要素高效集聚。制定区级科创载体建设奖励政策,进一步提升孵化平台功能水平,江海智汇园、江海圆梦谷入驻"双创"企业、科技性服务型企业超200家,获评国家级科技企业孵化器、国家级众创空间。加强知识产权创造、保护和运用,获批首批国家知识产权强县建设示范县、省知识产权保护示范区,知识产权工作获省政府督查激励。三是推动创新人才集聚。以落实市、区人才新政为抓手,集聚产业人才赋能高质量发展。举办通州区高端产业与高层次人才项目合作洽谈会,2022年入选国家级人才计划6人,新引进高层次创新创业人才项目94个,培育市"江海英才计划"17人。"510英才一卡通"正式发布,启动人才安居公寓建设三年行动计划,"建、租、补"一体的人才安居体系初步形成,推动实现人才引得来、留得住。

(四)聚焦为企服务,全力营造致优营商环境

一是抓好政策落实。出台《通州区民营经济"两个健康"提升三年行动计划(2022—2024年)》,以促进民营经济健康发展和民营经济人士健康成长为主线,全力推动通州民营经济发展再上新台阶,为通州"打造新高地、建设硬核区"提供强劲动力。促进各级稳经济一揽子政策落地见效,累计减税降费和退税缓税超过50亿元。制定通州区经济高质量发展、推进建筑业高质量发展、推动创新发展、推进企业上市挂牌、加快建设人才高

地、积极鼓励对外开放以及企业稳增长、纾困解难、稳岗留工等若干政策，助力民营经济做大做强，通州区获评"全国投资潜力百强区"。二是深化精准服务。出台"营商环境提升年"实施意见，全力打造"万事好通、周到有解"营商环境。常态化开展"服务企业大走访"活动，落实"一带去，三带回"举措（为企业带去政策汇编，带回"技术改造""科技创新""上市融资"等诉求），各职能部门专项开展"家纺质量提升月""温暖生态，绿色助企""企业吹哨，我来报到"等活动，多渠道解决企业诉求。三是加大培训力度。组织区内规上工业重点企业家参加张謇企业家学院培训班，切实发挥出张謇企业家学院在培训民营企业家方面的独特作用。组织通州区民营企业参加民营企业高质量发展研修班及系列培训、座谈会、讲座，组织区民营企业参加服务机构每月培训，引导企业家转变思维、拓宽思路，帮助企业家提升管理能力、营销能力。四是坚持法治护航。推行"产业链+法律服务"模式，成立商会商事调解中心，整合多元力量积极做好民营企业纠纷诉前调解工作。严格执行省、市免罚轻罚规定，落实首违不罚、免罚、轻罚、不予强制措施四项清单，2022年对1467家轻微违法主体实施了免罚轻罚、金额达5527.72万元。制定安全生产"白名单"，开展生态重点优质企业"体检"，实施分级分类分色监管。实行企业失信告知、提醒、修复全过程帮扶，2022年帮助150余家企业实现信用修复。

三、2023年民营经济推进举措

2023年是全面贯彻落实党的二十大精神的开局之年，优化营商环境没有休止符，服务民营企业永远在路上。通州区进一步强化"招商为先、项目为王、环境为金"的理念，以"起步即冲刺、开局即决战"的昂扬斗志，以"敢为、敢闯、敢干、敢首创"的担当作为干事创业，持续擦亮"万事好通、周到有解"营商环境金招牌，争当全市高质量发展排头兵，继续扎实推动通州区民营经济蓬勃发展，主要做好以下几个方面工作。

（一）打造为企服务"主阵地"

充分挖掘国家战略带来的重大政策红利，把能级做得更大，着力提升经济总量和城市竞争力、影响力、辐射力，为民营企业集聚资源和要素搭台赋能。把产业做得更强，围绕"3+2"产业体系，突出项目集聚、企业培育，不断提升通州产业的竞争力和标识度，进一步巩固民营经济的主力军、主动力、主引擎、主渠道地位。把市场打得更开,着力发挥综合交通枢纽优势,用好近水楼台之利,积极推进与长三角区域,特别是沪苏杭等地的密切对接,为民营企业创造巨大的市场需求和投资红利。

(二)优化为企服务"流程图"

全面落实支持民营经济高质量发展的各项政策措施,完善执行方式,动态性帮助企业解决好发展中的困难、前进中的问题、成长中的烦恼。针对企业反映强烈的融资难、引才难、要素保障难、创新转型难等问题,要更加精准地推出政策创新,对接国家、省市政策,借鉴先进地区的好做法、好经验,对通州区原有政策进行梳理、整合、创新、集成,增强政策供给的系统性和协同性,让民营企业从政策中增强获得感。

(三)搭建为企服务"连心桥"

继续发挥好通州区民营企业服务中心广泛联系民营企业的优势,畅通政企沟通渠道,及时通报政策举措,广泛收集企业建议,切实解决信息不对称的问题。围绕增强企业资源要素获取能力,着力建好产业链精准对接、综合金融服务、产业协作配套等服务平台,实实在在地帮助企业拓市场、降成本。传承"张謇精神",加强民营企业各类培训工作,不断提升民营企业管理水平,努力培育一批"张謇杯"杰出企业家,有效发挥示范引领作用,在全社会进一步营造尊重、支持民营企业健康发展的良好氛围,鼓励更多社会主体投身创新创业。

(四)争当为企服务"店小二"

巩固拓展"营商环境提升年"成果,持续推进政策服务更精准、审批服务更高效、企业服务更用情,让企业办事更加便利,让市场准入更加公平,让企业家合法权益得到更好保护。不断加快政策红利释放,建立完善直达服务机制,实行"免申即享""简申快享",推动政策效果及早加快显现。进一步创新服务方式,深入落实四套班子领导挂钩服务和重点企业"白名单"等制度,常态化开展服务企业大走访活动,"一企一策",集中力量切实解决企业发展难题。

崔 巍
2023 年 4 月

海门区民营经济发展报告

海门区发展和改革委员会　海门区工商业联合会

2022年,海门区紧扣高质量发展主题,牢牢抓住"产业、企业、企业家"三大法宝,奋力实施"五大新工程",有效应对疫情跌宕冲击,以超常举措稳增长、促发展。经济运行取得"三项第一",即月度评估连续6个月排名南通市第1、高质量发展考核三季度监测结果排名南通市第1,地区生产总值增速三季度排名南通市第1。企业培育实现"五大突破",2022年规模工业应税销售首次突破千亿元,百亿级企业、国家级智能制造示范工厂实现零的突破,制造业单项冠军和国家级专精特新"小巨人"企业创历史新高。名列"2022全国市辖区高质量发展百强"第14位、全省第8位。

一、2022年海门区民营经济发展情况

(一)民营企业规模体量再上新台阶

小规模纳税人、个体工商户数量稳步上升。新增小规模纳税人811户;新增一般纳税人68户;新增个体工商户9696户;新增私营企业3018家。大企业培育实现历史性突破,新增百亿级企业2家、50亿级企业1家、20亿级企业3家、规上工业企业130家。2022年海门区新增规上服务业企业77家,列南通十县(市、区)第一。

(二)专精特新培育取得新成绩

单项冠军、"专精特新"企业培育创历史新高,振康焊接机电、通光强能2家企业获评制造业单项冠军企业,通光光缆、慧聚药业、容汇通用锂业、乘鹰新材料、金由新材料5家企业获评国家级专精特新"小巨人"。

(三)技改强企、创新发展工作见成效

海门区153家企业被省工信厅认定为创新型中小企业;获评省级关

键核心技术(装备)攻关项目 1 个(招商局重工的深远海智能风电运维母船研制项目)、省首台(套)重大装备及关键部件认定 1 个(招商局重工的"招商海狮 5 号半潜式重吊生活平台")、市首台(套)重大装备及关键部件认定 1 个(招商局重工的"CNHI-163 非对称无横撑半潜式重吊生活平台");森达抗指纹不锈钢装饰板、天承光电路口交通事故预警系统、百奥赛图 CD3E 人源化小鼠模型等 5 个产品列入省重点推广应用的新技术新产品目录。企业创新平台建设成效显著,通光集团被认定为国家企业技术中心(南通唯一),通光线缆、常海食品、亨通电子、宝钢磁业等 4 家企业被认定为省级企业技术中心。

(四)民资投入、项目招引取得新突破

2022 年海门区共计招引重大项目 66 个,总投资超 5 亿元内资项目 55 个,总投资超 3000 万美元外资项目 11 个。超额完成南通下达的目标任务,项目数位列南通第三。

(五)要素配置集约化程度持续提升

开展工业用地提质增效行动,盘活闲置及用而不足土地 1038 亩,民营工业企业资源集约利用综合评价位列南通第 1。

二、推进民营经济发展主要举措

(一)加大民营企业人才培育力度,促进人才高地建设

制定《海门区民营经济"两个健康"提升三年行动方案(2022—2024 年)》《海门区新生代企业家培养"弘謇计划"三年行动方案(2022—2024 年)》。开展全国"两会"专题学习、"弘扬张謇企业家精神,唱响新时代海商品牌"专题调研活动,引导广大民营企业家深刻理解习近平新时代中国特色社会主义思想的精神实质和丰富内涵。根据《海门区高质量服务企业"十个一"工作机制》要求,为企业量身定制专场培训会。举办海门区新生代企业家培训班、工商联常执委企业家培训班等 3 期专题培训班,参训企业家达 180 人次,助力企业家"充电补钙"。成立青商会"弘謇专委会",搭建海门新生代企业家提升素质、沟通交流的平台。

(二)助攻企业"智改数转",呵护企业"专精特新"

组建以区政府主要领导为总指挥的"专精特新"、单项冠军培育攻坚

专班,通过建立"梯度式"培育库、出台专项扶持政策、强化申报服务保障等系列措施优化培育体系。2022年,5家企业获评国家级专精特新企业、2家企业获评制造业单项冠军产品。征集企业"智改数转"需求,开展海门区"智改数转"诊断服务对接会、企业"智改数转"服务系列宣讲等活动,推进海门区制造业智能化改造和数字化转型。2022年完成智能化改造数字化转型项目332个。中天钢铁获评国家级智能制造示范工厂,招商局重工、中天钢铁获评省首批智能制造示范工厂,总量列南通第1。持续开展企业上云,新增麦芽纺织、西田环保、裕隆光电等41家省星级上云企业(累计达84家)。推荐容汇锂业申报国家级绿色工厂,富之岛4个产品申报国家级绿色设计产品,当升科技、招商局重工、通光光缆、通光强能等4家企业申报省级绿色工厂(招商局重工、通光光缆进入公示名单)。依法依规淘汰落后工艺装备,督促8家企业停用拆除国家明令淘汰中频炉9台、改造2台。

(三)大力招引民企民资,培育高质量发展新动能

海门区上下奋力打响"招商引资突破年"攻坚战。成立区招商引资攻坚指挥部,组建设立科技招商中心,形成"4+6+7"招商体系(4个驻外招商局、6个招商攻坚小组、7个产业链招商攻坚小组)。常态化开展主题性、精准化招商推介及项目路演活动。先后举办2022海门经贸投资洽谈会、2022海门(苏州)外资企业合作交流恳谈会等系列活动32场。联合复旦科技园、邮轮配套产业园、国科(南通)智港等开展项目对接恳谈活动10多次,洽谈项目100多个。实施"百人千企"招商大走访,梳理1300多家符合区产业发展的重点走访企业,区领导带队开展高密度考察走访。组建区平台载体合作联盟,加强与上海科创投、清控金信、时代伯乐等专业投资机构合作。

(四)打造更优营商环境,护航民营经济健康发展

建立营商环境常态化监测机制,围绕南通"万事好通"营商环境优化提升举措66条、海门区77条开展常态化监测。先后出台《南通市海门区产业强链三年行动计划(2022—2024年)》《南通市海门区产业三年倍增实施意见(2022—2024年)》《南通市海门区现代服务业繁荣发展三年行

动计划(2022—2024 年)》《南通市海门区小微工业企业列规增收三年行动方案(2022—2024 年)》,持续加大对企业的扶持力度。出台《海门区领导干部挂钩服务企业工作方案》。面向海门区规上工业企业、重点服务业企业,按照"挂钩联系全覆盖"要求,实现区镇村企"四级联动",集中力量解决企业发展难题,推进企业复工复产、健康发展。成立稳定重点产业链供应链工作专班和重点产业链本地协作配套专班,保障重点产业链供应链稳定畅通。搭建政企早餐会、企业家沙龙、百强企业家微信群、问题诉解反馈等交流平台。先后举办工业大企业、生产性服务业企业、外资企业、上市(后备)企业、科创型企业等五期早餐会,为企业办结问题诉求 72 个,企业满意率达 100%。

三、2023 年目标举措

(一)调优民营经济产业结构,组织开展 3 大主题活动

积极筹备召开数字经济发展大会、服务业繁荣发展大会以及营商环境成果发布会,全面深入实施"智能化改造、数字化转型",加快构建现代化服务产业新体系,有效提振企业发展信心,进一步释放消费潜力、激发投资活力,助力海门区经济高质量发展。

(二)构建民营经济现代产业集群

聚焦先进金属材料、生命健康、高端装备制造"3 大优势产业"和新一代信息技术、新能源"2 大成长型产业",加快编制产业发展规划,全面优化产业发展体系。

(三)提升民营经济服务业发展质态

围绕"3+3"总部集聚区和 10 大主题楼宇,加快引培一批产业黏性高、成长态势好、品牌优势强、发展模式新的生产性服务业企业,加快落地一批国企央企地区总部、金融机构等配套服务机构,力争新增省级现代服务业高质量发展集聚示范区、领军企业各 3 家,新招引总部(楼宇)项目不少于 10 个、央企区域性总部 1 家。创新企业运行监测和进规指导,大力培育一批规模大、实力强、主营业务突出的重点服务业企业,力争 2023 年新增规上服务业企业 60 家。

（四）壮大民营经济数字经济规模

实施促进数字经济发展专项行动。大力培育数字领军企业，前瞻性布局未来产业，数字经济核心产业占地区生产总值比重达10%。发挥振康机械等本土机器人企业的硬件优势和华为数字经济创新中心的软件实力，大力推进装备自动化、生产数字化，引导标杆企业输出技术服务和管理经验，用好专属政策措施，让广大企业"敢转""愿转""会转"，完成智能化改造数字化转型项目400个。推动工业设备和业务系统上云上平台，新增星级上云企业20家、市级以上智能车间及智能示范工厂8家。

（五）推进民营经济绿色低碳转型

调整完善能耗强度和总量"双控"考核机制。大力实施重点行业领域减污降碳行动，加强重点用能单位节能管理，鼓励企业节能减排、清洁生产，实施绿色化改造。培育壮大绿色低碳产业，推进绿色制造体系建设，力争2023年新增省绿色工厂2家。加快"工业绿岛"项目建设，有序推进电镀产能入园。持续开展淘汰落后工艺装备排查整治。

（六）壮大民营企业规模体量

实施龙头企业崛起、规上企业追赶、小微企业成长"三大专项行动"。建立重点骨干企业"一企一档"制度，个性问题"定制政策"，共性问题系统解决，推动企业增强竞争力、进军最前沿、提升附加值。2023年，培育应税销售超10亿元企业25家，全力打造"百亿领航、五十亿带动、十亿支撑"的大企业发展矩阵。深入实施小微工业企业列规增收三年行动方案，持续壮大规模企业队伍，2023年净增规模工业企业100家。

（七）提升民营企业创新实力

搭建以企业为主体、市场为导向、产学研结合的技术创新平台，力争新增省、市级企业技术中心9个以上。更大力度支持专精特新企业发展，结合《优质中小企业梯度培育管理暂行办法》，进一步调整完善单项冠军、"专精特新"企业培育体制机制，加快构建梯度培育体系，提升企业核心竞争力和市场占有率，力争2023年新增国家制造业单项冠军和专精特新"小巨人"企业18家。

(八)提高民营经济资源配置效率

持续开展工业企业资源综合利用评价工作,为精准监测企业质态、精准匹配扶持政策、分类梯度培育企业提供实时、有效的数据支撑。结合集约利用提质增效等工作,探索结果运用,引导企业提高资源占用效率,促进资源要素"合理配、优质配、合法配、高效配"。推动低效用地二次开发,把最稀缺资源配置给最优质项目,预计2023年腾出产业发展空间2000亩。

(九)激发民营经济有效投资活力

用足用好国家政策性开发性金融工具,充分发挥政府投资撬动作用,深化与大型央企、头部民营企业和外企合作,实施一批重大产业项目、补基础设施项目和片区开发项目短板弱项。争取更多项目获得中央预算内投资、政府专项债和各类基金,建立项目滚动储备机制,提高申报个数和成功率。鼓励更多民间资本以PPP等多种形式参与政府投资项目和各类基础设施建设,着力消除民间资本在进入市场时存在的隐性壁垒。

(十)优化营商环境,全力构建亲清政商关系

坚持把增强获得感、提高满意度作为主攻方向,持续优化政策、市场、政务、法治、人文"五大环境",确保营商环境省市领先。推动企业深度参与政策制定和效果评估,建立"驻点企业工作日"制度,持续压实挂钩联系责任,务实开展企业走访活动,常态化举行政企早餐会、"企业家沙龙"等活动,全力帮助市场主体排忧解难、提振信心,助力构建亲清政商关系。

徐 婷

2023年4月

南通经济技术开发区民营经济发展报告

南通经济技术开发区经济管理局
南通经济技术开发区商会(工商联)

2022年,南通经济技术开发区在开发区党工委、管委会的正确领导下,聚焦高质量发展、聚力内资招商、平台夯实、项目提速、要素完善等重点工作,进一步强化组织保障,提升服务水产,全区经济暨民营经济发展良好。

一、2022年南通经济技术开发区民营经济概况

2022年,开发区在南通市委、市政府的正确领导下,坚持以"经济发展主战场、招商引资主力军、科技创新主引擎、改革开放主阵地、营商环境最高地、通城活力新中心"(四主一最一新)为新定位,以奋力建设"贡献更大、活力更强、能级更高的长三角一流开发区"为新目标,全力推动新一轮高质量发展。2022年1—12月,开发区地区生产总值797.1亿元,增长2.2%;规模工业产值1843.7亿元,增长14.8%;规模工业增加值增长9.5%,增幅全市第二;工业应税销售2037.4亿元,增长16.8%;工业用电量67.32亿千瓦时,总量南通市第一;进出口总额686.6亿元,增长21.3%。

当前,民营经济已经成为全区经济发展重要支撑,形成了电子信息、新能源、装备制造等一批特色板块,涌现了中天科技、罗莱生活科技、安惠生物等一批知名企业。全区私营企业1.9万余家,比年初增长5.5%;个体工商户3.3万余户,比年初增长3.1%;规上民营企业563家,占规上企业

总数69%；营收超亿元的民营企业150家，其中超10亿元10家。

二、2022年民营经济重点亮点工作

(一)助力打造一流营商环境

牢固树立一切围绕企业转的服务理念，精准施策、靶向施策，化解难题、消除障碍，让民营企业一心一意谋发展。

1.优化法治环境，保障公平竞争

强化行政执法监督力度，制订《2022年度行政执法监督检查工作计划》，围绕资源环境、安全生产、食药安全、城市管理等重点领域，对法律法规规章执行情况和行政执法规范化情况进行监督检查。制订行政执法案卷评查标准，进一步规范行政执法行为。全面执行行政执法公示规定、执法全过程记录规定、重大执法决定法制审核规定，聚焦行政执法源头、过程、结果等关键环节。"双随机、一公开"监管全面实施，实现抽查事项"全覆盖"。坚持"以公开为常态、不公开为例外"原则，做到信息透明化。

加强权益保护，依法妥善处理涉及民营企业的诉讼、破产、执行和历史遗留问题等，依法打击侵害民营企业及经营者自主经营权、人身权、财产权、知识产权的违法犯罪行为。成立非公有制经济产权保护协调工作小组，建立产权保护联席会议制度，对政府机构与企业、企业家之间产权纠纷问题、相关纠纷问题没有通过司法程序处理或是法院虽已判决但因各种因素长期未能执行的案件进行排查整改。公安分局建成全省领先、全市唯一的一站式执法办案管理中心；检察院强化涉及民营经济领域诉讼活动监督，依法保护企业合法权益和正常经济活动；法院开展涉民营企业长期未结诉讼案件和久押不决刑事案件专项清理工作，深入推进执行联动机制建设，高质高效办理民营企业执行案件。

2.完善政策环境，确保精准有效

(1)简化审批流程。以公正透明高效为目标，大力推进不见面审批、企业信用承诺不再审批试点、"证照分离"改革试点等改革试点工作，加快推动审批事项线上"一网通办"、线下"只进一扇门"、现场办理"最多跑一次"，形成推动民营经济发展"加速度"。目前全程电子化登记率70%，"照章联办集成服务"大力推行，区政务服务平台不断完善，营商环境整体水平不断夯实。

（2）拓宽融资渠道。大力推进银政企深度对接，发挥政府基金扶持作用，支持银行普惠金融发展，推进企业接入金融综合服务平台，帮助企业与银行、小贷、担保、融资租赁等金融机构对接，帮助企业特别是民营中小微企业拓宽融资渠道，解决融资问题。

（3）保障要素供给。加快大数据产业园东区基础建设，推进金属制品园区建设，完善能达商务区楼宇经济载体功能，积极推进工业综合体规划建设，为民营企业打造专业化平台。继续深入开展低效闲置用地专项清理，加快盘活存量用地，为民营经济发展腾出发展空间。大力推进民营企业用工跟踪服务机制，依托区内4所高职院校实行产业工人"订单式"培养，加强与陕西城固人社部门对接，加快富余劳动力引入，保障企业用工需求。

（4）优化经济政策。全面贯彻落实国家、省、市关于降低实体经济成本，促进民营经济高质量发展的政策意见及对应实施细则，最大限度为企业松绑减负。全面梳理区内促进科技创新创业等一系列扶持政策，在减费降税、要素配置、破除障碍等方面形成有支撑力、有竞争力的政策体系。

（5）健全清欠机制。开发区提高政治站位，强化组织领导，健全工作机制，把清欠工作摆在全局工作突出位置。成立党工委、管委会主要领导为组长，各责任部门主要负责人为成员的区促进中小企业发展工作领导小组，清欠工作分工负责，整体联动。区属相关公司严格按照合同约定时间和付款条件，及时拨付相关款项。区财政局做好资金统筹和调度工作，国资办督促区属相关公司切实履行合同主体责任，确保不发生新增拖欠。

（二）引导民营企业创新转型

大力支持民营企业加快转型，提升自主创新能力，不断释放民营经济发展活力。

1.支持民营企业加强技术创新

充分发挥经济发展局、人才科技局、科技镇长团组织、专业优势，在政府财政资金支持、国家高新企业申报、企业研发机构建设、产学研深度对接等方面给予扶持倾斜，引导民营企业开展技术创新、加大技改投入、加快产业补链,进一步加快新产品研发、新技术运用和新设备更新,不断提升核心竞争力。

2.支持民营企业培育本土品牌

紧盯现代纺织、生物医药、电子信息、船舶海工、智能装备等民营经济特色板块,引导民营企业牢固树立品牌意识,加快实施商标战略和标准战略,以名牌企业、名牌产品为依托,培育、扶持、打造一批区域品牌,提升产业、产品在国内外市场知名度和占有率。

3.支持民营企业优化重组资产

引导民营企业解放思想、更新观念,通过兼并重组、强强联手、股份合作等多种形式,加快上市步伐。推动一批虽业绩不达标但是具有进口替代、核心技术等概念的科技型、技术性企业,促成其登陆资本市场,实现跨越发展。继续深入实施企业"培大扶强"工程,全力推动中天科技、罗莱生活科技等龙头企业向百亿级迈进。遴选50家竞争能力强、发展增速快、创新潜力大的民营企业,加强分类指导,开展精准帮扶,鼓励抱团发展,推动其加快晋升大企业、大集团行列。

(三)营造民营企业发展氛围

大力宣传民营企业家在区投资创业、规模发展、服务社会鲜活事例、先进事迹和典型样本,认真总结梳理宣传一批典型案例,发挥示范带动作用。召开企业发展大会,围绕纳税贡献、科技创新、产业拉动、转型升级、吸纳就业等方面,集中表彰一批优秀民营企业、民营企业家,营造尊重和激励民营企业家干事创业的浓厚氛围。重视民营企业家素质提升及代际传承,实施民营企业家培训工程,引导民营企业家健康成长。

三、民营企业面临主要困难和问题

(一)利润空间严重压缩

原材料价格波动较大,企业融资成本高,市场销售疲软,产成品库存数量上升较快;同时,用工成本上涨,职工工资待遇持续提高,社保、医保等费用相应增加,利润空间受"多重挤压",导致企业生存空间缩小。

(二)市场预期不够稳定

因对市场和投资预期不稳定,部分企业已出现订单减少、开工不足等状况。

(三)融资问题仍然存在

企业普遍规模小,缺乏抵押资产,且有效担保不足;同时经营管理水平不高,市场行为不规范,财务管理不健全,依法经营、诚信观念不强,导致银行贷款意愿不高,企业"融资难、融资贵"问题仍未得到有效缓解。

(四)自主创新能力较弱

企业普遍存在资金、人才和高端技术匮乏的问题,导致企业技术创新整体实力弱,拥有自主知识产权的核心技术少,产业关键技术受制于人;企业尤其是规模以下小微型企业大多尚未建立起完善的产品质量与技术标准体系,自主创新能力较弱。

四、推动民营经济再上新台阶举措

(一)培育经济主体

优化政策抓培育,全面贯彻落实省政府实体经济降低成本"28条"、市委办公室市政府办公室印发《"万事好通"南通营商环境优化提升举措66条》对应实施细则,最大限度为企业松绑减负,提升民营企业营商环境;全面梳理区内促进科技创新创业等一系列扶持政策,在减费降税、要素配置、破除障碍等方面形成有支撑力、有竞争力的政策体系。做大规模抓培育,继续深入实施企业"培大扶强"工程,全力推动中天科技、罗莱生活科技等龙头企业向百亿级迈进;遴选50家竞争能力强、发展增速快、创新潜力大的民营企业,加强分类指导,开展精准帮扶,鼓励抱团发展,推动其加快晋升大企业、大集团行列,力争2023年应税销售超10亿元、50亿元、100亿元民营企业分别达20家、15家、3家。彰显特色抓培育,紧盯现代纺织、生物医药、电子信息、船舶海工、智能装备等民营经济特色板块,持续加大民资招商力度,引导民营企业加大技改投入、加快产业补链,实现"专精特新"发展,力争2023年形成百亿级民营特色产业板块达4个。

(二)促进转型升级

大力支持民营企业加快转型,提升自主创新能力,不断释放民营经济发展活力。狠抓技术创新促转型,充分发挥经济发展局、人才科技局、科技镇长团组织、专业优势,在政府财政资金支持、国家高新企业申报、企业研发机构建设、产学研深度对接等方面给予扶持倾斜,引导民营企业开展技术创新,进一步加快新产品研发、新技术运用和新设备更新,不断提升核心竞争力,力争2023年民营企业市级以上研发机构突破215家。狠抓模式创新促转型,引导民营企业解放思想、更新观念,通过兼并重组、强强联手、股份合作等多种形式,加快上市步伐,进军资本市场,实现跨越发展,力争2023年民营上市企业达8家。狠抓品牌创新促转型,引导民营企业牢固树立品牌意识,加快实施商标战略和标准战略,以名牌企业、名牌产品为依托,培育、扶持、打造一批区域品牌,提升产业、产品在国内外市场知名度和占有率,力争2023年新增中国驰名商标3个、省长质量奖1个、省市级名牌产品30个。

(三)浓厚亲商氛围

注重氛围营造,围绕民营企业关注的法律法规和法律热点问题开展法治宣传;大力宣传民营企业家在区投资创业、规模发展、服务社会鲜活事例、先进事迹和典型样本;召开企业发展大会,围绕纳税贡献、科技创新、产业拉动、转型升级、吸纳就业等方面,集中表彰一批优秀民营企业、民营企业家,营造尊重和激励民营企业家干事创业的浓厚氛围。

王 慧

2023年4月

专题篇

推行包容审慎行政执法优化民营经济营商环境

南通市工商业联合会

包容审慎柔性执法是指行政执法监管部门坚持"宽严相济""处罚与教育并重"的原则,在依法行政、处罚违法行为的同时,防止过度过宽打击,最大限度避免和减少对企业正常经营活动影响,是文明执法的更高形态。推行包容审慎柔性执法对积极应对当前复杂严峻市场形势,有效激发市场活力和社会创造力具有十分现实的意义。围绕这一课题,南通市工商联赴县(市)区、商会、企业及相关部门开展专题调研,形成了一些思考。

一、新时代新形势对法治化营商环境提出新的更高要求

"法治是最好的营商环境。"习近平总书记这一重要论断,为优化营商环境,支持市场主体平等竞争、蓬勃发展指明了方向。这次党的二十大报告中也多次提到"法治",甚至首次单独把法治建设作为专章论述、专门部署,充分体现了以习近平同志为核心的党中央对全面依法治国的高度重视,进一步显示了我们党矢志不渝推进法治建设的坚定决心。我们必须正确认识和把握经济发展与法治建设的关系,法治的基石越稳固,市场主体的预期越稳定,就越能汇聚各类生产要素、充分激发市场活力。有了法治护航,市场主体才能心无旁骛、长远打算,创业创新动力才能不断迸发。

(一)中央、省、市对法治化营商环境建设提出新要求

党的二十大报告中再次指出要营造市场化、法治化、国际化的一流营商环境,要求我们要着力提升营商环境法治化水平,更好发挥法治固根本、稳预期、利长远的保障作用。2021年7月,省里召开江苏法治民企高峰论坛,论坛上发布了《江苏省法治民企建设五年行动方案》,江苏省委常

委、统战部部长惠建林也再次重申了要一体化推进法治民企和法治环境建设的要求。为响应中央、省委号召，2022年南通市委、市政府将2022年定为"营商环境提升年"，把优化营商环境作为后疫情时代背景下推进民营经济高质量发展的重要突破口，相继发布了"万事好通"营商环境优化提升举措66条等一系列政策，将改善营商环境举措贯彻到各个环节。其中关于法治营商环境，在2021年5月份召开的全面依法治市会议上，王晖书记就强调要"对标全国营商环境创新试点城市标准，围绕'放管服'改革、提升司法效能、赋能企业发展等重点环节，依法加强产权保护、保障市场公平竞争、激发创新创造活力，持续优化法治化营商环境。"

(二)国内外经济形势产生新变化

当前，百年变局加速演进，外部环境更趋复杂，国内经济面临需求收缩、供给冲击、预期转弱三重压力。在此背景下，持续优化改善营商环境以增进竞争优势、保持领先位势，已然成为共识。前段时间，习近平总书记在主持中央政治局会议时作出重要部署，"要发挥企业和企业家能动性，营造好的政策和制度环境，让国企敢干、民企敢闯、外企敢投"。市场主体"敢不敢"，很大程度上要看营商环境"优不优"。各地各部门不仅应该鼓励民营企业大胆地试，大胆地闯，更要有允许试错的氛围和宽容失败的制度安排。因此如何针对市场主体特点，在综合最优的政策环境、公平有序的市场环境、高效便利的政务环境等方面同步发力，真正让"敢干、敢闯、敢投"获得更坚定的支撑，是摆在各地面前一道亟待解决的考题。

(三)全市上下全面构筑法治化营商环境建设新支撑

这两年，南通市相关执法部门积极作为，深度融合法治实践，探索突破、创新发展，不断完善法治服务。据不完全统计，2022年全市各级行政执法机关共办理行政执法"免罚轻罚"案件5500余件，涉及金额4.2亿元，通过政策辅导、行政建议等柔性执法方式服务市场主体12000余家，人民群众对行政执法的满意度显著增强。尤其是市检察院、司法局等8家部门开展的涉案企业合规改革试点工作成效显著。试点以来，全市共办理企业合规案件40多件，案件办理总数位列全省第三，共惠及50余家企业，间接惠及5000多名职工，极大程度地体现了南通市对市场主体既讲

"严管"也讲"厚爱"的理念,为南通市优化提升营商环境提供了有力的法治支撑。

二、量身定做执法"改革套餐",全市法治营商环境实现新突破

近年来,南通市委、市政府把推进包容审慎行政执法作为优化营商环境的重要举措纳入依法治市和法治政府建设要点,对全面推行包容审慎行政执法做出安排部署,提出明确要求。南通市市场监管等相关执法部门主动作为,大胆探索,推出一系列改革举措,通过行之有效的制度、严格规范的执法、公正严明的司法,着力破除制度藩篱,最大程度利企便民,全市法治营商环境有了很大改善。

(一)"审慎为基",深推涉企免罚轻罚清单

自2019年起,优先在市场监管领域试行免罚清单,深入总结提炼经验,进而在全市推广。12月,南通市司法局刚刚集中公布了《免罚轻罚柔性执法清单(2022版)》,将一张清单升级为四张清单,从单一市场监管领域扩容至其他执法领域。目前全市已有29家行政执法领域的646项行政执法事项纳入了清单统一管理,其中,不予行政处罚事项425项,从轻处罚事项150项,减轻处罚事项56项,不予实施行政强制措施15项,较2021年增加228项,事项增幅达55%,内容涵盖了市场监管、劳动保障、卫生健康、资源环境、科技、教育、财税等多个领域。2022年以来,全市各执法部门压实责任、加码服务,进一步规范涉企轻微违法行政执法工作。其中,市市场监督管理局升级了首违不罚、免罚、轻罚、不予行政强制措施"四张清单",在原先2.0版85项的基础上,扩充为对18个领域141项轻微违法实施包容审慎监管,覆盖面居全国全省前列,2022年为止已为5263家市场主体免罚轻罚达1.9亿元;市税务局争创全省首批公职律师涉企争议咨询调解中心,先后处理"首违不罚"案件5.11万件;市生态环境局2022年免罚轻罚案件780余件,涉及金额2460万余元,柔性执法覆盖2263家市场主体,充分释放了经济发展活力,营造了良好的法治化营商环境。

(二)"规范为本",严格落实行政执法程序

全市各级部门聚焦行政执法的源头、过程、结果等环节,全面落实行政执法"三项制度",形成以1个平台(省行政执法监督管理综合平台)、2项标

准(南通市行政执法机关执法记录装备配备指导标准、执法记录装备记录执法过程拍摄标准)、3个实施办法(南通市行政执法公示制度实施办法、南通市行政执法全过程记录制度实施办法、南通市重大执法决定法制审核制度实施办法)、4张清单(行政执法主体清单、行政执法人员清单、行政权力事项清单、重大执法决定法制审核目录清单)、若干配套制度为内容的"1+2+3+4+N"改革成果。"三项制度"推行以来,各级行政执法部门主动公开执法信息已成常态,执法人员主动出示或佩带执法证件已成习惯;对程序启动、调查取证、审查决定、送达执行等执法全过程能够按要求进行记录,实现执法全过程留痕和可回溯管理。及时调整规范原有的行政处罚自由裁量标准,细化量化行政执法行为裁量范围、种类和幅度。建立健全案件法制机构审核、领导集体讨论等内部审核程序,规范行使行政处罚自由裁量权,实现同一事项、同一尺度、同一标准,确保执法规范、裁量准确。

(三)"监督为要",强化行政权力监督合力

落实重大执法事项协调、执法争议处理、专项工作核查督办等制度。随机抽取案卷进行评查,全面掌握全市行政执法"底数",针对案卷中反映的证据链不严密、自由裁量说理不充分等问题提出整改要求,加大对执法不作为、乱作为、选择性执法、逐利执法等有关责任人的追责力度,切实提升执法办案质量。深化行政执法综合管理监督信息系统应用,通过汇集信息数据,探索与其他平台、系统之间数据互联互通。目前市大数据管理局打造的政务数据共享交换平台,已实现了与省政务数据共享交换平台、区县政务数据共享交换平台的对接,平台已接入70家市级单位,汇聚了5000余项数据资源。加强行政检察和行政执法监督衔接,引入行政执法监督员机制,持续拓宽行政执法监督渠道。

(四)"执法为民",提升法治营商环境水平

建立柔性执法与刚性处罚的无缝衔接机制,对新技术、新产业、新业态、新模式,设置"观察期",实行包容审慎监管。在日常监管中推行柔性执法,通过指导、约谈、告诫、回访等方式引导市场主体依法依规开展生产经营活动。对拒不改正或"明知再犯"的主体严格依法查处,充分践行宽严相济的法治精神,依法维护良好的营商环境。加大依法平等保护各种所有制

企业产权和自主经营权力度,依法严厉打击侵犯企业合法权益的违法行为。制定出台商会警务服务站、商事商会调解中心、涉案企业合规第三方监督评估机制、商会仲裁中心等工作举措,深入开展法律服务进企业、"法治体检"等活动,将法律保护关口前移,努力在行政执法和监督实践中不断增强企业法治获得感、幸福感和安全感。

(五)"以法为纲",全面加强执法队伍素质

结合全市"机关作风建设提升年"、全市执法专项教育整顿活动,大力实施行政执法人员能力素质提升工程。建立以规范化培训指引为实现路径、培训考试大纲为内容骨架、执法实务课程为血肉填充、线上培训平台为基础支撑、线下培训基地为补充提升的培训标准化体系。针对环境、安全、质量管理等重点执法领域,特别是涉企执法突出问题,实行分级分类培训,在全市范围开展行政执法人员大学习大练兵活动。通过知识学习、岗位练兵、技能比武,推动全市各级行政执法人员执法水平、服务能力、队伍形象大提升。

三、推行包容审慎行政执法中存在的问题

虽然南通市在行政执法改革诸多方面取得了积极成效,企业体验满意度也不断提升。但经调研梳理,依旧存在一些不容忽视的问题。

(一)认知程度不高

包容审慎柔性执法作为一项探索性、开创性的工作,许多地方先行先试,取得了良好效果。成都市首推包容审慎柔性执法的经验做法受到国务院通报表扬;沈阳市近两年分四批发布1725项全领域包容免罚清单,检查计划下降60.9%,检查企业数量下降47.6%;浙江省嘉兴市、广东省南山区等地推行力度也很大。相对而言,南通市部分部门认知程度还不够高、推进力度还不够大、企业获得感还不够强。在调研过程中,不少企业反映南通市涉企法律知识普及还不够广、免罚轻罚清单推广度不足,企业了解还不多。

(二)包容力度不够

柔性执法的面很窄,全市各地高频次执法、执法力度不一等现象比较普遍。受执法水平限制,过度执法、选择性执法现象时有发生。在调研过程

中,不少企业反映部分基层单位涉企执法存在"一刀切"现象,时常出现带着考核指标执法的情况,甚至有企业反映自己在未经职能部门提醒的情况下,因同一个油漆桶未盖盖子连续被处罚三次的情况。此外,少数执法人员素质不高,还存在选择性执法和滥用自由裁量权现象,甚至出现不给好处不办事,给了好处乱办事的违纪违法行为。包容审慎柔性执法的保护性措施匮乏,容错纠错机制尚未有效落实。

(三)实践应用不足

免罚轻罚清单能否实施好运用好,既与执法部门和一线执法人员的执法能力、执法水平密切相关,也与上级执法部门的指导、培训和监督有关。但在调研过程中,有企业反映,个别部门仅仅满足于制定印发清单,以文件落实文件、以文件代替指导,以指导代替监督,未能做好服务、指导、监督等"后半篇文章"。有企业提出想邀请职能部门上门指导,但缺少沟通途径,最终难以实现。

(四)企业意识不强

南通市是民营经济大市,市场主体超过120万个,在总体依法经营、诚信经营水平不断提升的同时,仍有诸多企业内部法制机构不健全,法律意识淡薄,规则意识缺乏,成为各类法律风险的易发区、高发区,以致推行包容审慎柔性执法客观上存在一定障碍,甚至是风险。

四、进一步推行包容审慎行政执法、优化民营经济营商环境的对策建议

法治营商环境是"软实力",但需要"硬措施"来托底。越来越多的城市把优化法治营商环境作为发展经济的先手棋。栽好梧桐树,自有凤凰来,优化法治化营商环境必须"放大招",要感受到改革面前"不进则退"的倒逼压力,这样才能真正涵养出法治营商环境的"清新空气"。

(一)从"快"形成推行共识

市场经济是法治经济,所有市场行为必须循法而行,但这并不意味着市场主体的所有违法行为都必须受到最严厉的惩罚。特别是那些处于初创期的中小企业、新业态、创新型企业,很多时候是摸着石头过河,有一个从不足到完善的过程。如果监管缺乏包容和审慎,不能做到宽严相济,就会让市场主体的生存难上加难,也很容易把新业态扼杀在摇篮里。鉴于此,这几年从中央到地方都积极实行包容审慎的监管执法方式。推行包容审慎柔性执法,能让更多市场主体重获机会和希望,感受温暖和力量,是应对严峻复杂市场形势,稳定经济运行的创造性举措,应当在全市上下形成共识,增强加快推行的思想和行动自觉。

(二)从"速"出台规范文件

依据市司法局、市市场监管局等29个部门现有免罚轻罚清单,切实加强对市场行政执法管理的规范指引,积极探索在企业特别是创新创业企业经营过程中发生的轻微违法行为给予免罚的容错机制,鼓励和扶持企业不断做大做强。同时学习甘肃、成都等先进地区,总结南通市现行部门经验,尽快以市委、市政府名义出台关于包容审慎柔性执法监管的规范性文件,全面推行有温度的行政监管新模式。应当明确除涉及人身、财产安全、公共安全等领域外,对市场主体不触碰安全底线的经营行为,均推进柔性执法;对市场主体情节轻微、没有造成严重危害后果、符合不予处罚清单情形的轻微违法违规行为,适用包容审慎监管,切实以完善的制度推动全市法治化营商环境迈向新台阶。

(三)从"严"自觉依法行政

引导全市各级行政执法机关增强自觉性、主动性,坚持执法主体、执法依据、执法内容、执法权限的合法性;坚持合理与合法、程序合法与实体合法有机统一。整合行政执法队伍,探索实行跨领域跨部门综合执法,解决多头多层重复执法问题,最大限度减少对企业不必要的行政执法事项,做到"无事不扰"。加强以教代罚、劝导示范、行政通报等非强制行政手段的运用,做到清单化公示、友善化提醒、轻量化处罚、服务化跟踪,监督和引导市场主体自行纠正违法违规行为,避免"一刀切"等简单粗暴执法。将柔性执法贯穿于行政执法全过程各环节,不断扩大辐射面和覆盖面,切实做到宽严相济、罚过相当、法理相融,营造更加宽容的制度环境、更加规范的执法环境,让企业真正感受到"力度与温度并济,规范与监督相融"。

(四)从"优"提供法治服务

各相关执法部门要加强经济政策法规学习,增强主动服务、靠前服务意识,推进公共法治服务"实体、热线、网络"三大平台融合发展。深入实施民营企业领域信用体系建设,开展诚信星级评定,实行信用分级分类监管,全面落实企业信用承诺制度,营造诚实守信的营商环境。强化对民营企业,特别是中小微企业日常法律风险、法治问题的动态化收集与汇总,通过深入企业开展法律宣传、法律咨询、法治体检等活动,向企业提供"点单式"宣传,不断提升涉企法治宣传教育的精准性、实效性,切实做到"企业吹哨、部门报到",帮助企业纾困解难。

(五)从"密"构建法治环境

全市相关职能执法部门要加强协作配合,完善跨部门跨区域行政执法联动响应和协作机制,形成工作合力,全要素、宽视野地推动法治化营商环境构建。特别要发挥各类行业协会和商会组织在营商环境法治化进程中的积极作用。建立商(协)会参与社会事务、维护公共利益、预防违法犯罪的制度化渠道,支持商(协)会发挥行业自律和专业服务功能,对其成员行为进行引导约束,理性表达诉求、依法维护权益。同时要在广大民营企业家中持之以恒开展法治教育,让尽可能多的民营企业家广泛了解和掌握民商事法律知识,注重法治信仰和法治理念的培养,形成办事依法、遇事找法、解决问题用法、化解矛盾靠法的法治思维。

(六)从"实"完善执法监督

监督不是"你对我错"的零和博弈,出发点和落脚点都要落在依法保护企业权益上。要深入推行行政执法公示、执法全过程记录、重大执法决定法制审核"三项制度",突出生态环境、安全等行政执法监督重点,深入执法一线,做到全程参与、全程监督、全程问效,系统化解决执法突出问题,针对性研究突破行政执法瓶颈障碍,不断推进执法行为规范化运行。加大涉企"挂案"、积案清理力度,做到"应结尽结",实现"存量清零",尽快为企业"正名",让企业家"解缚"。对损害企业权益的控告申诉专人负责、交办督办,依法提出审查处理意见,强化企业权益司法救济,多措并举开创行政执法监督新局面,持续优化全市法治营商环境。

施姝婷

2022 年 12 月

培育"张謇式"企业家群体
激活民营经济发展"一池春水"

南通市工商业联合会

百年之通商,发端于张謇。2020年11月12日,习近平总书记在南通视察期间,赞誉张謇为"中国民营企业家的先贤和楷模",希望广大企业家传承和弘扬张謇的家国情怀、实干兴邦和社会责任等优秀品质,努力成为新时代构建新发展格局、建设现代化经济体系、推动高质量发展的生力军。南通认真贯彻落实习近平总书记重要讲话精神,创新工作思路,强化政治引领,大力弘扬张謇企业家精神,努力培育新时代"张謇式"企业家群体。

一、夯实基地建设,在共推共建中厚植培育沃土

站在贯彻落实习近平总书记视察江苏重要讲话指示精神和省委、省政府决策部署的高度,南通扎实推进张謇企业家学院和理想信念教育基地建设工作,全力打造民营企业家的政治学院和精神家园。

(一)高位推进基地建设

成立以市委书记为组长的领导小组,研究制定《关于推进张謇企业家学院建设发展的实施方案》,市委常委会4次专题研究学院建设发展事项,相关市领导先后8次带队赴全国工商联、中央社会主义学院和省委、省政府请示汇报,推动学院建设发展。2021年1月6日张謇企业家学院在南通正式揭牌成立。先后促成南通博物苑挂牌全省和全国民营经济人士理想信念教育基地,同时对博物苑进行重新设计布局,改造建设新馆,全面展示张謇的爱国情怀、开放胸襟、创新精神、诚信品格、社会责任,吸引了全国各地民营企业家和社会各界人士前来参观学习。截至2022年,已累计接待人数超 146 万人次。

(二)广泛开展合作共建

坚持"立足南通、面向全省、服务全国",在南通市工商联协助推动下,张謇企业家学院分别与中央社会主义学院及长三角"三省一市"工商联签署合作共建协议。与此同时,学院还与清华大学经济管理学院、中欧商学院等高等院校开展联合办学,推动中华职业教育社、国际儒学联合会等社会组织在学院设立"研修基地",切实与各方共同建好用好学院。

(三)打造特色文化地标

全方位推进"1+3"张謇文化特色展示区建设("1"是实施南通博物苑整体提升工程;"3"分别是将唐闸工业遗存打造成生产生活展示区,将海门张謇故里打造成学习生活展示区,以及将启东垦牧文化遗址打造成垦牧文化展示区)。同步推出精品力作,打造《张謇》题材系列文艺精品,话剧《张謇》登上国家话剧院舞台,纪录片《张謇》成功上映,动画片《少年张謇》在央视少儿频道及各大省级卫视播出,受到广泛好评。

二、开展特色教学,在培根铸魂中提振发展动力

一直以来,南通把开展好企业家教育培训作为一项重要工作来抓。截至目前,已依托张謇企业家学院累计举办全国各地培训班 278 期、培训学员 26410 人次,其中由南通市工商联直接组织、协助举办、联系沟通的省内外企业家培训班共 52 期,学员满意率达 100%。

(一)培训突出针对性

选聘一支"理论讲得透、术语听得懂、知识用得上"的师资团队,既有国内知名院校和各级党校专家学者,又有党政机关领导和知名企业家,构建起理论与实务紧密结合的特色师资队伍。结合民营企业家特性,市工商联针对不同年龄层次、不同行业类别开展了各类主题培训活动,一手抓理想信念教育,开展政治理论教育、革命传统和优秀文化教育、形势政策教育;一手抓履职能力教育,开展法律法规、科技创新、转型升级、经营管理、等方面培训,不断提高民营企业家的政治素质、经营管理能力和参政议政能力。

(二)课程突出精品化

围绕习近平总书记关于企业家精神的重要论述,紧扣张謇企业家精神内涵和时代意义,创新开发《牢记总书记殷殷嘱托 弘扬张謇企业家精神》《张謇的民本意识与社会责任》等27门精品课程。同时持续举办青年民营企业家培训班、常执委轮训班、民营企业创新发展培训班等,探索打造"通商大讲堂""通商进高校"等创新品牌,深化民营经济人士理想信念教育,加快培养一支有信念、有梦想、有本领、有贡献的张謇式民营企业家队伍。

(三)教学突出体验感

坚持实景课堂与理论教学相结合,做优南通博物苑(张謇故居)、南通狼山国家森林公园和江苏大生集团等9处主题鲜明、各具特色的高质量现场教学点。组织企业家学员到上海、苏州等地的行业标杆企业、龙头企业观摩学习,从实践中取真金,在对标中找差距,以他山之石攻己之玉,高密度、高质量开展企业家培训活动。

三、弘扬张謇精神,在百年传承中焕发通商活力

作为张謇故里和张謇企业家精神的孕育地,南通多年来一直在通过各种各样的形式持续宣传和弘扬张謇精神,激励广大民营企业家赓续传承先贤意志,激发创业、创新、创优热情。

(一)率先设立企业家日

2016年,南通市十四届人大常委会第33次会议决定将每年5月23日确定为"南通企业家日",在全国率先形成尊重、支持企业家发展成长的制度性安排。每年开展"张謇杯"杰出企业家、杰出通商等系列评选活动,"十三五"期间,共评选出6位"张謇杯"杰出企业家、31位杰出通商,以及40位南通改革开放四十年优秀民营企业家。

(二)举办系列专题活动

开展"通商精神"大讨论活动,提炼总结"强毅力行 通达天下"通商精神;组建成立通商总会,服务通商、建好"通商之家",立好"通商之魂",聚好"通商"之力。连续四年举办高规格张謇论坛,让张謇和张謇精神逐步进入公众视野,引起社会高度关注,相关工作受到中共中央政治局原委员、

国务院原副总理、国际儒学联合会会长刘延东同志充分肯定。持续举办"故乡情·故乡行"南通在外企业家座谈会和全国南通商会合作交流会议,进一步凝聚通商力量。

(三)浓厚通商宣传氛围

加大与国家、省市主流媒体合作力度,在《中华工商时报》开设"通商视窗"专版,与《南通日报》、南通广播电视台合作开设专栏,深入宣传张謇式企业家,重点宣传坚定发展信心,积极回乡投资发展,助推南通经济高质量发展的通商先进典型,进一步弘扬通商精神,唱响通商品牌。

(四)引导践行社会责任

始终坚持"社会企业家"的定位,积极引导民营企业家和商会组织投身公益事业,鼓励其在促进创新创业、带动就业增收、参与脱贫攻坚等方面担当作为,进一步树立起负责任、敢担当的新时代张謇式企业家形象。据不完全统计,在2020年爆发的新冠疫情面前,全市海内外通商积极捐款捐物、参与抗疫救灾,累计捐款捐物超1.8亿元。

四、健全培育体系,在赋能增效中引领高质量发展

近年来,南通始终将培育张謇式企业家纳入全市人才队伍建设总体规划,与党委政府重大决策部署同步谋划、同步推进,建立政企互动、企业家培养选用等体系,加快培育一批行业性、区域性领军型企业家。

(一)畅通政企亲清互动渠道

建立健全党政部门与民营企业家沟通交流渠道,充分发挥民营经济统战工作协调、民营企业诉求直通车等机制作用。深化"工商联+"部门合作机制,持续推进与市工信局、税务局、生态环境局、教育局、地方金融监管局等部门合作,不断拓展民营企业服务平台。制定出台《全市工商联系统践行亲清新型政商关系行为规范细则》,通过首问负责、限时反馈、定期沟通等八项制度,持续优化营商环境和政治生态。组织开展"两送一防"和"万家民企大走访"活动,倾听市场呼声,聚焦企业关切,在融资、人才、用工、用地等方面,助力企业纾困解难。2022年以来,南通市工商联已收集企业诉求建议164件,协调解决142件。

(二)助推营商环境优化提升

在江苏首家出台《南通市民营经济"两个健康"提升三年行动计划(2022—2024年)》,重点围绕推动民营企业提质增效、提升民营企业家综合素质等8个方面开展工作。发布66条南通市营商环境优化提升举措,在此基础上,市工商联又细化公开依法推进企业合规改革、创新商会警务服务模式、全方位服务"通商回归"等8条优化营商环境务实举措,全方位助力营商环境提升。

(三)加强代表人士队伍建设

将优秀民营企业家代表纳入各级党委、政府工作视野。对服务全市中心工作成效显著的商会和民营经济人士,优先推荐担任党代表、人大代表、政协委员和工商联执常委等,充分调动其工作积极性、主动性、创造性。注重张謇式企业家后备人才特别是年轻一代企业家的培养,实施全市新生代企业家交流合作计划,进一步增进政企互动,锻造新生代企业家队伍,形成企业家队伍的梯队结构。

施姝婷

2022年10月

南通市上规模民营企业调研分析报告

南通市工商业联合会

上规模民营企业调研是工商联工作的主要抓手和重要依托,是我国民营经济发展的晴雨表和风向标,对分析经济发展规律有着重要的参考价值。一直以来,南通市工商业联合会高度重视,认真组织,参与调研企业数不断增加,企业质量明显提升,通过调研统计和数据分析,能客观反映南通市民营企业的发展质态和基本情况。

一、基本概况

从2023年4月份开始,南通市工商业联合会部署上规模民营企业调研工作。调研内容主要包括:企业年度财务数据情况、投资和发展战略情况、治理和守法经营情况、创新发展情况、"走出去"和参与"一带一路"建设的情况、转型升级情况、营商环境情况等,同时对影响民营企业发展的主要问题进行了调查。调研按照企业自愿填报、县(市)区工商联推荐的程序,截止到5月30日,南通各县(市)区参与调研的企业数120家,收到120份调研报告。分别为:海安市28份,通州区22份,海门区20份,如东县15份,崇川区14份,如皋市11份,启东市8份,开发区2份。

2022年,参与调研的上规模民营企业覆盖8个县(市)区,根据填报完整、营收5亿元以上的106份调研报告分析,调研数量前三位分别是海安、通州、海门;营业收入总额前三位分别是海门、如东、通州;净利润总额前三位分别是通州、如东、海门;资产总额前三位分别是海门、如东、通州。总体来看,部分建筑企业受地产调整影响,数据下滑较大;南通四建、通州建总、南通二建、龙信集团等建筑龙头企业处于正常盈利水平。

2022年9月,江苏省工商联、全国工商联先后发布了2022年调研榜单,在入围门槛大幅提升的情况下,南通30家企业入围江苏省民营企业200强榜单,4家企业入围江苏省民营企业制造业100强榜单,5家企业入围江苏省民营企业创新100强榜单,14家企业入围绿色发展领军企业名单。南通10家企业入围中国民营企业500强榜单,中南控股位列第21位;中天科技、通富微电2家企业入围中国民营企业制造业500强榜单;中南控股、南通化工轻工入围中国民营企业服务业100强榜单。从上榜企业数量来看,南通仍然位列全省第三,但4家建筑龙头企业因涉恒大事件而掉出榜单,实际上拉大了南通市与苏南兄弟市的差距。

二、企业利润

2022年,受全球疫情影响、俄乌冲突、地缘政治竞争加剧的影响,经济复苏乏力,南通市传统制造业的供应链、资金链、需求链面临不少困难压力和风险挑战,参加调研的民营企业营业收入、利润总额、税后净利润均略微下降,部分企业财务状况较为紧张、个别企业仍处于重组或破产进程之中。全年装备制造业、高技术制造业增幅较大。其中,计算机通信电子设备制造业、专用设备制造业、汽车制造业等行业产值年内保持高速增长态势;新兴产品产量较快增长,锂离子、能源、化纤、光纤等新材料获得成倍增长。根据106家企业调研报告对照分析,2022年营业收入总额为9868.96亿元,同比略降;利润总额为395.48亿元,同比降低7.7%。初步显示,营收1000亿元以上的1家(南通三建),500亿~1000亿元之间的5家(中天科技、南通二建、南通四建、龙信集团、通州建总),100亿~500亿元之间的18家。统计表明,南通市上规模民营企业中超大型企业数量偏少,第一梯队过百亿的24家民营企业中,仅中天科技、通富微电、当升材料、鑫缘丝绸、文凤化纤5家制造业企业,通富微电获得35.5%增长,当升材料为新晋百亿企业,获得154.5%的巨幅增长。另外,化工轻工1家能源贸易企业、文峰集团1家零售服务企业,其余17家均为建筑企业。

三、经营效益

2022年,在国家省市一系列"抗疫情、助发展"政策支持下,南通市委、市政府深入推进全市高质量发展,深入开展招商引资突破年、营商环境提升年、机关作风建设年活动,扎实推进"一枢纽五城市"建设,高效统筹疫情防控和经济社会发展,统筹发展和安全,南通市民营企业经营效益基本平稳。从 106 家上规模民营企业经营情况来看,2022 年度税后净利润 322.96 亿元,户均 3.05 亿元,同比略降;调研显示,轩达高分子、海宝新能源、沃太能源营收和利润均获得翻倍增长。中天科技、南通二建、南通四建、通州建总、华新建工、当升材料 6 家企业税后净利润超 10 亿元,其中当升材料为新晋净利润超 10 亿元的企业。

四、社会贡献

近年来,民营企业对南通市经济社会发展起着越来越重要的作用,民营经济的健康发展是扩大就业、提高税收、改善民生和维护稳定的重要力量。从调研数据来看,上规模民营企业 2022 年缴税总额同比降 13.9%,国家减税降费对支持企业抗击疫情,稳定增长、保障就业起到了一定的推动作用。

(一)缴税总额

调研的 106 家企业 2022 年缴税总额为 262.13 亿元,同比降低 13.9%。从纳税规模来看,南通三建、中天科技、南通二建、南通四建、龙信集团、通州建总、南通三建装饰集团 7 家民营企业缴税总额超 10 亿元;江中集团、南通五建、新华建筑、启东建筑、达欣工程、九九久科技 6 家民营企业缴税总额在 5 亿~10 亿元之间,其中九九久科技为新晋企业;27 家民营企业缴税总额在 1 亿~5 亿元之间,其中同比新增 6 家;另外 66 家民营企业缴税总额在 1 亿元以内。

(二)就业人数

所调研的企业中 2022 年共吸纳了 90.07 万人就业,劳动用工比 2021 年度略减。其中房屋建筑业、机械设备制造业、纺织服装业吸纳就业人数居前三位;调研企业中,南通四建员工人数超 10 万人,有 19 家民营企业用工人数在 1 万~10 万人之间。

(三)研发费用

调研的 106 家企业中 2022 年研发费用投入总额总计为 106.15 亿元,

同比递增6.4%。其中94家有研发费用投入。超10亿元的有中天科技、通富微电2家,在1亿~10亿元之间的有20家,发展势头好的企业普遍增加了研发投入。

五、制约因素

2022年,民营企业遭遇国际国内新冠疫情和贸易保护主义的双重考验与挑战,上规模民营企业的发展受用工成本上升、新冠疫情冲击、原材料价格上涨、物流成本上升等诸多因素的影响,部分企业出现经营困难、效益下滑等现象。面对经营压力,上规模民营企业积极应对,采取各种措施转变发展方式。

(一)资金成本、需求不足成为制约企业发展的主要困难

从外部环境来看,2022年上规模民营企业面临的最大困难是资金成本、物流交通的不确定性和能源成本上升,另外还有人才缺乏、资金成本上升、融资难、外贸需求不足等问题,以及国家发改委能源指标、双碳减排的要求,部分行业受到限制,年底疫情管控放开后的骤然冲击,使民营企业面临较大的生存压力。

除此之外,上规模民营企业还面临着政策环境、法制环境、社会环境等压力,原材料成本上升、关键技术缺乏等因素也影响企业的长远发展。

(二)积极应对要素成本上升压力

2022年,针对经营成本上升的不利影响,上规模民营企业在大力节能降耗、采用新技术引进新设备的基础上,更加重视研发投入、增强产业上下游的延链补链、加快资产周转率等措施。调研数据显示,上规模民营企业主要采取节能降耗62家,采用新技术引进新设备42家,拓展新兴市场的33家,延伸产业链加大投入建设的16家等。此外,还有提高产品和服务价格、淘汰落后产品、减少中间环节等措施。采取发展电子商务的企业数量增加了32家,积极参与智转数改、加快转型升级步伐的企业增加了52家,显示民营企业正积极把握"互联网+"机遇,利用信息技术加快转型升级步伐。

(三)转型升级进度明显加快

在我国经济转入新常态、劳动力资源增长减缓的情况下,上规模民营企业向高度重视以人为本转变,通过优化发展战略、加强科技创新、信息化

与工业化融合等多种方式推动转型升级。从106家企业转型升级的进度来看,38家上规模民营企业表示转型升级明显加快,约占35.8%;25家表示转型升级刚刚启动,约占23.6%;28家表示转型升级有所放缓,15家表示尚未启动。

从促使上规模民营企业实施转型升级的动因来看,主要为做大做强企业的愿望、劳动力成本上升、疫情导致用工风险加大、产品技术升级换代等方面。不少企业实行机器换人战略,主动引进自动化、信息化产线,加大标准件生产比重,数字赋能制造业,加大工业互联网投入,智能工厂、智能车间是未来几年新的增长点和驱动力。

调研数据显示,上规模民营企业转型升级的最主要推动方式是人才为先,通过高端人才引进和产业工人改革等渠道,配合专业化培训、有效激励机制和企业文化熏陶,让人才成为推动企业转型升级的重要力量。据统计,上规模民营企业中主要采取调整企业发展战略和发展规划的55家,加强企业员工内部培训的60家,加大人才引进的56家,实现工艺、产品、品牌升级的62家,扩展销售渠道的55家。

朱兴建

2023年5月

南通市乡镇工业集聚区高质量发展的调研报告

南通市工业和信息化局

习近平总书记在党的二十大报告中强调，贯彻新发展理念是新时代我国发展壮大的必由之路。南通市肩负江苏省委、省政府赋予的打造全省高质量发展重要增长极的重大使命，就要牢牢把握高质量发展这一首要任务。2022年，南通市深入贯彻落实江苏省《关于进一步推进工业用地提质增效的意见》，高质量起草并出台《关于进一步促进全市乡镇工业集聚区高质量发展的实施意见》，动员全市上下牢固树立高质量发展导向，提高资源利用效率、优化产业空间布局，集聚发展成效显著，现形成调研报告如下。

一、全市乡镇工业集聚区基本情况

全市现有乡镇工业集聚区140个，其中崇川区3个、海门区17个、启东市18个、如东县31个、如皋市22个、通州区24个、海安市25个。其中17个集聚区是省级及以上开发园区内集聚区，45个集聚区为开发园区外有完整批复手续集聚区，31个集聚区被列入2018年集聚区名录。

从企业数量看，全市乡镇工业集聚区内的企业数量为10312家，其中，规模企业2626家，占全市规上企业总数的40.2%。从产出效益来看，全市乡镇工业集聚区总产值为5273.1亿元，产出达百亿以上集聚区17个。从产业结构来看，集聚区内基本涵盖南通市纺织、船舶、电子、新材料等多个优势产业领域，部分集聚区在生物医药、生命健康、新能源等新型领域已初现规模。随着全市制造业高端化、智能化、绿色化发展步伐持续加快，全市乡镇工业总体呈现出产业园区化、厂房标准化、项目规范化的高质量发展态势。

(一)审批流程基本完备

一是编制《南通市"十四五"制造业高质量发展规划》。强化全市制造业发展"一盘棋",形成"一核带动、两带引领、五园支撑、多极集聚"的产业空间布局,逐步转变了乡镇工业"自建厂房、缺乏配套、产业规划零乱"等粗放发展模式;二是项目联动审批。全市除跨区域、化工等特定行业的工业投资项目外,一般项目的审批、监管均由属地政府负责。目前,各地已建立项目投资审批协同机制,基本能够掌握项目立项、环评、能评、安评、稳评等审批情况,提升了项目落地便捷度;三是开展全流程监管。根据"谁审批谁负责、谁主管谁监管""双随机、一公开"等原则,采取事中在线监测、事后现场核查等方式,现场核实备案项目与产业政策、批复文件的相符性,对违反产业政策的项目责令停建或停产。

(二)绿色发展成效平稳

一是加快绿色发展。制定绿色制造体系培育库,加强对绿色制造名单的事中事后管理,推动落实"有进有出"的动态管理机制,创建国家级绿色工厂18家、绿色产品12个,省级绿色工厂42家;二是规范"三废"处置。逐步完善"天地空"一体化监测体系,推动园区开展区域环评、回顾性评价与环境规划,推进污水处理设施提标改造和管网建设。部分园区探索实施"绿岛"工程,提升了工业排放物处置能力,规范危废经营利用行为;三是开展工业节能诊断服务。组织第三方服务机构为企业实施节能诊断服务,协助企业分析应用诊断结果,提出节能改造建议。开展节能诊断"回头看",近三年南通市累计为95家工业企业提供诊断服务,提出改造提升建议217条。截至目前,已有76家企业完成改造建议154条,节约标煤12.66万吨。

(三)行业整治着力推进

一是推进供给侧结构性去产能。聚焦重点行业建立市级工作协调推进机制,综合运用经济、法律、科技、行政等手段,压减过剩产能、退出低端低效产能、淘汰落后产能,促进了产业结构调整和高端化绿色化转型;二是化工行业整治全省前列。在全省率先出台全市化工产业安全环保整治提升实施方案和三年行动计划,"一企一策""一园一策"推动化工行业整治提升。全市纳入底单的化工生产企业从472家压减到2022年底的199家,完成率全省领先。化工企业入园率由52.4%提升至80%,全省第一;三是完成印染行业整治。持续深化省、市"两减六治三提升"专项行动,开展为期三年的全市印染行业专项整治,关停和淘汰落后印染企业96家,顺利通过省印染行业整治省级突出环境问题验收。

二、发展中存在的问题

(一)规划布局亟须提升

一是由于历史原因,乡镇工业发展中"企业规模偏小,工艺装备较为低端,分布较为分散"的矛盾较为突出。乡镇企业入区率参差不齐,其中高的地区约60%,低的地区约30%,差距较大,且大量企业散落在集聚区以外。部分集聚区的规划选址没有远离居民点,造成环境治理困难,个别园区甚至缺乏合规批建手续。近年来,随着城市的逐步发展,园区邻避问题较为突出。如皋东陈的东部工业园区涉气企业较多,住户也较多,工业企业与居民生活紧靠,企业生产污染与附近居民生活存在一定矛盾;二是随着乡镇合并和规划调整,部分园区"四至范围"和产业定位已发生较大变化,不符合现行的城乡规划。由于历史原因影响,部分项目在新改扩建时,难以符合当前的新规定要求;三是部分属地招商部门和乡镇在招引项目时,不能做到所有项目完全符合政策规定和规划定位,个别项目在落户时,存在着"打擦边球"的现象。

(二)安全环保意识偏弱

一是个别乡镇的"党政同责、一岗双责"没有完全落到实处,存在"上热、中温、下凉"等现象。部分企业仍存在侥幸心理,违法行为依然存在,法治意识尚待提升。部分地区对上级产业、环保等政策的宣贯执行力度不够,未能做好新、老政策的衔接配套;二是安全生产、生态环保等信息的互通机制不够健全,安全生产和水、大气、土壤污染防治工作涉及多个部门,相关基础数据的协调统计存在信息不全等问题,不利于全面掌握生态环境底数,科学研判工作举措;三是能耗减量后劲不足。"十三五"期间,全市大力调整产业结构,超额完成了能耗双控任务,腾出了用能空间。但随着节能降耗工作的深入推进,重点耗能企业的节能空间逐步收窄,今后再通过大规模关停、淘汰、置换等方式来提升用能空间较为有限。

(三)监管力度还需加大

一是项目审监分离,事中事后监管难度较大。部分地区项目审查职能在行政审批局,但事中、事后监管职能在发改委(工信局)。虽然审批平台设置了项目建设进度监管程序,但因审批部门对进度没有强制性要求,导致审批事项监管无法闭环。同时因备案项目数量较多,监管部门只能抽查,较难做到项目事中事后监管的全覆盖,审监分离增加了监管难度;二是乡镇企业以私营企业为主,规模小,大多缺乏新上项目备案意识,存在担忧政府监管、减少麻烦的心态,设备购置到位即开工等现象。部分地区对产业准入政策和备案规定宣贯不到位,缺少对乡镇企业新上项目的行政指导,导致项目未备案或违规备案的现象时有发生。某乡镇服装辅料生产企业长期停产,排污许可证已注销。2021年底,企业私自新增了锅炉、染缸、定型机等设备,未进行项目备案,无环评、能评等手续,群众反映较大;三是耗能项目监管不足,节能审查落实不够。海安、如皋等地调研提出,在节能审查改为依申请受理后,部分乡镇及企业的节能意识较为淡薄,个别年综合能源消费量超过1000吨标煤的项目未按要求进行节能审查,给后续发展带来隐患。

(四)产业结构有待优化

一是从面上来看,在去产能、调结构、"双碳"政策大背景下,乡镇企业创新转型发展的能力不足。如启东、海门、通州等地均存在着乡镇传统产业"低端锁定",战略性新兴产业"高端不足"等问题。先进制造业占比不高,拉动力不强。二是从企业主体上看,部分乡镇企业经营质态较为低端,科技型创新型企业不多,企业管理水平亟待提高。多数企业未建立现代管理体系,管理水平较低,技术创新、教育培训等投入较少,产品研发能力不足,产业层次有待提高。如东县部分集聚区贡献和能耗不匹配,健身器材、纺织服装等传统企业居多。三是从项目储备上看,乡镇工业转型速度不快,发展后劲有所不足。崇川区作为主城区,也存在创新型、高技术、高附加值项目支撑不够,带动产业提升的大体量引领型项目数目偏少等问题。

三、促进乡镇工业集聚区高质量发展的必要性

(一)促进集聚区高质量发展是实现制造业高质量发展的应有之义

集聚区是区域经济发展、产业转型升级的重要空间载体,对于聚集创新资源、壮大特色产业集群，进一步提升产业竞争力具有重要意义，在推动工业经济发展中发挥着"稳定器"和"压舱石"的作用。南通有17个省级以上开发园区，当前，全市建成国家新型工业化产业示范基地4个，省、市级特色产业基地48个，为制造业高质量发展提供了有力支撑。要按照"经济发展主战场、招商引资主力军、科技创新主引擎"定位，对各类园区的规划、建设、运营进行全面升级，将其打造成政策优、要素全、配套好、功能完善的产业载体，集聚上海"1+8"大都市圈优质资源，加快构建"龙头带动、配套跟进、全产业链发展"现代产业集群格局。到2024年，船舶海工、新一代信息技术、高端纺织、新材料、高端装备等五大集群产值超过1万亿元。

（二）促进集聚区高质量发展是强化规划引领的必然要求

规划是指引集聚区高质量发展的行动纲领，决定了集聚区的发展战略、发展定位、产业布局等全局性、长期性、根本性问题，其重要性不言而喻。高度重视园区国土空间规划、产业发展规划、基础设施建设规划等协同联动，加强与上位规划的衔接，统筹好集聚区发展，才能有序承接中心城区功能、产业、人口转移，培育乡镇发展新动能。要进一步强调园区规划的重要地位，以规划引导开发建设，坚持"一张蓝图画到底"，坚决避免无规划先建设、有规划不执行等集聚区开发弊端。

（三）促进集聚区高质量发展是工业用地提质增效的有力举措

发展是硬道理，节约是大战略。为确保地尽其用、地善其用，南通市政府办出台工业用地提质增效28条用地保障政策，对照容积率、亩均固定投资投入、亩均税收、一次性投资和设备投资等刚性要求配置土地资源，强调"亩产论英雄"，推动土地利用率和产出效益"双提升"，擦亮"寸土寸金"品牌。要全面落实省、市推动工业用地提质增效的相关政策，通过促进集聚区高质量发展，在供地方式调整、存量用地盘活、综合开发利用等方面加大力度，加快构建符合新型工业化要求、符合产业生命周期、遵循企业发展规律、适应产业发展导向的工业用地长效机制。

四、目前已开展工作

为全面贯彻落实文件精神，聚力推动乡镇工业集聚区高质量发展，南通市工业和信息化局精心谋划，精细部署，全力推动各项工作稳步开展。

(一)强化高位推进

建立市级集聚区发展联席会议制度,统筹协调全市集聚区改造提升、整合腾退中的重大事项。组织各地建立完善政府主导、协调配合的组织领导体系,落实属地监管责任,制定集聚区发展规划,完善配套举措。综合梳理集聚区发展质态,遴选重点乡镇工业集聚区,强化资源统筹和要素配置,推动形成全市集聚区发展比学赶超、争先进位的良好氛围。

(二)全面摸底清查

组织力量深入基层一线走访调研,详细了解集聚区发展概况,全面统计集聚区用地规模、配套设施、主导产业以及企业数量等基本信息,汇总形成数据台账。

(三)制订发展计划

围绕全市重点产业集群和优势产业链发展定位,按照"企业集中、产业集群、要素集聚、土地集中"的总体定位,选出一批四至清晰、手续齐备、产业特色鲜明的集聚区,制订集聚区发展规划和未来三年改造提升工作计划。到2025年,计划督促各地完成3~5个集聚区的改造提升,5年内全面完成任务。

(四)推行联动审批

建立项目投资审批协同机制,及时掌握项目立项、环评、能评、安评、稳评等审批情况,提升项目落地便捷度,进一步促进项目早建设、早见效。根据"谁审批谁负责、谁主管谁监管""双随机、一公开"等原则,采取事中在线监测、事后现场核查等方式,现场核实备案项目与产业政策、批复文件的相符性,对违反产业政策的项目责令停建或停产。

(五)开展排查整治

引导板块对园区外企业生产经营情况进行摸底清查,持续深化"工业企业资源集约利用评价系统"综合评价,优化资源要素配置,按照"关闭退出一批、转型转移一批、改造升级一批"三个类型,加快低效闲置产业用地再利用,有序开展分类整治,促进企业提质增效。

五、下一阶段工作打算

(一)总体目标

持续提升园区质态,不断完善"一区多园"管理模式,以经济实力较强的开发区(园区)、集聚区为龙头,逐步整合"低小散弱"的集聚区,建设一批布局合理、产业集聚、特色明显、配套齐全的高质量集聚区。围绕全市五大集群,16条优势产业链,按照"企业集中、产业集群、要素集聚、土地集约"的总体要求,对全市重点产业集聚区加强改造提升,加大配套服务设施建设,促进共用共享。到2025年,各地完成3~5个集聚区的改造提升,5年内全面完成任务。

(二)对策举措

一是强化规划引领。①高起点规划。各地要结合新一轮国土空间规划,积极引导县(市)区统筹区内发展,优化与上位规划衔接,有序承接中心城区功能、产业、人口转移,培育集聚区发展新动能。加快推进低效存量资源"退二还一""退二优二""退二进三",坚持原则上新上项目一律进园区,利用5~10年的时间推动原有散落在外的乡镇企业逐步入园管理,避免"村村点火、户户冒烟"。②科学合理布局。高度重视园区国土空间规划、产业发展规划、基础设施建设规划等问题,科学确定园区产业功能定位,结合城市发展空间规划进行园区适宜选址和空间布局优化,预留中长期合理的发展弹性空间。③强化规划执行。要参照控规工作的系列要求,强调园区规划的重要地位,以规划引导开发建设,坚持"一张蓝图画到底",切实解决规划不健全不完善、执行随意性大等问题,坚决避免无规划先建设、有规划不执行等园区开发弊端。

二是完善基础设施。围绕产业进一步提升工业集聚区规划衔接水平、硬件配套水平、管理服务水平,持续提升集聚区承载功能,不断完善乡镇工业集中区的道路、水、电、气、通信等基础设施,强化公共设施配套,提高综合保障能力。鼓励各地建设高标准厂房,支持企业根据工业集聚区产业规划和厂房建设要求自建标准厂房。鼓励盘活存量低效用地,加快低效工业用地升级改造,提升集聚区节约集约发展水平。优化工业园区的准入门槛,重点聚焦园区征而未供、供而未用及未办理征地手续的土地,加快推进兜底性质工业综合体的建设,提升园区集约节约发展水平。组织开展调查,充分摸清各类集聚区实际管理范围的土地使用、产业分布、节约集约、产出效益等基础数据,为一区一策、分类施策,促进集聚区质态提升提供基础数据支撑。

三是推动转型升级。坚持综合评价。全面开展全市工业企业资源集约利用综合评价工作，在大力推进乡镇工业企业"纳规增收"的基础上，引导各地牢固树立"亩均论英雄""单位能耗比贡献"的发展导向，对乡镇工业探索分类综合评价打分，建立以资源要素市场配置为重点的激励退出机制，倒逼落后产能企业加快转型。落实准入清单。加快推进落实省、市"三线一单"生态环境分区管控方案，严格落实生态环境准入清单。充分发挥园区规划环评的引领和刚性约束作用，推动园区产业布局优化调整和转型升级。严格实施生态环境保护，支持园区开展循环化改造，创建生态工业示范园区。淘汰落后产能。持续推进全市淘汰落后产能工作，推动乡镇关停退出一批落后产能，改造提升一批低端低效产能，转型升级一批低质低效企业，助推乡镇制造业向高端化、智能化、绿色化转型。

四是加强组织领导。集聚区高质量发展涉及方方面面，是一项复杂的系统工程，关键要处理好历史与现状，监管与发展，绩效与生态等诸多关系，加快构建市、县、乡三级协同联动的工作机制。市级层面，要发挥好市级集聚区发展联席会议制度的作用，加强部门协同联动，健全完善月度评估、季度调度、年度考评等机制，尽快凝聚起齐抓共管的强大合力，推动形成比学赶超、规范发展的良好氛围。县级层面，各地要进一步落实属地责任，加强组织推进，细化配套举措，确保项目建设符合产业政策、国土空间规划、节约集约用地、安全环保等要求。要明确专人负责落实工作，建立月度跟踪、季度调度、半年推进、年度总结工作机制，确保工作取得实效。每季度末及时上报工作推进情况、主要成效、存在问题和下一步打算。乡镇层面，要进一步明确集聚区第一联系人，完善组织架构，加大政策宣贯，加强日常巡管，及时发现问题并汇总。

葛 蕾 周楚杰 李 磊
2023年3月

加快建设产业创新高地情况报告

通州区政协经科委　通州区发展和改革委员会

产业创新是经济结构调整、培育增长动力的有力支撑。习近平总书记在二十大报告中刚指出,"打造具有国际竞争力的数字产业集群"。近年来,通州区产业集群日益凸显、创新转型亮点频现、发展基础不断夯实、创新人才不断集聚、典型引领作用明显、科技金融支持有力,初步形成了"一主一新一智"三大主导产业发展新格局。

一、通州区产业创新存在的问题

尽管通州区产业创新取得一定成效,但是全区产业创新也面临结构性矛盾突出、落后产业转型压力大、产业发展关键性资源匮乏等不利局面,并存在诸多困难和不足,与高质量发展的要求仍然存在差距。

(一)产业规模和产业质态亟待扩容升级

2021年,全区产业规模最大的三大产业中,高端纺织325.4亿元,新材料187.7亿元,智能装备161.4亿元,与千亿级地标性产业规模差距很大。产业结构仍处于价值链中低端,顺应新时代新风口的新兴产业、未来产业较少。新一代信息技术产业链上下游匹配度不高,处于产业链上游的关键部件研发配套企业不多;处于产业链中游的配套企业因自身实力不够,难以形成规模效应;处于产业链下游的配套企业对核心技术掌握不充分,只能进行简单加工;链内企业关联度不高,产业链离散现象比较普遍,如装备制造业分布在食品机械、包装机械、风电设备等领域;重点培育的汽车及零部件、智能装备等新兴产业规模偏小、竞争力不强,新兴产业占比与先进地区仍有不小差距。

(二)创新能力和创新载体亟待提质增效

传统制造业中相当一部分企业,仍采用传统生产工艺和落后的生产设备,低端产品规模较大,研发、服务等高附加值产品较少,工业互联网、大数据、云计算等新技术应用还处于起步阶段,获得省以上经营管理质量奖和标准化的企业还不多。高新技术企业培育不快,企业总数与通州区经济总量不匹配,全区高新技术产业产值占比低于全市平均水平。全社会研发投入占比与苏南先进地区相比存在较大差距。

(三)重大项目招引和转化亟待提档加速

项目在招引过程中开工率低。地均产出水平偏低,外资项目数量偏少、质量偏低,叫得响的外资企业不多;外贸出口产品结构单一,纺织、机电等低附加值产品出口占比85%左右,其中家纺类产品出口占到50%左右,高新技术产业类的外贸企业偏少。缺乏核心技术,核心基础部件、先进基础工艺、关键基础材料、产业技术基础等对外依存度高。

(四)要素供给和发展生态亟待系统优化

人才服务体系和生活环境对人才的吸引力不强,政策层面重视引进人才,不太关注既有人才。一大批在外的通州籍成功创新创业人才,还没有形成对投资家乡应有的专注和实质性的行动。金融服务产业创新发展能力有待提升,投资基金数量不多,规模不大,领域专业程度低、活跃度不高。对建设产业创新高地内涵的研究不够,对全区重点产业的发展趋势和主要方向研究甚少。全区创新工作侧重企业层面科技创新,对产业层面创新和组织创新缺乏研究,领导产业发展的组织方式有待改进,链长制、创新联合体、一站式服务等机制还未形成。

二、加快建设产业创新高地的思考

建设产业创新高地不仅是南通市委赋予通州区的新任务新目标,也是通州区全力以赴提升产业能级和区域核心竞争力的关键举措,要全面贯彻新发展理念,奋力打造"高质、高端、高新"产业,让产业特色更鲜明,让创新动能更澎湃,让市场主体更活跃,为建设硬核区提供坚强支撑。

(一)提升产业能级,加快发展扩容升级

以增强产业链关键环节自主创新能力为目标,推进"重点产业集群化、生产方式智能化、高端制造服务化、发展方式绿色化、产品服务品质化"五化发展,构建具有通州特色、掌握核心环节、占据高端地位的产业链。

1.加快优势产业集群化发展

一是打造国际家纺商贸城。以智能化、功能化、生态化、信息化推动全产业链升级为主要推进方向,加快向"微笑曲线"两端延伸,关键在于"研发设计、数字经济、电子商务、产城融合"四个重点领域急需突破,必须加快建设三大创新基地和产城融合的家纺新城,建成世界级特色产业集群。二是打造空港枢纽经济区。南通新机场(及临空经济区)的建设和南通兴东机场(及南通空港产业园)的功能定位调整,将带动试飞交付、维修培训、研发检测、航空货运等航空服务产业在通集聚,同时也将助推通州航空制造业发展。重点围绕大飞机分装、航空材料、航空电子等产业板块,加速引进行业龙头企业。三是打造总部集聚区。加快推进"江海总部项目"建设,构建基础设施先进、配套服务完善的总部经济集聚区。积极承接国际和国内一线城市产业转移释放的企业总部或职能总部,培育营销中心、采购中心、结算中心、物流配送中心等职能总部经济。积极引进综合型总部企业,吸引行业领军企业、高科技"独角兽"企业、高成长创新型企业等落户。以本地上市公司、龙头企业为重点,加快培育本地总部企业。

2.加快特色产业中高端发展

一是培育新一代信息技术产业。依托集成电路零部件产业园,推进技术创新、应用创新、产业链整合、大企业引育,重点聚焦、培育若干个国内外知名的集成电路龙头企业或研发机构,以集成电路设计、制造为主导,以集成电路封测业、集成电路设备业、集成电路材料业为支撑,初步形成完整配套、相互支撑的电子元器件和集成电路产业体系,打造新一代信息技术产业集群。二是培大汽车零部件产业。按照"强化优势、填补空白、挺进前沿"的产业发展思路,以增强汽车零部件配套能力为目标,依托雄邦、鸿图等骨干企业,拉长精密压铸、精密模具、压铸机械等产业链;推动汽车产业与新一代信息技术、新能源、新材料等新兴产业深度融合,借势上海,依托安波福、博沃等重点企业,做强做精汽车电子以及新能源汽车等产业板块产业链;全力引进整车制造企业,围绕轻量化和智能化方向,加快突破整车设计制造项目,形成带动效应。三是培植智能装备产业。对接长三角智能装备制造产业,突出高端化、集聚化、特色化方向,积极培植"专精特新"企业,带动智能装备产业链上下游的技术研发和配套制造两大环节,构建产业服务体系,打造智能电网装备、工业自动化及仪器仪表智能化、高效节能环保装备、冷链物流仓储装备产业集群。

3.加快各类园区差别化发展

一是做大做强南通高新区。南通高新区要以科技创新为引领,以赋权赋能为动力,大力培育高新技术企业和科技型企业,加快成为全市创新驱动发展的核心区和高质量发展的示范区;加强与国内一流高校和科研院所的深度战略合作,探索推进"一主一新一智"产业离岸孵化建设模式,服务区内产业创新发展。二是做优重点特色园区。各镇(街道)要结合各自产业基础、资源禀赋和发展优势,在区统筹下,制定出产业发展重点和发展方向的产业清单,为招商引资和项目评估提供依据。要结合开放型经济建设和自身产业基础,明确1~2个主攻产业,持续深耕,与高新区形成产业互补发展。石港科技产业园要增强产业承载力,做强智能装备和新材料两大产业,争创省级开发园区。平潮高铁新城产业园要重点布局电子元器件和智能装备制造两大产业,打造高品质枢纽样板。金沙街道要重点引进科创类、楼宇经济项目,打造先进服务业集聚区。其他园区要树立全区一盘棋思想,做到招商信息共享、要素资源共享,共同围绕相关产业配套,尽快在区内落户一批有产出、有税收的优质项目。三是做精新的机场园区。按照南通市"一枢纽五城市"定位及建设畅联全国通达世界的现代综合交通枢纽契机,建议规划建设新机场园区,力争做到产业领域新、发展模式新、产业业态新,使新园区成为通州区产业高质量发展样板区。

(二)深化融合发展,开拓转型发展路径

坚持产业链和创新链"双链融合",龙头企业和科创企业"双轮驱动"、经济增量和发展质量"双向发力",努力打造产业创新发展的新高峰。

1.实施产业强链工程

一是推进产业基础再造。全面梳理三大主导产业链上的重点企业和项目,找准产业链缺失、薄弱、关键环节,列出清单,精准招商,有计划地补齐、延长、拓宽产业链。二是推动产业协同发展。推动高端纺织产业链加快强链、扩大优势,支持新一代信息技术、高端装备等战略性新兴产业精准补链、壮大规模,引导 5G 通信、智能制造、航空、现代物流等未来产业有序建链、抢先布局。三是强化重大项目管理。进一步完善重大产业项目全生命周期管理机制,按照"大项目—产业链—产业集群"发展路径,根据"抓大、抓优、抓新"和促开工、抢在建、稳投产原则,在提升项目建设成效上求突破。围绕现有产业体系,树立"招大、招强、招高、招新"理念,重点开展"科技+金融+产业"招商,构建全方位、多层次、宽领域的招商引资新格局。

2.实施智能制造工程

一是推进企业设备智能化升级。针对通州制造业中小企业较多的特点,重点培育发展离散型智能制造、流程型智能制造、网络协同制造等智能车间创建新模式。以龙头民营企业为重点,分行业培育一批智能制造示范车间(工厂)并加快复制推广。大力度培育一批通州本地的智能制造解决方案服务商。加快推进工业企业采用智能装备和先进工艺。支持企业设备升级,重点在汽车及零部件、智能装备、高端纺织等行业企业加速更新淘汰档次低、能耗高的生产装备,并推广普及自动识别、人机智能交互、工业机器人、智能生产物流等智能制造技术,推广物联网等信息网络技术。二是推进数字化生产集成运用。实施企业"上云"行动计划,扶持工业云服务平台建设和大数据示范应用,构建产业互联网生态。鼓励工业企业运用云化软件产品和服务,引导规模以上企业生产设备、核心业务、工业大数据应用"上云"。推进数字化生产控制体系,重点在汽车及零部件、智能装备、高端纺织等行业推广智能控制、工业机器人、分散控制系统(DCS)等技术。三是筑牢数字化发展基础设施。鼓励本地智能制造服务商做大做强,鼓励跨行业跨领域系统解决方案供应商组建联盟。培育汽车及零部件、智能制造等产业的工业互联网平台和工业 APP,鼓励龙头企业自主开发建设和应用工业互联网平台,为产业的数字化、网络化、智能化发展提供解决方案。鼓励企业广泛应用工业互联网平台,组建精密型智能制造产业联盟,支持相关产业链上下游企业开展配套和供需合作、通过购买服务方式支持行业协会、产业联盟做实做强。

3.实施绿色转型工程

一是推进绿色制造示范。培育发展绿色制造以及循环经济的骨干企业、示范企业。全面推行清洁生产,逐步完善清洁生产管理体制和实施机制。推进印染、新材料等重点行业清洁生产,组织企业申报电子行业生态工业设计试点,促进行业绿色转型升级。鼓励重点用能企业加快绿色化改造,争创绿色工厂、绿色设计产品、绿色设计示范企业、绿色系统解决方案供应商等绿色制造名单企业。二是推进资源高效利用。建立能耗预警机制,制定重点耗能单位节能规划,完善能源管理体系。借助先进制造业和高新技术产业发展,促进工业降低耗能、提高产出。加快推进智慧用能综合服务示范平台及省智能用电管理平台建设,积极推动能源合同管理,拓展服务管理模式,为节能企业提供绿色制造技术、政策等咨询服务。三是大力推进绿色制造监管。加快建立绿色信用体系,在公共信用信息系统中建立完善企业绿色信用档案。对"一企一策"保留提升的少数化工生产企业,再次开展更为严格的安全环保排查评估,对存在安全环保隐患的坚决调整,乃至关闭退出。

(三)强化创新驱动,激活创新硬核力量

强化创新驱动,集聚产业创新力量,发挥各类创新主体作用,不断创新高水平开放机制,优化各类平台建设,激发产业创新发展新活力。

1.发挥创新主体作用

一是壮大龙头企业。实施龙头企业筛选与动态培育计划。依托大数据分析技术,试行主导产业资源综合利用绩效评估系统,建立以效益为核心的企业综合评价机制,遴选龙头企业培育对象,并把评价分类结果作为要素供给分配、政策支持和行政监管的重要依据,实施龙头企业动态培育管理。实施龙头企业政策支持计划。对接企业上市发展规划,预留企业发展空间,对龙头企业年度地方财政贡献的增长部分,予以分档补助;鼓励龙头企业大力实施科技研发和技术改造,推行两化融合,优先安排项目,试行市区叠加补助政策。二是发展中小企业。深入实施创新型企业培育计划,大力引育专精特新企业和科技型中小企业。引导专精特新发展。进一步完善专精特新"小巨人"企业梯度培育体系,夯实通州区先进制造业集群基础,努力攻坚关键领域"卡脖子"难题,形成一批专精特新中小企业"军团"。激发科技创新动能。遴选一批具有核心技术壁垒、细分领域占有率较高、市场空间大的创新型企业,助力企业加速成长为"独角兽"企业。加大对科技型中小企业的精准支持力度,加强孵化育成体系建设,构建"供给+孵化+创投"新模式。三是放大示范企业。积极培育优质名品。大力实施标准、质量、知识产权战略,鼓励企业主动参与制修订行业标准、国家标准和国际标准,支持培育自主创新品牌,积极争创"江苏精品"。大力实施知识产权强企培育工程,推进通州区高价值专利培育中心建设。

2. 强化载体平台支撑

一要建设产业技术创新平台。建设一批高端研发平台,鼓励企业研发机构申报国家、省级、市级重点实验室、工程技术研究中心、企业技术中心等创新平台。探索成建制引进科研院所和重大创新平台。围绕集成电路装备、零部件等特色产业创建共享实验室,在细分行业加快形成"创新联合体"。二要探索区外创新载体建设。依托上海、深圳在人才、项目上的资源优势,探索与上海等地建立异地孵化、伙伴园区等多种合作机制,依托上海等地丰富的创新资源,实现科技资源研发孵化在外地、产业化在本地的引育机制。也可将部分载体、空间交由科研院所托管,由科研院所实施创新项目、招引科技团队,提高载体入驻率和运营质效。三要搭建科技公共服务平台。建立全链条科技服务平台,重点培育一批涵盖技术转移、检验检测认证、创业孵化、科技咨询、科技金融等领域的专业科技服务平台,打造覆盖科技创新全链条的科技服务平台体系。

3. 集聚创新发展人才

一是打造高端人才平台。积极参与沪宁沿线人才创新走廊打造,主动对接上海全球科创中心、沿江科创带,充分发挥区域产学研战略联盟、科技镇长团等平台载体的桥梁纽带作用,深化产学研合作,拓宽人才流动渠道。优化配套服务,完善科技人才金融服务体系,进一步加强重点产业紧缺人才和高层次人才招引。鼓励企业参与共建各类国家级、省级创新平台,在国家技术创新中心、国家产业创新中心、国家重点实验室等"国字号"平台引进建设上取得突破,依托大平台、大项目引进一批高层次科研人才及团队,全力打造人才发展现代化先行区。二是实施产才融合工程。围绕产业引才,紧盯"一主一新一智"产业精准引才、按需引才,提高人才项目的落地转化率和毕业孵化率。探索实行"人才+项目"的引培模式,设立产业人才发展专项,精准引进有助于推动关键技术突破、带动产业发展的人才与团队。培育本土产业人才,政产学多方参与,以企业生产链、技术链与服务链为教学、科研和服务对象,开展人才培养、科学研究与社会服务的应用型专业学院,有利于服务当地产业集群发展。加大人才储备,深入探索院士、行业首席专家与通州区制造业企业对接的新途径,加快高端人才和先进技术成果向本地汇聚。三是探索人才评价机制。强化用人单位人才评价主体地位,完善面向企业、基层一线科技人才的职称评价标准,落实职称评审权限下放等改革措施。探索建立人才容错机制,建立免责清单,对高层次人才参与重大项目研发、重大成果转化工作中的偏差失误,列入容错免责范围,建立"不以成败论英雄"的人才评价标准。

(四)完善制度保障,营造创新发展环境

不断完善产业创新制度和政策,进一步打造亲商清商的营商环境,营造"天时地利人和"的产业创新氛围,不断优化产业新生态。

1.拓宽产业发展空间

一是强化大项目招引。着力招引对延长三大主导产业的产业链、集聚产业度、提升综合实力和降低环境污染等有益的重大项目。聚焦北上广深等重点城市,积极开展定向招商、委托招商、资本招商和以商引商。围绕"一主一新一智"主导产业,建立重大产业项目库、信息库,打好招商"组合拳"。优化重大项目滚动管理、跟踪服务机制,实行清单式、专班式推进。建立重大项目协调推进机制,按照"一个项目、一名领导、一套专班、一张报表、一抓到底"的要求,制订推进计划,优化完善体制机制,实施项目全生命周期管理,完善考评激励机制,提升落地转化效率。二是大力推动空间再造。实行产业用地准入和全生命周期管理,引导各类市场主体参与存量用地盘活,推动低效用地"腾笼换鸟",加快低效企业土地腾退和闲置厂房盘活。实施工业企业资源集约利用差别化政策,通过"以亩产论英雄"倒逼企业转型升级。优化完善产业用地政策,探索土地用途兼容复合利用,推动不同产业类型依法合理转换,在符合国土空间规划前提下,制造企业利用自有工业用地发展生产性服务业。三是创新项目落地方式。针对目前土地资源紧缺的现状,对符合产业政策的拟落户亿元项目,引进竞争机制,依据"谁最成熟、谁落地快,谁优先征"的供地原则,及时提供土地保障。加强上海等重点平台对接,按照"突出特色、产业集聚"的原则,积极推进区中园建设,对不单独供地的规模较大的落地项目,入驻的标准厂房进行"量身定制",依据企业需求进行建设,增加"适合度"和提高利用率;积极"筑巢引凤",建设工业综合体,解决中小企业落户困难。

2.深化产融协同机制

一是强化金融支持。要畅通资金链,激活产业链,鼓励引导金融机构大力拓展业务,加大对建筑、家纺等传统特色产业数字化、绿色化改造的支持力度。聚集发展各类投资基金,发挥财政资金引导支持作用,扩大产业引导基金,要允许产业发展基金出险。进一步完善激励企业股改上市政策,积极推动优质企业、特色企业抢抓资本市场改革的机遇,加快上市步伐。二是建立投入机制。探索建立科创基金创业投资与创新产业项目对接机制,重点围绕新一代信息技术、新材料、汽车零部件、航空航天等新兴产业领域,积极对接长三角各大高校院所、孵化器等平台的研发孵化项目,引导创业投资基金向科技成果转移转化项目倾斜,打通创业资本和产业项目之间的通道。创新要素向企业集聚时,科技投入应该用在刀刃上,首先向创新型企业和龙头企业集聚。三是健全评价制度。建立科研诚信评价体系,推进项目评审、机构评估改革,建立以科技创新质量、贡献、绩效为导向的综合评价制度,将科研水平、诚信状况等作为项目供地、金融服务等要素的重要指标和依据。

3.建立配套服务机制

一是完善组织协同推进机制。根据本地产业基础和现代产业大趋势,明确主要产业发展方向,遴选出重点发展的新领域,出台重点产业专项发展规划,提出产业创新发展要点和措施。根据规划发展路线图,制定产业创新的指标体系,设计出有步骤、有层次、有阶段性目标和细化的 KPI(关键绩效)指标,制订各阶段、各环节行动方案,并在工作实践中不断完善。二是建立产业发展研究机制。建立产业创新联席会议和产业链长制度,研究解决产业创新遇到的困难和问题,任命产业链链长,负责产业链的项目招商、新业态培育、新模式推广等,服务全产业链的发展。要明确相关成员单位及职责分工,加强部门协作,做好经济、科技、教育、人才、经贸等政策的衔接。研究出台新的产业发展一揽子政策,对符合产业规划和清单的项目,在土地、人才、科技、金融等方面,形成政策支持合力。根据实际情况,适时出台相关成员单位与相关产业创新发展挂钩机制,服务产业创新发展。三是出台创新发展服务机制。参照苏州工业园区企业服务中心经验,设立具备产业创新发展研究、产业政策与产业信息发布、产业公共技术服务、项目融资路演、人才培训等功能的服务机构,也可以聘请第三方开展专业服务。

江 华 凌 华

2023 年 4 月

民营企业推进数字经济建设情况分析报告

通州区政协经科委 通州区发展和改革委员会

数字经济是继农业经济、工业经济之后的主要经济形态,其发展速度快、辐射范围广、影响程度深,正推动生产方式、生活方式和治理方式深刻变革,引发了社会和经济的整体性深刻变革。习近平总书记强调,要推动产业数字化,利用互联网新技术新应用对传统产业进行全方位、全角度、全链条改造,推动制造业产业模式和企业形态根本性转变,促进我国产业迈向全球价值链中高端。习近平总书记在二十大报告中指出,"加快发展数字经济,促进数字经济和实体经济深度融合",为我国数字经济建设指明了方向。近年来,通州区民营企业以"智改数转"为契机,加快智能化改造数字化转型步伐,为企业高质量发展提供了坚强支撑。

一、通州区民营企业数字经济建设取得的成效

近年来,通州区数字经济呈现出创新融合加速深化、新业态不断涌现的良好发展态势,数字经济在全区民营经济中的核心地位和主引擎作用日益突显,成为全区经济社会高质量发展的重要推动力。

(一)数字基础设施建设持续加快

通州区城域网建设已实现千兆到楼宇、百兆进户,光纤覆盖能力100%,列全省第一方阵。"三网融合"工作稳步推进,通信运营商与广电运营商合作,优化网络资源,加强业务、技术及服务创新;推动地面数字电视覆盖网建设和高清交互式电视网络设施建设,加快广播电视模数转换进程;鼓励发展交互式网络电视(IPTV)、手机电视、有线电视网宽带服务等融合性业务,带动产业链上下游企业协同发展;推进 IPV6 规模部署工作,通州区移动、电信、联通三家运营商的数据中心、互联网骨干网、骨干网间互联体系、城域网和入网、域名托管服务器和域名注册机构的服务器、LTE 网络及业务、新增网络设备、固定网络终端、移动终端均已完成 IPV6 改造,具备支持 IPV6 业务的能力。实现国内首个对沿海 100 千米范围内 4G 网络全覆盖,新改建 5G 基站 616 个,实现城区、重点乡镇、工业园区的覆盖。

(二)数字产业引领经济全面发展

2021 年,通州区数字产业快速发展,规模以上工业应税销售增长达到 15.8%,信息传输、软件和信息技术服务业发展态势良好,规模以上信息传输、软件和信息技术服务业企业营业收入 4.12 亿元,同比增长 26.2%。云计算、移动互联网、物联网、大数据等前沿技术应用快速发展,涌现了一批拥有核心技术的细分行业民营龙头企业。

(三)数字经济协同应用深入推进

"十三五"期间,通州区不断深化民营企业数字经济集成与协同应用,全面促进数字经济技术与制造业融合发展。截至"十三五"末,通州区累计创建省、市级智能车间 30 个,实施技改项目 240 个,南通高新区入选 2020 年度中国先进制造业百强国家级园区。通过国家级两化融合贯标评定企业 37 家,省级制造业"双创"示范平台 2 家,互联网服务资源池 2 家,星级上云企业 51 家,培育认定市工业互联网(互联网+制造业)融合创新试点示范企业 33 家,各项指标均居全市前列。大力开拓电子商务和智能物流市场,积极培育自建电商平台或与大型电商平台合作,扩大企业销售渠道与品牌效应。

二、通州区民营企业数字经济建设存在的问题

尽管全区数字经济建设取得了很大成绩,极大地促进了通州民营企业的快速发展,但普遍存在着硬件产业强、软件产业弱,数字产业化强、数字服务业弱,数据的整合、共享与应用方面还不够深入,数字经济人才特别是高层次人才匮乏,数字经济发展的政策有待进一步完善。

(一)发展仍需加快

一是占比偏小。相比全省产业数字化占GDP的比重10.6%,通州区占比仅为7.3%,低于全省平均水平,更远低于苏南。二是领域偏科。企业数字化转型主要集中在制造业,占比80%以上,附加值较高的服务业发展相对滞后。同时在具有引领性的产业领域尚未形成领先优势,涉及全区主导产业少之又少,数字转型主要集中在新一代信息产业。三是发展偏弱。数字产业化以批零住餐和三大运营商的网络运营为主,真正涉及数字经济前沿领域的云计算、区块链、互联网相对偏弱。

(二)企业顾虑较多

一是成本顾虑,企业"不愿转"。部分企业受疫情冲击和经济下行等客观因素影响,尤其传统家纺等企业普遍处于微利状态,对数字化转型普遍存在"没必要"的认识误区。二是收益顾虑,企业"不敢转"。对于大部分企业来说,数字化转型的决定往往牵一发而动全身,数字化进程常常难以毕其功于一役。在企业账面吃紧,很难看到短期收益的情况下,大部分不敢决定数字化转型。三是路径顾虑,企业"不会转"。全区数字化转型少有可借鉴的标杆,行业间的数字化方案很难简单迁移。同时,由于数字人才缺乏,尤其既懂行业制造又懂数字化的复合型人才极度匮乏,导致大部分企业在数字化转型中无从下手。

(三)统筹还需加强

一是数字载体平台建设还需要整合。还存在职能定位偏低、资产规模偏小、资产结构单一、行业影响力薄弱等不足,难以从数据、资金、园区载体和落地政策等数字经济关键要素放开手脚全面对接长三角数字经济产业。二是数据要素价值潜力尚未有效激活。部分民营企业虽已完成"智改数转",但对产生的数据如何分析利用,却无从下手,尤其在紧贴需求场景方面,将数据化为产品和服务的能力,大多数企业都是空白。同时,全区面上对于如何打通行业间数据互通共享仍然处于探索阶段。三是数字经济产业发展资源相对分散。尽管通州许多民营企业数字经济建设卓有成效,但是数字产业还未形成合力,产业集聚效应还未充分突显。

三、加快民企数字经济建设的建议

推动数字经济与实体经济深度融合,是"十四五"时期国家数字经济发展的主线,国务院印发的《"十四五"数字经济发展规划》提出,到2025年,数字经济迈向全面扩展期。习近平总书记指出,要推动数字经济和实体经济融合发展,二十大报告也明确指出"建设数字中国"。把握数字化、网络化、智能化方向,针对"数实融合"三个发展方向,需遵循数字经济发展趋势和规律,既要循序渐进、适度超前,但也不要好高骛远、急于求成。

(一)强化数实融合顶层设计

从"高处"谋划,加强顶层设计,充分发挥有为政府和有效市场作用,推动"智改数转"从"理念普及、试点示范"迈入"系统创新、深化应用"新阶段。一是完善机制抓统筹。建立健全区、镇(街道)二级对接和相关部门常态化沟通协调机制,打破部门、层级、区域间的工作壁垒,并以"定期观摩、专班推进"等方式,加快推进"智改数转"项目建设,确保"数实融合"取得实效。二是完善规划抓牵引。结合产业布局和信息化、数字化发展经验,就长三角一体化定位,围绕产学研用、标杆示范、生态聚集、公共服务、人才引育等方面,进一步完善"数实融合"发展规划。统一规划使用国资云平台。政府机关、财政付款单位不再新建扩建机房,统一规划租国资云平台服务。借鉴苏州等地做法,政府出资运营商建设区域共享型5G专网,降低中小企业智改数据门槛,推进智慧城乡建设。三是完善测度抓反馈。完善数字经济统计核算及贡献测度,有利于更好发挥数字经济对实体经济的支撑作用。进一步加强对《数字经济及其核心产业统计分类(2021)》标准运用的指导力度,加强统计与业务部门、企业间的数据共享与交流,结合大数据等信息技术,用好日常统计调查、经济普查、投入产出及"三新"统计数据等,为决策提供重要参考。

(二)打造数实融合标杆体系

坚持以地标产业领航、标杆示范引路、分档提速改造为抓手,加速打造"智改数转"的标杆示范体系。一是强化地标产业领航。着眼产业链的韧性,以项目为牵引,紧盯高端纺织、新材料、电子信息、新能源等产业,每年梳理储备一批"智改数转"项目,支持企业加大技术改造投入,充分运用数字孪生、人工智能、5G、区块链、VR/AR等新技术,持续推动工艺革新、装备升级和生产过程智能化。二是强化标杆示范引路。抓住《南通市制造业智能化改造和数字化转型三年行动计划》的窗口期,充分利用创新创业支持政策,培育产业数字化改造领域中的"瞪羚企业"和"独角兽企业"。建立健全"灯塔工厂"培育机制,加大政策扶持力度,组织行业骨干龙头企业多走出去,对标世界一流制造能力,打造全球"灯塔工厂"。三是强化分档提速改造。发挥行业龙头企业、智能工厂的典型示范和推广引领作用,鼓励龙头企业输出技术、开展诊断服务,带动产业链、供应链关联企业复制经验,为中小企业数字化转型赋能,推动产业链共同实现精益生产、精细管理和智能决策,形成"龙头企业示范引领、中小企业百花齐放"的良好发展态势。

(三)激发数实融合互联共享

工业互联网是新一代数字技术与制造业深度融合的产物,也是推动不同数据源统一入库,实现"数据要素"互联共享的重要载体平台。抢前抓早、先谋快动,深入推进工业互联网平台建设和应用,打造国家、省、市工业互联网示范平台。一是打造多层次高效协同创新平台体系。支持数字创新型企业和行业骨干企业创建国家企业技术中心、技术创新中心、工程技术研究中心和省级企业重点实验室等高水平企业研发机构。支持外资企业建立数字创新研发机构,鼓励有实力的创新型企业和高新技术企业在境外设立研发机构。促进数字化转型成效较好的制造企业、服务企业与高校、中介服务机构、最终用户间建立多种形式的战略联盟。二是大力引进高水平数字创新平台。加强与国内外特别是长三角一流高校和科研院所的深度合作,吸引汇聚科研机构,建设产业技术研究院、企业实验室等创新平台,联合区内龙头企业开展技术创新,加强数字化发展领域关键核心数字技术攻关,有效提升成果转化率和孵化成功率。围绕"一主一新一智"产业定位,按照"产业+研究院"模式布局创新链,推进企业研究院、协同创新研究院、企业院士工作站、博士后科研工作站、研究生工作站建设,着力引进长三角创新资源,建设汽车轻量化研究院、储能研究院,推动一批创业孵化、技术研发、中试试验、转移转化、检测检验等公共支撑服务平台建设,优化提升现代建筑、纺织丝绸产业研究院运营水平和服务能力,推进建筑和纺织行业工业互联网标识解析二级节点建设和推广应用,加快打造行业数字化发展创新应用平台。

(四)构建数实融合赋能生态

数实融合是一项持续演进、迭代提升的复杂的系统工程。围绕人才、载体、活动等要素,丰富完善生态体系,最大程度聚集优势资源,为"制造"向"智造"蝶变提供有力支撑。一是打造数字人才集聚区。技术人才上,把引进数字人才作为招才引才的重点,加强推进数字化智能化高技能人才实训基地建设。围绕物联网、集成电路等主导产业,制定"高精尖缺"人才目录,建立跨行业跨领域跨专业数字化转型专家库和"数字工匠"培育库。建立健全"人才+科技+基金"项目落地评审机制,着力打造"如鱼得水、如鸟归林"的人才引育留用生态;管理人才上,以企业家培育为引领,聚焦数实融合等重点,弘扬现代张謇企业家精神,全面提升企业家数字思维、数字化管理能力、长远发展眼光。二是建好创新服务强载体。充分发挥企业主体作用,加大对企业组建科创团队、科研实验室等补贴支持力度;支持新型研发机构加入产业数字化改造进程中;通过策划开展高端论坛、学术会议、会展、大赛等活动,加强市内市外相关院所、科研就够对接交流,实现信息互通、资源互享。优选智能装备服务商、网络服务商、系统解决方案服务商等,为民营企业数字化转型提供集成服务,切实解决企业"不敢转""不会转"的难题。三是营造温暖适宜环境。充分利用金融资金的杠杆效应,在用足用好"苏科贷""科创贷"等金融政策的基础上,鼓励银行、担保公司等金融机构加大对企业"智改数转"支持力度,导入更多金融活水,精准"浇灌"。

江华 凌华

2023 年 4 月

问需于企零距离　实处发力解难题

南通市工商业联合会

为深入学习贯彻习近平总书记关于支持民营企业发展壮大的系列重要讲话精神，坚决落实"两个毫不动摇"和深入贯彻落实《关于支持民营企业高质量发展的若干措施》《南通市民营经济"两个健康"提升三年行动计划》，根据南通市"营商环境提升年"和"机关作风建设提升年"工作部署，2022年6月份开始，南通市统战系统和工商联系统部署开展了为期三年的"万家民营企业大走访"活动。开展活动半年以来，通过入户走访、集中座谈、书面调研相结合的方式面对面把脉问诊、对症施治，护航民营企业抗疫保发展，助力优化民营经济营商环境，推动民营经济持续健康发展。

一、主要做法

自2022年6月份活动开展以来，工商联系统市、县(市)区两级联动，50多名市、县(市)、区工商联班子领导、120多名机关干部深入企业，问需送暖、把脉问诊，累计参与人员达8200人次，走访企业2400多家，收集各类问题1250个，其中符合交办条件的198个，已解决1052个，解决率达84.16%。主要做法如下：

(一)坚持实字当头，确保走访活动扎实推进

1.坚持"领导挂帅"，确保行动扎实有效

明确各级工商联班子成员为调研组组长第一责任人，全面负责本组走访活动的组织领导，协调解决走访活动中的矛盾和问题。主动靠前精细服务，听取对促进全市民营经济营商环境建设的意见建议。收集整理影响力较大、问题反映较突出、情况较复杂的9类共性问题，重点协调解决，切实提高解读政策、解决问题的能力。

2.打出"组合拳",确保"访深访透"

各调研组立足各地实际和各自工作任务,合理制订走访计划,综合采取平时随机走访、在线互动常访等形式,广泛运用问卷调查、座谈交流等方式,深入一线,下到车间班组,问政于企、问需于企、问计于企,切实做到提企知法人、提法人知事、提事知情。

3.划好"标准线",确保"访准访实"

对访什么、怎么访进行重点设计,要求机关干部入企"五必知",即知企业生产经营、知科技创新、知和谐稳定、知发展环境、知目标思路。同时推行"三个一"全程纪实,即每人发放一本"企情日记",每走访一家企业填写一张基本情况,每集中走访一次填写一份走访回执表,全程记录企业的情况诉求,对走访全程进行记实管理,坚决防止走访"蜻蜓点水""一走了之"。

(二)坚持连环推进,提振民营企业发展信心

紧扣"两送一防"主题,按照"3+3"整体布局,用3个月时间开展集中走访,再用3个月时间做好后续落实。后续落实阶段,分梳理问题清单、交办解决问题、撰写走访报告、反馈解决落实情况4个环节层层推进。11月份组织开展回访活动,利用举办"民营企业服务月"活动之机,召开协调机制会议,总结回顾大走访活动有关情况,逐个检查核实交办问题的落实进度。

(三)坚持问题导向,以销号解决为检验标准

面对面走访收集的720多个问题中,针对受疫情影响、经济大环境、中美贸易摩擦等的有280多个,以分类并案形式编制课题调研项目建议清单;纳入交办清单的有65个问题,逐项提出落实解决措施,并实行销号管理,对初次办理不满意的事项还将进行二次交办;因历史遗留原因、政策法规限制等暂时不具备解决条件的26个问题,转由职能部门向企业解释说明。大力开展"疑难问题集中攻坚"行动,筛选确定一批疑难问题,通过市委统战部和市工商联主要领导挂帅形式重点推动。

(四)坚持以点代面,推动形成制度理论成果

践行"问题+课题"工作法,将一批典型性、普遍性问题情况收集整理

后撰写相关课题报告和请示。例如,对走访中发现的因新冠疫情影响、经济大环境、中美贸易摩擦等客观原因导致的20多个问题,已分类并案转为课题研究,并形成《加快传统产业转型升级 增强民营经济发展动能》《推行包容审慎行政执法 优化民营经济营商环境》《携手联动公检法司机关 助力优化法制营商环境》《发挥在外通商作用 助力南通经济发展》《对进一步凝聚通商力量 唱响通商品牌的思考》等调研报告。再如,对行业出现的个性问题,形成请示,请相关职能部门承办,其中《建立汽车绿色钣喷中心》《完善电极箔行业废水排放指标》和《发布环保法律风险提示100条》受到市领导批示肯定。

二、获得启示

(一)把准脉搏,对症下药

深入贯彻走访前"五必知",针对企业重点关心的经济态势分析、财政税收政策、发展环境情况等进行了解,以确保适时对企业提出的问题作解答。

(二)严格管理,全程纪实

严格落实走访中"三个一",每人发放一本"企情日记",每走访一家企业填写一张基本情况,每集中走访一次填写一份走访回执表,确保了解企业真实情况。

(三)闭环解决,及时反馈

确保做到走访后"闭环解",准确把握困难成因,对收集的问题进行分类,有针对性地解决困难。共性问题研究相关政策统一解决,个性问题因企施策转交职能部门进行梳理,健全政企沟通的渠道,打通政策落地的"最后一公里",暂时不具备解决条件的问题与企业做好沟通联系,取得企业谅解。

三、发现主要问题

(一)机关干部服务经济发展能力不足

工商联的一切工作,都要牢牢把握统战性,充分发挥经济性,切实体现民间性。工商联部分干部在走访中面对企业家提出的一些经济领域或咨询政策方面的专业问题,掌握的知识仍然有些不足,能力有待提高。

（二）营商环境有待进一步提升和改进

走访中,大部分企业家们对南通的营商环境持认可态度,但是也存在相应问题,主要集中在以下几点:改革碎片化问题仍然存在;营商环境体系片面化现象有待改进;"互联网+政务服务"改革力度还需进一步加强;企业发展所需各事项服务有待加强;企业规范和扶持的政策需要有待提升等。

（三）企业享受的政策普惠性有待加强

一是有些政策覆盖范围还有待扩大。比如政策性贷款、财政奖补等门槛过高,不少中小企业够不着,政策普惠性有待加强。二是政策时效性不强。政策悬在空中,企业难以得到实际红利。三是与政策配套的财政补贴资金落实不到位。发放时效过于缓慢。

（四）一线熟练技工招工难仍较为普遍

随着产业升级和技术改造,南通市一线操作熟练技工人才和具备高技能、高素质的高端人才缺口较大。职业教育体系和人才发展环境还需优化。

（五）中小微企业融资难矛盾依然突出

一些金融机构对民企惜贷抽贷断贷,造成企业流动性困难。特别是国家对部分产业和行业的贷款进一步收紧,对中小微企业进行差别化贷款,导致部分企业资金周转困难,营运成本增加。特别是船舶海工、建筑行业和节能环保三大产业尤为突出。

（六）劳资纠纷多样化复杂化趋势明显

2022年,受宏观经济形势和疫情反复的影响,南通市民营经济同样面临需求紧缩、供给冲击、预期减弱的压力,企业劳动关系、经济合同等方面纠纷明显增多。房地产行业普遍不景气,龙头企业"暴雷"增多,南通市建筑上下游企业受连带影响;部分企业歇业或停产,劳动关系风险增加。

三、几点对策和建议

（一）找准短板提升干部能力素质,提高服务企业水平

针对"本领恐慌"的问题,切实加强机关干部对当前国内外经济发展趋势的分析和对市场信息的学习。按照全国工商联提出的政治把握能力、

调查研究能力、群众工作能力、落实推进能力"四位一体"的能力结构体系,确立处级干部"专家权威"、科级干部"行家里手"、一般干部"应知应会"的分级培养目标,探索实践锻炼、岗位锻炼、基层锻炼的能力建设途径,切实提高工商联系统干部综合素质。

(二)全面加强要素保障对接服务,创新服务护航发展

针对融资困难问题,持续开展"银商企"对接服务,积极发挥商会纽带桥梁作用,推出商会金融服务顾问团会诊、抱团联合授信、推广首席金融服务专家等融资服务举措;针对人才短缺问题,持续开展"校商企"对接活动,配合市人社局开展民企金秋招聘月活动,联合南通大学、理工学院等高校举办"校商企"对接活动,推广高校与企业建立"定向委培"模式;持续联合税务部门举办线上线下增值税、所得税及留抵退税政策解读,打造财税金融赋能平台,向企业推荐"南通政企通"平台,宣贯解读最新政策措施。

(三)建立健全"工商联+"合作机制,打造一流营商环境

依托民营经济统战工作协调机制,深化与税务局、生态环境局、教育局、地方金融监管局等部门合作联动,高效全心为企业服务,落实好《关于民营经济高质量发展的若干政策措施》《营商环境优化提升66条措施》,持续发挥商会警务服务工作站、商会商事调解中心、涉案企业合规第三方监督评估机制等五大法律平台作用,加大民营企业法治宣传力度,常态化开展法治体检和法律"四进"服务,实施法治民企培育工程,提高民营企业法律素养,增强风险防范意识,护航企业行稳致远。

(四)全力推动企业绿色转型发展,促进企业提质增效

加强政策解读和培训强化企业绿色转型的信心决心,推动民企坚持生态优先、绿色低碳高质量发展;还要充分反映和解决企业在绿色低碳转型中的问题,如短期增加企业生产成本、资金人才紧缺等,推动政府部门尽快为企业排忧解难,为企业绿色低碳发展营造良好环境。

梁振宁
2023年4月

携手公检法司联动
优化法治营商环境

南通市工商业联合会

南通市是民营经济大市,全市民营经济增加值占比达70%,入库税金占比达80%,民营企业吸纳职工数占比超过90%。同时,民营企业在法治化进程中依然存在一些难点和痛点,部分民营企业家法律意识淡薄,缺乏规则意识,依然是各类法律风险的易发区、高发区。工商联作为政府联系和服务非公有制经济和非公经济代表人士的助手,有责任、有义务帮助企业练好依法治企"内功",用法治力量优化营商环境,为民营企业保驾护航。

一、目前与公检法司构建的联动机制和取得的成效

(一)与公安机关共建驻商会警务服务站

2021年10月14日,在徐州商会、金属商会、温州商会、湖北商会、电商商会、河南商会、南安商会、盐城商会8家市工商联直属商会试点设立了警务服务站。2022年11月18日,增挂21家市直商会警务服务站。

商会警务服务站以解决企业实际困难、维护企业合法权益为目标,主要承担"法治宣传和案例警示、权益保障和安全保护、纠纷调处和警情处置、交流合作和协同处置"相关职责,充分发挥公安机关"打击犯罪、护航发展"的双重职能、工商联"党和政府联系民营经济"的桥梁纽带作用以及商会组织"维护会员合法权益"的职能。打造了"警商合作"的新模式,由"公安+工商联+商会组织"共同管理,在商会秘书处挂牌,人员由市公安局、市工商联、属地公安机关经侦、法制、交警、辖区派出所、商会秘书处等部门成员共同组成。日常工作由商会秘书处负责，服务站成员不常驻办公，日常主要通过季度例会、每月法治进商会、"751"金盾服务队、"企业服务平台"等"线上+线下"形式开展服务工作，真正做到了"有求必应、无事不扰"。

针对企业反映的"涉企案件办理节奏缓慢、执法效率不高，企业合法权益未能得到及时有效保障"的问题，警务机制立足"受理立案、案件侦查、追赃挽损"三个方面，结合执法办案实际，制定了提升三个方面工作效率的"三快机制"，即"报案快理、案件快侦、损失快追"。全市共建成涉企案件受案室9个，受理岗88个，新增经侦警务服务站22个、联系点85个，受理涉企经济犯罪案件172件，其中150件在1个月内完成立案审查工作，55件案件在6个月完成侦办工作，办案周期平均同比缩短55%，共为企业挽回损失5.5亿元。

商会警务服务站工作被江苏省委办公厅、省政府办公厅列为省级试点改革事项，荣获全国工商联系统2022工作实践创新成果奖，全省地级市唯一。7月，在2022江苏法治民营企业高峰论坛上，"南通市工商联—南通市公安局""启东市工商联—启东市公安局"被省工商联、省公安厅联合发文表彰为"工商联与公安机关沟通联系合作机制建设示范单位"。8月，在第四届民营经济法治建设峰会上，"南通市工商联—南通市公安局"入选全国工商联、公安部发布的"工商联与公安机关沟通联系合作机制典型事例"。

(二)与检察机关深度合作开展企业合规改革试点工作

与检察机关联合成立南通市涉案企业合规第三方评估委员会，建立健全涉案企业合规第三方监督评估机制，是南通市工商联法律护航民营企业的重要抓手。

人民检察院经审查认为涉企犯罪案件符合第三方机制适用条件的，商请第三方机制管委会启动第三方机制，第三方机制管委会根据案件具体情况及涉案企业类型，从专业人员名录库中分类随机抽取人员组成第三方组织，并向社会公开。每起案例成立第三方组织、对合规计划进行审查并提出修改意见；确定合规考察期限；定期或者不定期对涉案企业合规计划履行情况进行检查和评估;考察期满后,第三方对涉案企业的合规计划进行检查、评估和考核,并制作合规考察书面报告,送第三方机制管委会和负责办理案件的人民检察院。

2022年7月初,会同市检察院共同召开了南通市民营企业合规建设工作推进会,唐旭东副检察长介绍南通市涉案企业合规第三方管委会成立以来运行相关情况,合规案件共处理案件30件,在全省排第在前3名,涉及企业30家,企业主和高管56人,涉案金额2435万元,共惠及5603名涉案企业职工。

(三)与市县两级法院系统实现商会商事调解全覆盖

2021年,南通市中级人民法院、南通市工商联共同印发了《关于建立服务保障民营经济高质量发展联动机制的意见》,同年9月,南通市工商联与南通市、崇川区两级人民法院共同组建了南通市商会商事调解中心。

商会商事调解组织可以有效帮助法院分流案件、减少审案压力,节约司法资源,满足当事人简化流程、缩短维权周期、节省诉讼成本等实际需求,是充分发挥工商联所属商会职能优势,打造工商联法律服务品牌、促进"两个健康"的实际举措,也是工商联和法院落实民营经济领域纠纷多元化解沟通联席会议机制的重要实践,对于提升南通法治营商环境、助力构建"万事好通"品牌建设,具有重要意义。

2022年8月实现商会商事调解组织全覆盖,即在每一个县(市)区都做到工商联与人民法院对接,成立商会商事调解组织,并落实经费保障,帮助商事案件溯源治理,这在全省地级市中属于首创。南通的商会商事调解组织目前已全覆盖,实现"五落实"(即人员、经费、场所、设备、案源落实)和"五统一"(即名称、标识、规则、程序、文书格式统一),给予全方位保障支持,提高调解中心的公信力和权威性。

通过商事调解,使企业免于烦琐的诉讼程序,加快纠纷化解速度,提高企业运行效率。截至9月底,全市商事商会调解组织已成功化解纠纷1015余起,标的额3.778亿余元。2022年6月被江苏省工商联、省高级人民法院确定为商会商事调解联系协作机制示范单位,受到表彰。

(四)与南通市司法局建立法律服务保障民营经济高质量发展联动机制

2022年11月,与市司法局举行签约仪式,构建法律服务保障民营经济高质量发展联动机制。同时,出台《南通市法治民企(2022—2026)五年行动方案》,这是省内第一家出台五年计划的地级市。在7月份召开的2022江苏省法治民企高峰论坛上,海安市司法局—海安市工商联、如东县司法局—如东县工商联均入选了工商联与执法司法机关联系协作机制建设省级示范单位,北京炜衡(南通)律师事务所与南通市船舶协会入选"万所联万会"机制示范单位。

(五)与南通仲裁委合作成立商会仲裁中心

这是扎实推进全市"营商环境提升年"决策部署,努力营造法治市场环境、丰富法律服务民企平台的又一项创新举措和生动实践,在全省具有首创意义。商会仲裁中心将充分发挥好"商会调解+仲裁"业务融合作用,努力形成化解民营企业纠纷、防范经营风险的强大合力,打造全省领先、全国有影响的服务民营经济发展品牌。

二、法律服务"两个健康"存在的问题

(一)法治化营商环境需要市场主体与服务市场主体的司法机关相向而行

司法部门要制定由不同类别、不同层次、结构合理有序、既有分工又互相协调统一的中小企业法律体系。在制度上使中小企业充分享有公共事务信息知情权,经济利益表达权,政治民主参与权等,加强司法保护制度,完善司法程序,加快司法体制改革,健全法律体系是法制化营商环境一个重要的方面。但市场主体,也就是企业法人在我国的法律及政策在长期实施以来,已经使得中小企业产生了对政策的依靠心理和对法律权威的不恰当理解,大多数中小企业认为法律是统治的工具而不是维权的武器,因此对法律持怀疑和观望态度。当其权益受到侵犯时,"他们更愿意上访而不愿意诉讼,更愿意找党委和政府而不愿意找法院,更愿意找媒体曝光,而不愿意进行法律咨询",法律意识淡薄。

(二)服务民企"两个健康",还没有完全做到内引外联、借力助力近两年来,商会、企业的诉求种类繁多,有合同、劳动人事争议、经济纠纷、治安处罚、经济诈骗、行政处罚,等等,每一个诉求过来,都需要第一时间判断诉求是否合理,对应哪个部门,法理依据在哪里等,还没有完全实现"联动",亟须加强与公安、"两院"的联动以及与法律智库的联动。

(三)优化法治营商环境的联动机制作用还没有全部发挥出来

紧扣"创新"还不够,公检法联席机制还需深化和完善,依法化解纠纷机制还需要广泛的宣传。只有不断地创新,精耕细作,通过时间的沉淀去不断地完善和实践,才能让与公检法的合作机制成为真正服务商会、服务民营企业的品牌工作。

三、对今后工作的几点思考

结合前期走访调研工作,下一阶段以法律"三赋"来做好工商联法律服务工作,惠企护航促发展。

(一)法律赋能商会组织

全南通范围内目前有340余家商会,共计3万多家会员企业,商会组织,商会作为工商联参与民营经济领域协同社会治理、延展法律服务工作手臂的有力抓手,是工商联系统工作的立足点和落脚点。南通市工商联先后与公检法司仲等部门建立的沟通联系机制,落脚点都是在商会。法律赋能商会,就是要赋能商会领导班子、商会秘书长和其他工作人员,最后惠及商会所有会员。如何赋能:一是加强对商会组织人员的培训;二是提升商会自身造血功能,能自力更生、自我运作、市场化运行;三是向政府积极申请承担转移政府转移职能,申请专项经费,购买第三方法律服务。

(二)法律赋能会员企业

会员企业是工商联法律服务的毛细血管,赋能会员企业,主要对象是总商会副主席、副会长企业、常委执委企业,通过强服务来赋能企业切实提升法律风险防范能力和化解能力,增强企业家法治意识。市工商联可以不断开展公益性的法律服务,结合"万所连万会"制度,联合专业律师事务所开展系列法律培训、法律宣讲和法律讲座等,更可以为企业进行"量体裁衣",通过开列正面清单与负面清单的方式对企业的"法治健康情况"进行评估,助力企业完善人力资源管理、财务管理、税务管理、会计核算管理等制度,提高企业全面合规,促进企业健康有序发展。

(三)法律赋能工商联机关

依法治国是建设社会现代化国家的现实需求和有力抓手,工商联机关建设学习型机关、法治化机关,以法治思维强化机关自身建设,提升机关法治意识、法治思维和法治能力,推动党建工作与法治工作的深度融合,所有机关干部必须牢牢扛起法治责任,带头尊崇法治、敬畏法律,带头了解法律、掌握法律,带头厉行法治、依法办事,带头遵纪守法、宣传法治。具体措施:一是加强机关人员法治培训学习,二是加强与其他司法部门的联动互动,通过1+N机制借力,最大程度发挥法律服务的集约效应。

易军民

2023 年 4 月

年轻一代民营企业家培育情况调研报告

南通市工商业联合会

100多年前,先贤张謇先生凭着强烈的爱国之心,精心打造"中国近代第一城",使南通成为中国近代民族工业的发祥地之一。近年来,南通市委、市政府始终致力于营造尊重企业家、爱护企业家、关心支持企业家发展成长的氛围,而这样的努力正发挥更大的示范引领和带动作用。当前,南通的经济发展进入了转型升级的重要当口,民营企业也处于新老交替、代际传承的关键时期。从历史经验看,对年轻一代企业家的战略培养直接关系产业的变革和经济的腾飞。全面掌握年轻一代民营企业家现状,帮助他们解决发展过程中遇到的难题和困惑,重视和加强对年轻一代民营企业家的教育培养,特别是进一步加强对这一关键群体的政治引领,事关南通市未来经济社会发展大局。

一、南通年轻一代民营企业家发展现状

(一)执委中年轻一代民营企业家相关数据

南通市工商联现有执委221人,其中,年轻一代企业家76人,70后22人,80后24人,85后21人,90后9人;中专1人,大专15人,本科37人,硕士22人,博士1人,具有海外留学背景9人;第一产业4人,制造业40人,建筑业7人,房地产业2人,第三产业23人。执委企业家中,担任市级以上人大代表5人,占6.6%,担任市级以上政协委员16人,占21.1%。执委企业中,年轻"创一代"企业家44人,占57.9%,其中第一产业3人,制造业19人,建筑业5人,房地产业1人,第三产业16人。执委企业中,二代企业家接班32人,占42.1%。全省民营企业200强有30家,其中完成交接班5

家,中南控股集团有限公司陈昱含、中天科技集团有限公司薛驰、南通四建集团有限公司耿添羽、通州建总集团有限公司张扬、通富微电子股份有限公司石磊等年轻一代民营企业家已进入企业领导班子。

(二)年轻一代民营企业家队伍的基本特点

目前南通年轻一代民营企业家整体发展态势良好,具体体现在:

1.意识形态立场坚定

绝大多数年轻一代民营企业家高度认同主流价值,能够树牢"四个意识",坚定"四个自信",坚决做到"两个维护",十分珍惜政治稳定、社会和谐的发展环境。

2.综合素质总体较高

新时代年轻一代企业家普遍素质较高,大多有高学历和海外留学背景,许多在理论素养和专业技术方面有所建树,有些还持有多项发明专利,多数年轻一代民营企业家具备良好的个人素质,具备国际视野,目标和志向远大。

3.创新意识较为突出

年轻一代民营企业家,特别是经过海外深造的二代企业家,注重自身知识结构的专业性和实用性,具备"走出去"学习的条件,视野比较开阔,有利于与国际接轨,乐于接受新的技术和引进高层次管理人才,注意推广运用先进的管理理念。新时期年轻一代民营企业家自我价值实现的意识较强,独立于父辈做出了部分业绩。

4.规则意识普遍较强

年轻一代民营企业家更加注重运用现代企业制度经营企业,主张制定科学合理的制度,并上升为具有刚性约束力的纪律,借以维持企业经营管理秩序。注重制度的贯彻落实,重视过程监督控制,认同依法依规办事。

5.责任担当不断提升

年轻一代民营企业家普遍比较注重企业以及个人的社会影响,热心参与社会公益和慈善事业,能够通过捐资助学、扶贫济困等形式回馈社会,具有较强的发展企业、回馈社会的责任感和使命感。

(三)南通市工商联年轻一代企业家组织情况及作用发挥

为推进年轻一代民营企业家的培育和民营企业的传承,促进民营经济的持续健康发展,2013 年 7 月,南通市工商联批复成立了南通市青年民营企业家商会,各县(市、区)实现了青年企业家组织全覆盖。2021 年 5 月,商会换届选举产生第三届领导班子,进一步凝聚青年企业家人才,搭建青年企业家学习、交流、合作与发展的平台。在南通市工商联的指导下,商会着力打造了线上服务平台微信小程序,定期开展会长轮职主题活动,走访会员企业并反映年轻一代民营企业家诉求。商会党支部积极开展迎接党的二十大系列活动,开展疫情防控志愿服务和慈善捐助公益事业等,经过近 10 年的发展,南通市青年民营企业家商会逐步建设成为市工商联所属商会组织中最有活力的商会之一,被评为 2019—2020 年度全国"四好"商会。

二、新时期年轻一代民营企业家成长中存在的问题

虽然年轻一代民营企业家培育成果显著、形势喜人,但纵观内在因素、外部环境等方面仍然存在一些问题。

(一)政治意识有待进一步加强

当前时期的年轻一代民营企业家"海归"的较多,虽然对中国共产党和中国特色社会主义道路充满信心,但主动向党组织靠拢的意识不强烈,党员比例较少,部分加入了民主党派,价值观取向更多呈现出追求社会地位、扩大社会关系、追求社会影响、实现自身价值等多元特点。

(二)代际理念的摩擦依然强烈

新时期年轻一代民营企业家与父辈思维模式不同,有很强的自我意识,发展理念上的矛盾摩擦较多,虽然逐步有许多在海外或外地发展的年轻一代愿意回来参与企业管理,但整体上看主动接班意愿不强。

(三)脚踏实地的作风略有不足

新一代的青年企业家虽然学历普遍较高,理论知识丰富,但参与实战少,经营管理经验不足,许多年轻一代民营企业家热心于资本市场、互联网经济等领域,对实体经济的兴趣较小。

(四)精神传承有待进一步彰显

与老一辈相比,年轻一代民营企业家缺乏吃苦耐劳的精神,有一些年

轻一代沉湎于老一辈的肩膀,敢于担当、乐于担当的勇气不足,乐于奉献、回报社会的意识不够。

(五)培育方式有待进一步创新

适应新时代年轻一代民营企业家特点的创新意识和创新能力还不足;既符合政策要求,又能充分引导帮助教育年轻一代民营企业家的平台和抓手还有待补充;支持年轻一代民营企业家个人成长和企业发展的政策措施与年轻一代民营企业家的期盼还有一定差距。

三、相关做法及案例

加强对年轻一代民营企业家的培养,确保企业平稳发展,不仅是民营企业的"家事""私事",更是南通市经济社会发展的"大事""要事"。南通市委、市政府高度重视年轻一代民营企业家的教育培养工作,南通市工商联在加强理想信念引领,弘扬张謇企业家精神,促进年轻一代民营企业家健康成长方面,主要做了以下工作。

(一)加强政治引领,在强基筑魂中传承企业家精神

通过理想信念培塑,张謇精神熏陶,激发青年民营企业家的爱国强企情怀。一是强化党建引领。建立商会党建工作联盟,实现全市商会党组织"两个全覆盖",实施派驻党建工作指导员、联络员制度,选派机关党员指导商会开展党建工作,重视加强企业党建,延伸党建工作触角,以商会党建带动企业党建,注重培养吸收优秀年轻企业家加入党组织。二是坚定理想信念。会同市委组织部连续四年举办青年民营企业家培训班,推动全国工商联在南通博物苑建立全国民营经济人士理想信念教育基地,充分利用基地的教育功能,讲好中国故事、讲好党史故事,筹建民营企业家宣讲团,开展年轻一代民营企业家理想信念教育活动,引导年轻一代民营企业家坚定不移听党话、跟党走。三是弘扬张謇精神。深度参与张謇企业家学院的建设发展。张謇企业家学院成立一年多来,南通市工商联已配合举办各类主体班次38期,通过举办年轻一代民营企业家传承与发展培训班等,着力培育一批理想信念坚定、奋斗精神昂扬、经营业绩突出的年轻一代民营企业家。

(二)注重实践锻炼,在磨炼摔打中实现提质强能

重视加强青年民营企业家的锻炼提高,坚持在实践中摔打、在历练中

提升。一是开展结对锻炼。落实全市年轻一代民营企业家培养计划，首批选派30名年轻一代民营企业家进行结对锻炼，南通市委常委、统战部部长王小红亲自参加开班式，并作重要讲话。积极协同有关部门选任导师，对年轻一代民营企业家开展系统性、专业化、全方位的培养锻炼，并在培养中交任务、压担子，要求高标准完成"五个一"的个性任务。近三年来，全市工商联系统已组织年轻一代民营企业家培训27批次，培训1300多人。二是加强岗位锤炼。注重以老带新、传教帮带，让年轻一代企业家在治企兴企的实践中锻炼提高，通过走访调研、座谈交流、新老结对等方式，从思想引导、素质提升、问诊把脉、责任培养等方面入手，为企业发展把好方向。三是予以政治历练。坚持思想政治强、行业代表性强、参政议政能力强、社会信誉好的选人用人标准，在人大代表、政协委员和工商联领导班子成员中，加大新生代民营经济人士的推荐安排工作，提高年轻一代民营企业家的政治参与度，在新一届政协委员推荐人选中年轻一代民营企业家占比超40%，让年轻一代民营企业家在参政议政中经受历练。

(三)搭建服务平台，在纾困解难中提供优质保障

积极构建和维护有利于年轻一代民营企业发展的营商环境，帮助年轻一代民营企业纾困解难。一是积极搭建服务平台。2021年9月，南通市工商联成立中小微企业委员会，常态化开展中小企业服务活动；目前，正积极推进商会服务中心建设，为服务民营企业打造共建共享的平台。二是协调解决民企诉求。2022年上半年，结合调研、走访、企业家座谈会等活动广泛听取企业家的意见和建议，主动梳理诉求问题，在企业绿色发展、金融服务、要素供给、法律维权等方面共受理诉求120条，办结率约95%。三是完善法律服务体系。会同市中院推进商会商事调解中心建设，商会商事调解中心已成功调解案件391起，总标的1.56亿元；会同公安机关发挥8家驻商会警务服务站作用，定期召开工作例会，举办法治宣讲，快处会员企业警情100余次，协调解决具体诉求30余起；会同检察机关开展涉案企业合规第三方监督评估机制，办理合规案件31件，案件办理总数位列全省第三，开展"企明星"宣讲团进商会活动，编印发放法律法规政策汇编；会同市司法局开展法治体检"四进四送"活动，推进涉企矛盾纠纷集中排查化解专项

活动。四是推动惠企政策落实。开展"春雨润苗""苏岗贷"等惠企服务,组织开展"两送一防""万家民企大走访"行动,市委常委、统战部部长王小红带队视察调研年轻一代民营企业,通过深入企业一线,打通服务民企最后一公里,助力民企健康发展。

(四)积极培树典型,在榜样引领中浓厚成长氛围

通过典型宣传、表彰激励,营造年轻一代民营企业家健康成长的氛围。一是加大典型宣传力度。开展弘扬企业家精神全媒体新闻行动,2022年以来,刊登20名专家、学者、企业家"南通企业家精神大讨论"文章,深度报道10名知名南通企业家故事,举办第15期"通商大讲堂",在主流媒体共宣传报道企业家136人,其中年轻一代民营企业家57人(次),占比42%,近三年来,在《通商》杂志宣传企业家144人次,年轻一代民营企业家66人(次),占比45%,刊登青年民营企业家专刊1期。二是组织先进评选表彰。配合市委、市政府评选"张謇杯"杰出企业家和杰出通商,推荐表彰百家优秀民营企业,配合全国工商联、省工商联推荐表彰"四好商会",开展全省工商联系统先进集体、先进工作者评选表彰。三是营造浓厚重商氛围。配合开展"5·23南通企业家日"系列活动,发布《南通市民营经济"两个健康"提升三年行动计划》,充分体现党委政府对民营企业和民营企业家的高度重视和亲切关怀,积极营造支持民营经济发展、尊重民营企业家的浓厚氛围。

陆　毅
2022年10月

南通民营企业国际合作高质量发展浅析

南通市国际经济技术合作协会

国际经济合作是南通开放型经济的重要组成部分，主要业务指标连续多年保持全省前列。2022年，全市民营企业深入学习贯彻党的二十大精神，以习近平新时代中国特色社会主义思想为指导，在南通市委、市政府正确领导下，沉着应对百年变局和世纪疫情等因素影响，坚持稳中求进工作总基调，着力推进"一带一路"建设，实现国际经济合作高质量发展。

一、民营企业"走出去"基本情况

（一）对外直接投资显著增长

2022年，全市民营企业新增境外投资项目37个，中方协议投资额30185.1万美元，同比增长63%。1000万美元及以上投资项目5个，投资额28514.2万美元，同比增长97.9%，占全市总投资额的94.5%。其中，中国天楹股份有限公司印尼垃圾焚烧发电项目投资总额13935万美元；创斯达科技集团（中国）有限责任公司以3000万美元并购福美德德国公司，从事保险柜、枪柜等生产销售；梦百合家居科技股份有限公司分别对美国亚利桑那州生产基地、恒康欧洲增资7036万美元、2563.2万美元；江苏里高智能家居有限公司对泰国子公司增资1980万美元。

全市共有44家民营企业有境外实际投资，实际投资额26600.2万美元。其中：实际投资500万美元及以上企业共10家，实际投资额24134.5万美元，占全市实际投资额的90.7%。实际投资1000万美元及以上企业共5家，其中：江苏联发纺织股份有限公司7393.8万美元，梦百合家居科技股份有限公司5891.9万美元，江苏德展投资有限公司2713.5万美元，创斯达科技集团(中国)有限责任公司1696.7万美元,中天科技海缆股份有限公司1300万美元。

(二)对外承包工程稳步发展

2022年,全市民营企业新签对外承包工程合同额98383万美元,完成对外承包工程营业额166868万美元,位居全省第二。南通建工集团股份有限公司、龙信建设集团有限公司、南通四建集团有限公司3家企业入选全省建筑业建筑外经十强。江苏南通三建集团股份有限公司、龙信建设集团有限公司、南通建工集团股份有限公司、南通四建集团有限公司、江苏中南建筑产业集团有限责任公司、江苏南通二建集团有限公司6家企业入选美国《工程新闻纪录(ENR)》全球最大250家国际承包商,南通市企业获选数量位居全国地级市首位。

从新签对外承包工程合同额看,2022年新签超亿美元对外承包工程项目2个,分别是:惠生(南通)重工有限公司新签俄罗斯现代化浮式发电船船体项目,合同额20880万美元;龙信建设集团有限公司新签以色列迪穆瑞520套总包项目,合同额17525万美元。千万美元以上对外承包工程项目共18个,合同总金额82296万美元。

从完成对外承包工程营业额看,2022年全市民营企业共在40个国家有完成营业额,其中:在以色列完成营业额43717万美元,在越南完成营业额16691万美元,在俄罗斯完成营业额14611万美元,在塞尔维亚完成营业额12291万美元。在"一带一路"沿线国家完成营业额153620万美元,占全市总量的92%。非洲、中东、东盟三大传统市场共完成营业额121568万美元,占全市总量的72.9%。

(三)对外劳务合作有序恢复

目前,全市具有对外劳务合作经营权企业共30家,均为民营企业。2022年,全市民营企业新派各类劳务5991人,同比增长11.5%。其中,工程项下新派1324人,劳务项下新派4667人。截至2022年年底,全市期末在外劳务17092人,同比增长4.7%。其中:在以色列有5152人,在新加坡有3973人,在日本有3957人,在印度尼西亚有1848人,在阿尔及利亚有522人,在俄罗斯有226人。除此之外,2022年全市民营企业雇用项目所在国人员 2933 人。

2022 年,外派劳务培训持续向好。全市共举办外派劳务培训考试 102 期,培训考试合格人数 7265 人,同比增长 13.68%。从劳务人员户籍所在地看,培训考试合格人员遍布全国 30 个省(市、区),其中:江苏省内 2545 人,占比 35%;省外 4720 人,占比 65%。

二、民营企业国际化进程中存在的问题

(一)有"难以走出去"的现实困难

中美贸易摩擦等系列国际单边制裁,对民营企业开展国际合作造成相当大的影响,有些投资资金国际融资渠道不畅、产品或工程原材料国际采购无法保证、国际同质企业市场竞争等实际问题,严重影响国际合作环境,额外增加企业走出去成本和风险。

(二)有"不愿走出去"的畏难想法

有些民营企业有重国内轻国际市场的思想误区,不具备开拓国际市场的认知;有些企业负责人缺乏全球思维和国际视野,缺乏开拓国际市场的胆识,不想承受企业走出去的风险;还有些企业满足于眼前和当下,小富即安,小富即满,不具有开拓国际市场的斗志。

(三)有"不敢走出去"的畏险情绪

很多民营企业对投资国(地区)的政治背景、法律体系、文化理念、社会风俗、商业规则等方面的情况知之不多、了解不够,无形中增加了经营风险。尤其在投标管理、项目履约、劳工权益保护、连带风险管理、债务管理、反贿赂等方面,没有系统避险方案。

(四)有"不能走出去"的能力短板

开展国际合作业务人员,要具备较高的综合素质,要通晓跨国经营的策略,了解和掌握国际商务惯例,能够很好地与当地人进行沟通。目前,南通市民营企业普遍缺乏国际化人才,企业培养、派出的人员远不能适应跨国经营和市场拓展的需求,难以在国际上高效运转。

三、助力民营企业国际化的几点建议

国际化是民营企业做大做强的必由之路。当前,世纪疫情影响深远,逆全球化思潮抬头,单边主义、保护主义明显上升,世界经济复苏乏力,局部冲突和动荡频发,全球性问题加剧,世界进入新的动荡变革期。广大民营企业要提振敢闯敢干的精气神,认清国际化的机遇和挑战,提升国际化核心竞争力,高质量参与国际经济合作。

(一)深化"一带一路"投资合作

全市民营企业要抢抓"一带一路"机遇,深化与"一带一路"沿线国家产能合作,在加工制造、环保节能、农业开发、商贸流通和科技研发等领域开展国际合作;要积极兴办境外产业园区,推动"一带一路"重大项目和国际合作项目建设;推动企业加强跨国创新合作,支持企业、研发机构赴"一带一路"沿线国家建立海外协同创新中心、离岸孵化器、海外研发机构,在"一带一路"沿线国家开展标准国际化项目合作;抓住RCEP机遇,强化与东盟产业配套、扩大市场合作。

(二)不断创新国际合作方式

全市民营企业要借力发达国家投融资、管理和技术优势,共同开发第三方市场合作项目,推动国际产能深度合作;加强全市建筑企业与国企、央企的对接,增进与国家国际发展合作署的联系,支持对外承包工程企业更多参与承揽援外工程项目;引导企业向产业链高端发展,参与境外项目的设计、研发、运营等,实现投建营一体化;放大对外投资集聚效应,推动境外投资、工程援外融合发展。鼓励联发、天楹等龙头企业在"一带一路"沿线国家和地区建设境外产业集聚区,吸引上下游产业共进园区发展;促进工程企业参与境外投资项目和园区建设;引导企业在境外投资、承包工程中采购南通市企业生产的材料和设备;提高对外合作服务能力,督促企业做好境外投资环境分析和风险评估,确保境外项目规范有序运营。

(三)推动优势产业对外投资

依托南通的产业基础和能力,重点推进电压器、电梯、钢结构等制造企业拓展海外市场;支持优势企业参与"一带一路"沿线国家资源开发和基础设施建设,支持大企业带动产业链配套环节的中小企业"抱团出海";推进商务金融、软件信息、商贸物流等高端生产性服务业构建国际运营网络,推动服务外包向知识流程外包、业务流程外包等价值链高端延伸,提升服务产业国际竞争力。

(四)推进新兴产业创新合作

加强数字经济国际合作,推动移动支付、区块链金融服务等走向"一带一路";引导企业布局"一带一路"沿线国家,集中优势力量发展 EPC/BOT 等高端业务,建设品牌推广展示中心、分拨中心、批发市场等,积极开拓"一带一路"沿线国家服务贸易市场;加快"一带一路"沿线国家服务外包市场布局,与"一带一路"沿线国家探索共建数字贸易产业园区;根据东道国资源禀赋、产业配套能力、市场条件等合理布局产能合作与装备制造合作,支持商贸流通、基础设施建设、纺织轻工等产业在"一带一路"沿线国家有序布局和集聚发展;鼓励企业在"一带一路"沿线建立研发和转化基地,服务企业面向"一带一路"沿线国家投资。

王加兵

2023 年 5 月

附录

2022年南通市民营经济发展大事记

一月

1月6日,南通市工商业联合会(总商会)第十四次代表大会在市委党校召开,南通市委书记王晖,江苏省委统战部副部长、省工商联党组书记顾万峰参加开幕式并讲话,南通市政协主席黄巍东,南通市人大常委会常务副主任、党组副书记庄中秋,江苏省委巡视组原组长陈照煌,南通市人民政府副市长赵闻斌等领导出席大会,南通市委常委、统战部部长王小红主持大会开幕式。

1月11日,江苏泰慕士针纺科技股份有限公司在深交所主板上市,南通市委副书记、代市长吴新明为泰慕士上市敲响宝钟,副市长潘建华出席活动并致辞,市政府秘书长凌屹参加活动。

1月12日,南通市盐城商会荣获"全国先进社会组织"称号。

1月14日,南通市人民政府授予江苏铁锚玻璃股份有限公司等5家企业"2021年度南通市市长质量奖(组织类)",授予江苏金太阳纺织科技股份有限公司等3家企业"2021年度南通市市长质量提名奖(组织类)",授予周云中"2021年度南通市市长质量奖(个人类)",授予陈向阳、王咸华"2021年度南通市市长质量提名奖(个人类)"。

1月16日,南通市与江苏省产业技术研究院合作共建的江苏省船舶与海洋工程装备技术创新中心项目签约。长三角国家技术创新中心主任、江苏省产业技术研究院院长刘庆,南通市委书记王晖,市委副书记、代市长吴新明,江苏省科技厅二级巡视员景茂等见证签约,并就双方合作展开深入交流。

1月17日,南通市工商联组织市直行业商(协)会会长、秘书长60余人在南通市委党校召开年度工作总结及交流活动,南通市委统战部副部长、市工商联党组书记吴亚军到会并讲话,会议由市工商联党组成员、副主席陆志祥主持。为构架起新年度商会工作脉络，与会人员围绕"服务、引导、创新、共享"分享了2021年以来商（协）会在政治引领、班子建设、创新改革等方面的主要做法和品牌建设、依法经营、绿色发展、思想武装等方面的成果及新年度的工作展望。

1月19日，江苏省政协十二届五次会议开幕，驻通工商联界省政协委员谈体会、提建议、话发展，彰显了政协委员的责任担当。

1月24日，南通市统计局和国家统计局南通调查队发布了南通2021经济"成绩单"，2021年南通市生产总值11026.9亿元，按可比价格计算，比上年增长8.9%。

1月24日，江苏省发改委印发《2022年省重大项目清单》，南通市35个项目列入省重大项目清单，总投资2208.5亿元，年度计划投资235.3亿元，项目涵盖了战略性新兴产业、先进制造业及基础设施等领域。

1月25日，南通市第十六届"爱心年夜饭"捐赠活动举行，南通市原副市长、红十字会会长、市旅游协会会长朱晋，市委宣传部副部长、文明办主任盛慧琴，市工商联主席陆建新出席捐赠仪式。

1月28日，南通市工商联荣获2021年度全省工商联信息工作先进单位。

1月29日，南通市工商联"强化政治引领，打造培育基地，推进新时代张謇式企业家队伍建设"荣获2021年度全省工商联创新工作示范引领奖；南通市工商联"合作交流促发展，回报桑梓结硕果"荣获2021年度全省工商联创新工作突出贡献奖。

二月

2月8日，南通市"招商引资突破年"动员大会在南通国际会议中心举行，谋划部署2022年招商引资工作。市委书记王晖讲话，市委副书记、代市长吴新明作动员部署。市政协主席黄巍东，市人大常委会常务副主任、党组副书记庄中秋，市委副书记、宣传部部长沈雷等市四套班子领导参加会议。市委常委、常务副市长陆卫东主持会议。

2月8日，南通市召开全市"营商环境提升年"动员会和"万事好通"南通营商环境优化提升举措66条新闻发布会，动员部署"营商环境提升年"工作并向全社会发布《"万事好通"南通营商环境优化提升举措66条》。市委书记王晖出席动员会并讲话,市委副书记、代市长吴新明作工作部署。市政协主席黄巍东,市人大常委会常务副主任、党组副书记庄中秋,市委副书记、宣传部部长沈雷等市四套班子领导出席。市委常委、常务副市长陆卫东主持会议。

2月8日,"故乡情故乡行"百名通商故里行活动在南通国际会议中心举办,市委书记王晖出席会议并讲话,市委常委、统战部部长王小红主持座谈会。江苏省委巡视组原组长、南通市工商联高级顾问陈照煌,市领导王洪涛、赵闻斌等参加座谈会。100余名市内外企业家参加了活动,10名通商代表进行了交流发言。

2月13日,南通印发《南通市2022年市级重大产业项目清单》,创新项目编排方式,统筹安排先进制造业、现代服务业、"专精特新"、科技创新四大类别项目共225个,计划总投资2556亿元,年度计划投资513亿元。

2月15日,商会警务服务站工作品牌被江苏省委办公厅、省政府办公厅列为省级试点改革工作。

2月21日,南通市举行2021年度高质量发展总结表彰大会,市委书记王晖讲话,市委副书记、代市长吴新明主持会议,市政协主席黄巍东,市人大常委会常务副主任、党组副书记庄中秋出席,市委副书记、宣传部部长沈雷通报考核表彰结果。会议表彰了2021年度南通市勇当全省"争当表率、争做示范、走在前列"排头兵先进集体和先进个人代表并颁发奖牌证书。

2月21日,南通市人民政府新闻办召开新闻发布会发布《南通市关于贯彻落实〈江苏沿海地区发展规划(2021—2025年)〉的行动计划》(简称《行动计划》),《行动计划》明确了五个方面重点任务,提出了18项切实可行的具体举措。

三月

3月3日,南通市委、市政府召开全市制造业高质量发展大会,市委书记王晖出席并讲话,市委副书记、市长吴新明作工作部署。市政协主席黄巍东,市人大常委会常务副主任、党组副书记庄中秋,市委副书记、宣传部部长沈雷参加会议。

3月3日,南通市召开全市现代服务业繁荣发展动员大会。市委书记王晖讲话,市委副书记、市长吴新明作动员部署。市政协主席黄巍东,市人大常委会常务副主任、党组副书记庄中秋,市委副书记、宣传部部长沈雷参加会议。

3月3日,江苏泰慕士针纺科技股份有限公司总经理、南通泰慕士爱心基金会理事长杨敏获2021年度全国三八红旗手称号。

3月4日,南通市公安局、市检察院、市工商联联合举办的"法治进商会集中宣讲会"在南通市江西商会召开。南通市江西商会、南通市金属商会、南通市徐州商会、南通市湖北商会、南通市电子商务商会、南通市河南商会、南通市温州商会、南通市盐城商会、南通市南安商会等9家商会会长、秘书长、有关代表参加了活动。会议由南通市公安局公共关系处处长黄新龙主持。

3月4日,南通阿里中心入驻紫琅科技城。阿里巴巴在江苏设立的第三家城市级别中心正式落户南通创新区。

3月7日,江苏省发布2021年度省委、省政府对各设区市知识产权保护工作检查情况通报,南通市知识产权保护工作居全省第一梯队,获评优秀等次。

3月7日,南通创新区举办"才聚江海"青年人才集聚行动直播活动,创新区北京大学长三角光电科学研究院等6家明星企业参与线上直播互动,超过15万人在线观看。南通市委组织部副部长孙剑波致辞,南通市人社局党组书记、局长凌建华,南通创新区党工委委员、通创办主任丁锋共同为南通创新区"青年人才就业见习(实习)基地"揭牌,共青团南通市委书记吴冰冰,创新区党工委委员、通创投公司党委书记、董事长周勇共同为"青年人才驿站"揭牌。

3月8日,张謇企业家学院、南通市应急管理局、南通市人力资源和社会保障局签署协议,三方将合作共建张謇企业家学院应急管理分院。市委常委、常务副市长陆卫东出席签约仪式并讲话。

四月

4月13日,达欣集团团委被授予2021年度"全国五四红旗团委"

称号。

4月14日,中天钢铁集团副总裁、中天南通公司总经理董力源获江苏"最美青年"称号。

4月19日,江苏宏德特种部件股份有限公司在深交所创业板首发上市,市委副书记、市长吴新明出席"云上市"仪式并为宏德股份敲响上市宝钟。

4月20日,《中华工商时报》报道了海安新生代企业家挂职锻炼经验做法。

4月22日,江苏林洋能源股份有限公司通过两化融合管理体系AAA级认证。

4月25日,南通市召开全市领导干部挂钩服务企业工作动员部署会,下发《南通市领导干部挂钩服务企业工作方案》,为全市经济平稳健康发展提供强劲支撑。市委书记王晖到会讲话,市委副书记、市长吴新明作工作部署,市政协主席黄巍东,市人大常委会常务副主任、党组副书记庄中秋,市委副书记、宣传部部长沈雷参加会议。

4月25日,南通市召开新闻发布会,集中发布并解读《关于支持制造业倍增和服务业繁荣的若干政策意见》《关于帮助市场主体着力稳定经济增长的若干政策措施》《关于帮助因疫情影响暂停营业的市场主体纾困解难的若干政策》。

五月

5月6日,由南通市委组织部、市委统战部、市委"两新"工委、市工商联联合开展的全市新生代企业家挂职培养计划正式启动。首批挂职30位企业家5—11月将赴市县两级机关、市属国有企业、重点开发园区和乡镇(街道)等进行挂职培养。

5月17日,南通市在江苏全省首家出台《南通市民营经济"两个健康"提升三年行动计划(2022—2024年)》,召开新闻发布会,邀请市委统战部、市中院、市科技局、市工信局、市工商联等相关部门负责人对计划进行解读并现场答记者问。

5月19日,南通市民营经济"两个健康"推进会召开。南通市委常委、统战部部长王小红,市人民政府副市长刘洪,市委组织部副部长、"两新"工委书记陈鹏军,市委统战部常务副部长马建清,市委统战部副部长、市工商联党组书记吴亚军,市工商联主席陆建新等出席会议,市委副秘书长鲁亚飞主持会议。

5月20日,南通市委统战部、市工商联召开"市外通商云牵手,共克时艰谋发展"线上会议。会议现场,连线34家在外南通商会,上海市南通商会等九家商会进行发言,介绍了立会兴会的经验和做法,分享了在服务家乡招商引资中贡献的智慧和力量。

5月23日,南通市委统战部、市工商联举办"传承创新——弘扬张謇企业家精神座谈会",并发出《致全市民营企业家的慰问信》和《致全市民营企业家的倡议书》,市委常委、统战部部长王小红,市人大常委会党组副书记、副主任姜永华,市人民政府副市长刘洪,市政协副主席杨曹明,市委副秘书长鲁亚飞,市委统战部副部长、市工商联党组书记吴亚军,市工商联主席陆建新等与近50位知名企业家代表共度第七个"南通企业家日",刘洪主持座谈会。

5月23日,江苏中天科技股份有限公司党委书记、董事长薛济萍等六名"张謇杯"杰出企业家称号获得者,联合发出《致全市民营企业家倡议书》,提出五点倡议:厚植爱国情怀、展现开放胸襟、勇于探索创新、坚持诚信守法、履行社会责任。

5月25日,南通市人民政府副市长刘洪率工商联和相关园区一行20余人赴深圳市拜访参观深圳市南通商会和相关企业,开展招商推介活动。市委统战部副部长、市工商联党组书记吴亚军,市工商联主席陆建新陪同考察。

5月30日,江苏省省长许昆林来南通调研,要求高效统筹疫情防控和经济社会发展,扎实推动稳经济一揽子政策落地见效,不断激发市场主体活力,全力推动重大项目建设,为全省经济社会发展大局多作贡献。南通市领导王晖、吴新明、陆卫东、王洪涛、王凯,市政府秘书长凌屹等陪同调研。

5月31日,江苏省年轻一代民营企业家理想信念教育培训班在张謇企业家学院开班。全省100多名年轻企业家在南通参加为期3天的培训学习交流。江苏省工商联党组成员、副主席熊杰出席开班仪式并讲话。南通市委党校常务副校长、张謇企业家学院常务副院长、一级调研员蒋建,南通市工商联主席陆建新等出席活动,江苏省工商联宣教处处长徐洪军主持开班仪式。

六月

6月1日,"百家商会进园区"启动仪式举行,南通市副市长刘洪出席启动仪式并讲话。启动仪式现场,如皋经济技术开发区与南通市新能源产业商会,海安经济技术开发区高科技创业园与南通市智能装备商会,通州湾江海联动示范区与南通市温州商会,崇川经济技术开发区与南通市徐州商会签署结对协作框架协议,开展精准务实的招商引资工作,进一步拓宽渠道、提高成效。

6月9日,江苏省科学技术奖励大会在南京举行,大会宣读了2020年度、2021年度江苏省科学技术奖和首届江苏省科技创新发展奖名单。南通市19个项目入围2021年度江苏省科学技术奖名单;19个项目入围2020年度江苏省科学技术奖名单。

6月13日,南通市委副书记、市长吴新明带领如皋、如东、崇川、海门、南通经济技术开发区等县(市、区)和市商务局、驻深办相关部门、单位主要负责同志赴深圳开展招商活动,达成意向总投资近百亿元。

6月17日,南通市委、市政府召开企业家座谈会,市委书记王晖与企业家代表面对面交流,深入了解企业生产经营情况,听取企业家意见建议,增强企业家信心。市委副书记、市长吴新明主持会议,市委副书记、宣传部部长沈雷参加会议。

6月17日,辽宁省鞍山市政府副秘书长苏晓峰一行来通开展对口合作考察活动,南通市工商联党组成员、副主席陆志祥参与活动。双方就寻找对口合作机遇,推动产业项目合作,促进区域经济发展进行了交流。

6月21日,2022中国南通国际家纺(春夏)交易会开幕,市委书记王晖宣布交易会开幕并与市委副书记、市长吴新明,市政协主席黄巍东,市人大常委会常务副主任、党组副书记庄中秋和企业代表共同按下大会启动键。来自全国的家纺业内人士齐聚叠石桥国际家纺博览中心,共谋家纺产业新商机,共享南通高质量发展新机遇。

6月24日,南通市委常委、统战部部长王小红带领民营经济代表人士赴盐城开展理想信念教育活动,盐城市委副书记、统战部部长羊维达陪同考察。

七月

7月6日,南通市苏州商会成立暨跨江融合项目集中签约仪式举行。签约仪式现场,南通市苏州商会与苏锡通科技产业园、南通大学、农业银行南通分行、邮储银行南通分行签订战略合作协议;江苏诺克科技汽车自动化生产线项目、苏州鲲鹏生物技术生物医药项目、奥瑞斯智能装备生产基地项目等20个项目集中签约,涉及生物医药、智能装备、新材料、新一代信息技术等领域,其中产业类项目12个、科创类项目5个、平台类项目3个,总投资达118.11亿元。

7月7日,南通市人民检察院、市工商联等部门召开全市民营企业合规建设工作推进会,总结南通市民营企业合规建设的工作经验,对今后工作进行安排部署。市人民检察院党组书记、检察长晖爱民,市工商联主席陆建新出席会议并讲话。

7月13日,南通市工商联荣获"全省工商联系统先进集体"称号;南通市崇川区党组成员、副主席、秘书长陈晓东荣获"全省工商联系统先进工作者"称号;南通市温州商会等13家商会荣获"全省工商联系统商会组织先进集体"称号。

7月18日,南通市委常委、统战部部长王小红率队赴新疆乌鲁木齐、伊宁、喀什等地开展考察调研,市委统战部副部长、市工商联党组书记吴亚军,市委统战部副部长、市民宗局党组书记、局长陆军等陪同调研。

7月18日,江苏省工商联、省法院、省检察院、省公安厅、省司法厅联合主办的2022江苏法治民企高峰论坛在南通举办,南通市工商联系统获评商会商事调解联系协作机制建设等7项省级示范单位称号。

7月19日,南通市中级人民法院召开新闻发布会,与市工商联共同发布《民营企业法律风险提示手册》。市工商联党组成员、副主席陆志祥,市中院民二庭庭长周锦明出席发布会,市中院新闻发言人陈向东主持发布会。

7月27日,新一届江苏省工商联常执委企业家培训班在南通市张謇企业家学院举办,江苏省146名企业家参加培训。江苏省工商联主席、省自然资源厅厅长刘聪,省委统战部副部长、省工商联党组书记顾万峰出席活动并讲话。

7月28日,江苏省工商联主席、省自然资源厅厅长刘聪一行来通,赴江苏综艺集团、江苏安惠生物科技、通富微电和南通市温州商会、南通市国际经济技术合作协会进行走访调研,听取企业发展和商会建设的意见建议。南通市委常委、统战部部长王小红,江苏省工商联党组成员、副主席熊杰等参加调研。

7月28日,2022南通投资峰会开幕,峰会以"拥抱创新向未来"为主题。市委书记王晖到会致辞,市委副书记、市长吴新明作南通投资及基金发展环境推介,市政协主席黄巍东,市人大常委会常务副主任、党组副书记庄中秋,市委副书记、宣传部部长沈雷出席开幕式。

八月

8月8日,南通市商会商事调解组织建设现场推进会在市中级人民法院召开,市中院党组书记、院长刘坤,市工商联主席陆建新出席会议并讲话。会上,市中院党组成员、审判委员会专职委员高鸿介绍了商会商事调解工作开展情况,市工商联党组成员、副主席陆志祥就六起商会商事调解典型案例进行发布。

8月13日,由工业和信息化部指导,中国工业经济联合会、南通市人民政府联合主办的制造业单项冠军企业高质量发展经验交流会在南通举行,总结推广第五、第六批制造业单项冠军企业成功案例和发展经验,工信部总经济师许科敏到会讲话,中国工业经济联合会会长、工信部原部长李毅中作主旨演讲,江苏省政府副秘书长张文浩代表省政府致辞,市委书记王晖到会致辞。

8月15日,南通市工商联、公安局"商会警务服务站"入选2021—2022全国工商联与公安机关沟通联系合作机制100对典型事例。

8月16日,南通市公安局、市工商联主办,市电子商务商会协办的法治讲堂进商会暨"751"金盾服务队主题活动举行。

8月16日，江苏省工商联党组成员、副主席熊杰一行赴镇江南通商会视察指导，开展第三方评估调研工作。镇江市政协副主席、工商联主席卢道富，镇江南通商会会长苏金泉等陪同调研。

8月18日，南通市人民政府与华润（集团）有限公司签署战略合作协议。市委书记王晖、市长吴新明会见了华润集团董事长王祥明、总经理王崔军一行，并共同见证签约。

8月22日，江苏省工商联党组成员、副主席李兰翔一行来通调研民营经济高质量发展政策落实情况，组织召开南通市级政府部门座谈会和商会民营企业座谈会，副市长刘洪参加相关活动。市委统战部副部长、市工商联党组书记吴亚军，市工商联主席陆建新，市工商联党组副书记、副主席罗加宏等陪同调研。

8月23日，江苏帝奥微电子股份有限公司成功登陆上交所科创板，市委副书记、市长吴新明出席上市仪式并为帝奥微敲响上市宝锣。

九月

9月6日，江苏省委书记吴政隆在南通调研疫情防控、特色产业发展和重大项目建设时强调，要着力保持平稳健康的经济环境、国泰民安的社会环境、风清气正的政治环境。江苏省委常委、省委秘书长储永宏，南通市委书记王晖，市委副书记、市长吴新明参加调研。

9月9日，南通市人民政府出台《南通市纺织产业高质量发展三年行动计划（2022—2024年）》，全力推动南通纺织产业发展大步迈上新台阶。

9月14日，弘扬张謇企业家精神培训班在南通市张謇企业家学院举行，通商总会理事、全国南通商会会长和秘书长、海外南通商会会长、异地江苏商会南通籍会长等百余人参加培训学习。南通市委常委、统战部部长王小红出席开班仪式并讲话。

9月14日，通商总会二届一次会员代表大会召开，江苏省工商联副主席吴卫东，南通市委书记王晖，市委副书记、市长吴新明，市政协主席黄巍东，市人大常委会常务副主任、党组副书记庄中秋，副市长刘洪，市工商联高级顾问陈照煌、赵闻斌等出席大会会议，市委常委、统战部部长王小红主持会议。省工商联副主席、江苏综艺集团董事长昝圣达当选新一任通商总会会长。大会现场,通商总会海外商会成立。

9月20日,南通市委、市政府召开全市服务市场主体动员会暨机关作风建设、营商环境提升年活动推进会。市委书记王晖参加会议并讲话,市政协主席黄巍东,市人大常委会常务副主任、党组副书记庄中秋等领导出席。市委副书记、宣传部部长沈雷主持会议。

9月22日,张謇企业家学院财税金融分院揭牌,"南通市大中型企业家财务负责人培训班"同日开班。财政部江苏监管局党组书记、局长臧雪涛,南通市委书记王晖等出席并为学院揭牌。

9月23日,南通市中国天楹股份有限公司荣获2022年江苏省省长质量奖;南通海星电子股份有限公司荣获2022年江苏省省长质量奖提名奖。

9月23日,南通市30家民营企业入围江苏省民营企业200强榜单,4家企业入围制造业100强榜单,5家企业入围创新100强榜单,14家企业入围绿色发展领军企业名单。其中,中南控股集团有限公司位居江苏省民营企业第4名,南通通富微电子有限公司同时进入四个榜单。

9月23日,南通市工商联会同市生态环境局出台《民营企业环境法律风险提示手册》并召开发布会。南通市工商联党组副书记、副主席罗加宏,市生态环境局二级调研员、副局长张军出席发布会并答企业问。

9月27日,上海大都市圈空间协同规划实施推进会举行,上海、苏州、无锡、常州、南通、嘉兴、湖州、宁波、舟山9城主要负责人相聚"云端",通报情况、交流发言。

9月27日,南通市工商联、市司法局制定出台了《南通市法治民企建设五年行动方案(2022—2026年)》,进一步加强南通市民营企业法治建设,优化民营经济法治营商环境,激发民营市场主体活力,为新时代南通市民营经济高质量发展筑牢坚实法治基础,在"争当表率、争做示范、走在前列"中更加彰显通商担当。

9月27日,南通市政府办公室印发关于支持高校毕业生等青年就业创业若干措施的通知,从九个方面对推动南通高校毕业生等青年群体就业创业工作作出部署。

9月29日,海外江苏商会建设情况座谈会在南通召开。江苏省工商联党组成员、副主席熊杰等出席会议,市工商联党组成员、副主席张伟其主持会议。

9月30日,市政协召开关于"大力培育'专精特新'中小企业、促进制造业高质量发展"专题调研开题会,深入学习贯彻习近平经济思想,深入学习领会习近平总书记致2022全国专精特新中小企业发展大会的贺信精神,围绕"大力培育'专精特新'中小企业"专题调研进行研究部署。市政协副主席陈胜全出席会议。

十月

10月9日,南通市人民政府与中铁四局集团有限公司在通签署战略合作协议,市委副书记、市长吴新明出席签约活动并会见了中铁四局集团党委书记、董事长刘勃一行。

10月11日,南通数字交通产业园揭牌仪式暨产业发展推介会在南通市崇川区举办。江苏省交通运输厅党组书记、厅长、省铁路办主任吴永宏,南通市委副书记、市长吴新明共同为产业园揭牌。南通市交通运输局、崇川经济开发区、苏交科集团共同签署产业园区三方合作协议,15家企业入驻签约。

10月13日,南通市中天科技海缆股份有限公司、江苏爱朋医疗科技有限公司和江苏铁锚玻璃股份有限公司等三家民营企业进入2022年全国第一批次博士后科研工作站新设站备案名单。

10月24日,江苏省工信厅发布《关于江苏省第七批制造业单项冠军企业(产品)和第一批、第四批制造业单项冠军企业(产品)复核通过名单的公示》,南通市八家企业入围公示名单。

10月27日,江苏省委统战部、省教育厅、省科技厅、省人社厅、省工商联主办,江苏省江西商会、南通理工学院承办,南通市委统战部、市工商联协办的民营企业进高校"三个一"活动在南通理工学院举行。江苏省委统战部副部长、省工商联党组书记顾万峰,南通市委常委、统战部部长王小红参加会议并讲话。

10月27日,南通市牵头的通泰扬海工装备和高技术船舶集群,苏州市牵头、我市参与的苏锡通高端纺织集群入围第三轮国家级先进制造业集群决赛优胜者名单。

10月28日，南通市委常委会会议专题研究市政协报送的《大力培育专精特新企业,提升制造业核心竞争力》建议案,要求认真研究落实建议案提出的意见建议,强化全要素、全生命周期保障,推动经济高质量发展。

十一月

11月2日,南通市委书记王晖专题督办市十六届人大一次会议《关于加快智能化改造和数字化转型建设先进制造业强市的议案》(1号)办理情况。市人大常委会常务副主任、党组副书记庄中秋参加活动。

11月8日,南通市财政局、市中国人民银行联合印发《关于深入开展政府采购线上合同信用融资业务的通知》,力求有效解决中小企业融资难、慢、贵问题。

11月8日,2022中国南通江海英才创业周暨人才创新生态大会在南通国际会议中心开幕。18位院士及全国重点高校院所专家、名优企业负责人、顶尖人才、一线投资人等齐聚南通,共享机遇、共谋发展、共话未来。江苏省委组织部副部长季振华到会讲话,市委书记王晖致辞,市委副书记、市长吴新明作南通创新创业环境推介,市人大常委会常务副主任、党组副书记庄中秋等参加活动。

11月9日,江苏省委常委、苏州市委书记曹路宝率苏州市党政代表团来通考察。南通市委书记王晖、市长吴新明参加活动。双方一致表示,要认真学习宣传贯彻党的二十大精神,协同落实长三角一体化发展国家战略,持续深化全方位、深层次合作,推动苏通跨江融合发展取得更加丰硕的成果。

11月10日,南通市民营企业家宣讲团成立仪式暨党的二十大精神进商会进民企动员会在张謇企业家学院举行,10名优秀企业家成为宣讲团首批成员。

11月12日,南通市委、市政府举行"好通"南通高质量发展战略研讨会,聚焦"加快构建新发展格局,着力推动高质量发展"的重大部署,谋划推动中国式现代化在南通展现更加可观可感的现实图景。来自全国交通、规划、经济和新闻宣传等领域的领导和嘉宾参加会议,南通市委书记王晖致辞并作讲话,市委副书记、市长吴新明介绍南通经济社会发展情况,市政协主席黄巍东,市人大常委会常务副主任、党组副书记庄中秋参加会议。

11月13日,由南通大学、上海社科院主办,南通大学江苏长江经济带研究院承办的第七届长江经济带发展论坛在南通开幕。市委副书记、宣传部部长沈雷出席并致辞。

11月14日,全国工商联原常务副主席张绪武乘坐南通地铁1号线,参观友谊桥站巨幅浮雕作品《先贤伟业》。《先贤伟业》提炼了张謇在南通创建的23个"第一"元素。

11月15日,南通市人民政府和中国半导体行业协会封测分会共同主办的第二十届中国半导体封装测试技术与市场年会开幕式在国际会议中心举行。市委副书记、市长吴新明,中国半导体行业协会执行秘书长王俊杰到会致辞。

11月15日,南通市召开商会警务服务站建设推进会,为全市民营经济发展创造更加公正的法治环境、提供更加有力的法治服务和保障。江苏省工商联党组成员、副主席熊杰,南通市委常委、统战部部长王小红出席并讲话,南通市公安局党委委员、副局长、政治部主任顾坚,南通市工商联党组成员、副主席陆志祥等出席会议,会议由南通市工商联主席陆建新主持。

11月16日,学习贯彻党的二十大精神江苏省委宣讲团江苏省工商联系统和民营经济人士专场宣讲报告会在南通市张謇企业家学院举办,江苏省民营经济人士二十大精神学习轮训班正式启动。江苏省委宣讲团成员、省委统战部常务副部长李国华作宣讲报告,省工商联主席、省自然资源厅厅长刘聪出席会议,省工商联党组成员、副主席熊杰主持会议,南通市委常委、统战部部长王小红,南通市政协党组副书记、副主席、张謇企业家学院院长单晓鸣参加会议。

11月17日,江苏恒太照明股份有限公司在北交所上市。南通市委副书记、市长吴新明出席"云上市"仪式并为恒泰照明敲响上市宝钟,北京证券交易所副总经理李永春通过视频送出寄语。

11月17日,江苏省工商联党组成员、副主席熊杰带队赴海门开展调研,南通市工商联主席陆建新等陪同调研。

11月18日,南通市委统战部、市工商联在淮安市恩来干部学院举办市直商会会长理想信念教育培训班,40多名市直商会会长、秘书长参加培训。

11月19日,南通市工商联"首创商会警务服务站护航法治民企显成效"荣获全国工商联系统2022年工作实践创新成果奖。

11月25日,南通正式出台《关于全面提升南通数字经济发展水平的实施方案》(简称《实施方案》)。坚持把数字经济作为南通转型发展的关键增量,统筹推进数字经济、数字政府和数字社会发展,《实施方案》的出台将为南通高质量发展提供重要支撑。

11月28日,南通市委书记王晖,市委副书记、市长吴新明会见中国建筑集团党组副书记、总经理张兆祥一行。双方展开深入交流,表示将进一步拓宽合作领域、提升合作层次,在服务长三角一体化发展国家战略、推进中国式现代化南通实践中携手合作、互利共赢。

11月29日,服务保障民营经济高质量发展联动机制签约暨商会仲裁中心揭牌仪式举行,南通市工商联、市司法局、南通仲裁委积极探索民营经济领域纠纷化解新机制,突出仲裁服务高效快捷优势,三方合力服务保障民营经济高质量发展。南通市司法局党组书记、局长、南通仲裁委副主任朱志强,南通市工商联主席陆建新,南通仲裁委副主任、秘书长王峥等出席活动,南通市工商联党组成员、副主席陆志祥主持会议。

十二月

12月7日,南通市中天科技集团有限公司等五家企业被评为"江苏制造突出贡献奖"优秀企业;中国天楹股份有限公司董事长严圣军等五人被评为"江苏制造突出贡献奖"先进个人;南通市工信局等五家单位被评为"江苏制造突出贡献奖"先进单位。

12月7日,南通63家外贸企业共105人组团赴日本东京参加AFF纺织成衣展,南通市外贸企业"出海"抢订单新征程正式启动。

12月9日,南通市政府召开新闻发布会,出台南通市在科技创新方面的首个具体行动方案——《南通市建设更高水平国家创新型城市三年行动方案(2022—2024年)》(简称《方案》),市科技局对《方案》进行解读。

12月12日,南通市第四届通商文化创新发展峰会召开。江苏省委巡视组原组长、南通市工商联高级顾问陈照煌,南通市委组织部二级巡视员、市人才学会会长张辉,市委宣传部副部长周锦南,市委统战部副部长、市工商联党组书记吴亚军,市社科联党组书记张笑春,市工商联主席陆建新等出席峰会。省工商联副主席李兰翔、中国企业文化促进会执行会长吕虹分别通过视频连线向峰会致辞。

12月14日,江苏省民营企业文化建设委员会会议在南通海门召开。江苏省委统战部副部长、省工商联党组书记顾万峰,省工商联党组成员、副主席熊杰,南通市委常委、统战部部长王小红,南通市海门区委书记郭晓敏,省工商联党组成员、秘书长徐志军,省工商联二级巡视员徐洪军,南通市委统战部副部长、市工商联党组书记吴亚军,市工商联主席陆建新等领导参加会议。

12月14日,南通市人民政府召开全市企业上市及新三板挂牌联席会议第八次月度工作推进会,市委副书记、市长吴新明出席会议并讲话。会上,上市"好通"南通市企业上市一站式服务平台正式启动。

12月15日,南通市盐城商会等11家商会进入2021—2022年度全国"四好"商会榜单;南通市药品业商会进入2021—2022年度江苏省"四好"商会榜单。

12月16日,南通市委理论学习组举行集中学习(扩大)会,学深悟透习近平经济思想,动员全市上下抢抓数字时代发展新机遇,培育经济发展新动能,拓展经济发展新空间,全力打造数字经济产业新高地。市委书记王晖,市委副书记、市长吴新明等参加集中学习。

12月19日,南通市委副书记、市长吴新明视频会见日本TOWA株式会社社长冈田博和一行,双方就进一步强化合作开展深入对话。市领导潘建华、凌屹参加活动。

12月26日,江苏省委经济工作会议在南京举行。会议以视频形式召开,南通市委书记王晖,市委副书记、市长吴新明在南通分会场参会。会议强调,做好明年经济工作,重点要把握好坚持稳中求进、增强发展信心、加快自立自强、注重统筹协调、充分激发活力五个方面,抓好六项重点任务,落实好九个方面工作。

2022年南通市入围中国民营企业500强名录

序号	排名	企业名称	营业收入(万元)	所在地
1	21	中南控股集团有限公司	26025762	海门区
2	103	中天科技集团有限公司	8154688	如东县
3	104	江苏南通二建集团有限公司	8094712	启东市
4	117	南通四建集团有限公司	7830509	通州区
5	184	龙信建设集团有限公司	5391451	海门区
6	204	通州建总集团有限公司	5012489	通州区
7	294	南通化工轻工股份有限公司	3966883	崇川区
8	385	江苏江中集团有限公司	3098529	如皋市
9	443	南通建工集团股份有限公司	2860624	崇川区
10	451	南通五建控股集团有限公司	2834052	如东县

2022 年南通市入围中国制造业民营企业 500 强名录

序号	排名	企业名称	营业收入(万元)	所在地
1	58	中天科技集团有限公司	8154688	如东县
2	429	通富微电子股份有限公司	1581223	崇川区

2022 年南通市入围中国服务业民营企业 100 强名录

序号	排名	企业名称	营业收入(万元)	所在地
1	8	中南控股集团有限公司	26025762	海门区
2	77	南通化工轻工股份有限公司	3966883	崇川区

2022年南通市入围中国民营企业发明专利500家名录

序号	企业名称	排名	行业
1	中天科技集团有限公司	54	电气机械和器材制造业
2	通富微电子股份有限公司	150	计算机、通信和其他电子设备制造业
3	江苏林洋能源股份有限公司	472	仪器仪表制造业
4	通州建总集团有限公司	500	房屋建筑业

2022年南通市入围中国民营企业研发投入500家名录

序号	企业名称	排名	行业
1	中南控股集团有限公司	64	房地产业
2	中天科技集团有限公司	71	电气机械和器材制造业
3	通富微电子股份有限公司	144	计算机、通信和其他电子设备制造业
4	南通江海电容器股份有限公司	394	计算机、通信和其他电子设备制造业
5	南通四建集团有限公司	420	房屋建筑业
6	通州建总集团有限公司	471	房屋建筑业

2022年南通市入围江苏省民营企业200强名录

序号	企业名称	营业收入（万元）	排名
1	中南控股集团有限公司	26025762	4
2	中天科技集团有限公司	8154688	15
3	江苏南通二建集团有限公司	8094712	16
4	南通四建集团有限公司	7830509	18
5	龙信建设集团有限公司	5391451	25
6	通州建总集团有限公司	5012489	26
7	南通化工轻工股份有限公司	3966883	45
8	江苏江中集团有限公司	3098529	59
9	南通建工集团股份有限公司	2860624	71
10	南通五建控股集团有限公司	2834052	76
11	华新建工集团有限公司	2381593	97
12	启东建筑集团有限公司	2109638	101
13	中国天楹股份有限公司	2059267	104
14	南通新华建筑集团有限公司	1980233	107
15	江苏文峰集团有限公司	1777490	109
16	通富微电子股份有限公司	1581223	114
17	中如建工集团有限公司	1401212	118
18	江苏新龙兴建设集团有限公司	1188617	134

序号	企业名称	营业收入（万元）	排名
19	江苏信拓建设(集团)股份有限公司	1180746	135
20	鑫源茧丝绸集团股份有限公司	1158094	136
21	南通市达欣工程股份有限公司	1136776	137
22	江苏文凤化纤集团有限公司	1132519	138
23	江苏通州四建集团有限公司	1096874	143
24	江苏启安建设集团有限公司	895328	164
25	江苏恒科新材料有限公司	865281	166
26	江苏永通新材料科技有限公司	835383	173
27	梦百合家居科技股份有限公司	813925	178
28	南通华荣建设集团有限公司	782929	185
29	江苏顺通建设集团有限公司	732415	192
30	江苏南通三建建筑装饰集团有限公司	726035	193

2022年南通市入围江苏省民营企业制造业100强名录

序号	企业名称	营业收入(万元)	排名
1	中天科技集团有限公司	8154688	12
2	通富微电子股份有限公司	1581223	76
3	鑫缘茧丝绸集团股份有限公司	1158094	92
4	江苏文凤化纤集团有限公司	1132519	93

2022年南通市入围江苏省民营企业创新100强名录

序号	企业名称	技术领域	排名
1	江苏中天科技股份有限公司	电子信息	3
2	通富微电子股份有限公司	电子信息	9
3	江苏林洋能源股份有限公司	先进制造与自动化	45
4	江苏神马电力股份有限公司	先进制造与自动化	82
5	江苏神通阀门股份有限公司	先进制造与自动化	98

2022年南通市入围江苏省绿色发展领军企业名录

通富微电子股份有限公司
江苏联发纺织股份有限公司
南通醋酸纤维有限公司
启东中远海运海洋工程有限公司
南通海星电子股份有限公司
江苏泰慕士针纺科技股份有限公司
江苏容汇通用锂业股份有限公司
海安启弘纺织科技有限公司
南通星辰合成材料有限公司
江苏湘园化工有限公司
东丽酒伊织染(南通)有限公司
江苏神通阀门股份有限公司
江苏隆昌化工有限公司
南通中远海运川崎船舶工程有限公司

2022年南通市获得江苏省省长质量奖名录

中国天楹股份有限公司

2022年南通市获得江苏省省长质量奖提名奖名录

南通海星电子股份有限公司

2022年南通市市长质量奖获奖名录

江苏力星通用钢球股份有限公司
江苏捷捷微电子股份有限公司
南通市达欣工程股份有限公司
南通通达矽钢冲压科技有限公司
江苏九九久科技有限公司

2022年南通市市长质量奖提名奖获奖名录

江苏天成科技集团有限公司
南通中集能源装备有限公司
江苏恒科新材料有限公司

2022年南通市市长质量奖个人类奖项获奖名录

南通双弘纺织有限公司党委书记、总经理　吉宜军

2022年南通市市长质量奖个人类奖项提名奖获奖名录

如皋市企业家协会会长、江苏九鼎集团董事长　顾清波
江苏神通阀门股份有限公司副总裁　邢　懿

图书在版编目(CIP)数据

南通民营经济发展报告：2022—2023 / 南通市工业和信息化局, 南通市工商业联合会(总商会)编. -- 北京：中华工商联合出版社, 2023.11
ISBN 978-7-5158-3776-5

Ⅰ.①南… Ⅱ.①南… ②南… Ⅲ.①民营经济-经济发展-研究报告-南通-2022-2023 Ⅳ.①F121.23

中国国家版本馆 CIP 数据核字(2023)第 183205 号

南通民营经济发展报告(2022—2023)

编　　者：南通市工业和信息化局　南通市工商业联合会(总商会)
出 品 人：刘　刚
责任编辑：李红霞　孟　丹
封面设计：刘　兵
责任审读：付德华
责任印制：陈德松
出版发行：中华工商联合出版社有限责任公司
印　　刷：南通今典印刷科技有限公司
版　　次：2023 年 10 月第 1 版
印　　次：2023 年 10 月第 1 次印刷
开　　本：710mm×1000mm　1/16
字　　数：310 千字
印　　张：19.25
书　　号：ISBN 978-7-5158-3776-5
定　　价：79.00 元

服务热线：010-58301130-0(前台)

销售热线：010-58302977(网店部)
　　　　　010-58302166(门店部)
　　　　　010-58302837(馆配部、新媒体部)
　　　　　010-58302813(团购部)

地址邮编：北京市西城区西环广场 A 座
　　　　　19-20 层, 100044

http://www.chgslcbs.cn

投稿热线：010-58302907(总编室)
投稿邮箱：1621239583@qq.com

工商联版图书
版权所有　侵权必究

凡本社图书出现印装质量问题，请与印务部联系。

联系电话：010-58302915